第七師団と戦争の時代

帝国日本の北の記憶

渡辺浩平

白水社

第七師団と戦争の時代——帝国日本の北の記憶

装幀＝コバヤシタケシ
組版＝鈴木さゆみ

第七師団と戦争の時代†目次

昭和 11 年陸軍特別大演習時の忠魂納骨塔（北海道大学附属図書館蔵）

はしがき

この本は近代日本における北方の物語である。

日本が近世から近代へと向かう過程で、北からの脅威が大きな課題だった。それは、江戸幕府にとっても、また、明治政府にとっても、共通するものだった。北とは言うまでもなく、ロシアである。

そこから「北鎮」という言葉が生まれる。北鎮とは、北方の脅威から自らを護る、という意味だ。北鎮の前線基地は北海道であった。

この地が「北方の鎮護」にあるとする考えは、江戸時代に醸成され、明治政府が蝦夷地を北海道とあらため、開拓使、その後、屯田兵をおいた理由もそこにあった。屯田兵はのちに第七師団となり、北鎮の役割をになった。それは一九四五（昭和二十）年の敗戦までつづくこととなる。

本書は「北鎮部隊」たる第七師団と、その下にあった歩兵第二十五聯隊を「主人公」とする。第七師団は北鎮部隊と呼ばれていた。

唐突に、「師団」とか「聯隊」と言われても、面食らう読者も少なくないだろう。師団とは平時でおおよそ一万余りの兵力をもつ部隊だ。その下に歩兵聯隊をはじめとするいくつかの聯隊が属する。歩兵聯隊には平時で二千人ほどの将兵がいた。

「第七師団歩兵第二十五聯隊」は、屯田兵を母体とし、一八九六（明治二十九）年に札幌の東の月寒《つきさむ》の地に誕生した。第二十五聯隊がその歴史を終えるのは、半世紀後の一九四五（昭和二十）年八月十七日のことである。樺太の逢坂《おうさか》で聯隊旗は焼かれた。

この本の目的は、月寒にあった歩兵聯隊と、その上部組織である第七師団の、その誕生から終焉までの歴史を追いながら、「帝国日本の北の記憶」をたどることにある。

では、今なぜ、北方の物語を世に問わねばならないのか。それは、近代日本の発展とその蹉跌を考えるにあたって、北鎮が極めて重要な概念と考えるからである。そしてそれは、私たちの「戦後」を形づくる大きな要因ともなっている。

この問題については、これから縷々述べていくこととなるが、ここではごく簡単に北鎮がなぜ日本の近代と戦後を語る上で欠かせないのか、おおよその輪郭を記しておくこととする。

そもそも私たちは「北鎮」という語になじみがうすい。「北進」であれば眼にしたことがある、そのような方が多いだろう。言うまでもなく「鎮」は「護り」であり、「進」は「攻め」だ。北鎮と北進、それは北への「守攻」の違いとなる。

近代日本の大きな流れは、まず北鎮があり、その後に北進に転じていった、と言える。司馬遼太郎は、「鎮」から「進」への分岐点を日露戦後とする。日露戦争までは自衛の戦いであり、シベリア出兵以後の外征は、「瀆武《とくぶ》」とするのである。日露戦後に日本は、「武をけがした」のだ。そのような歴史観のもとに『坂の上の雲』は書かれている。

北進とならぶ言葉に「南進」がある。しかし「南鎮」という言葉はない。日本は南方を大きな脅威とは感じていなかった。だが、北からは威喝をうけている、帝国日本の指導層も、また民衆も、そのような不安、否、恐怖をいだいていたのである。それゆえに、国家の防衛線はできるだけ遠くにおかねばならない。そのように考えたのだ。つまり、北鎮と北進は分かちがたいものとして認識されていたのである。

その北鎮をになったのが第七師団だった。第七師団の衛戍《えいじゅ》地は旭川だった。旭川もまた月寒もかつては軍の街であった。では、二つの街はいかなる関係にあったのか。

日清戦争の折に屯田兵から編成された臨時第七師団の兵営は、もともと月寒にあった。その後、北海道の中央に新たな「軍都」がつくられた。それが旭川である。そこに、第七師団の司令部と三個の歩兵聯隊がうつった。しかし、師団に所属する四個聯隊のうちの一つ、歩兵第二十五聯隊のみが月寒にのこったのである。旭川に移駐した三個聯隊とは、歩兵第二十六聯隊、歩兵第二十七聯隊、歩兵第二十八聯隊の三つである。

第七師団は日露戦争からはじまり、シベリア出兵、満洲事変、日中戦争と対外戦へと出征する。真珠湾攻撃後に、一部の部隊が南方へと転用されるが、第七師団の任務は一貫して北方の護りだった。

一九四〇（昭和十五）年末に、歩兵第二十五聯隊は樺太にうつる。昭和十五年という年は、複雑な時代背景をもつ時期である。前年にドイツはポーランドに侵攻、欧州を舞台に世界大戦がはじまっていた。翌年、つまり昭和十五年に日本は日独伊三国同盟を締結し、英仏と対抗する勢力となった。北進にくわえて、南進が選択肢として立ち現れてくることとなる。

しかし、樺太にあった歩兵第二十五聯隊の使命は、なによりも北鎮だった。旭川にのこった他の三個聯隊も同様である。歩兵第二十五聯隊が去ったのちに月寒につくられたのが北部軍司令部だ。その北部軍司令部が、その後の北方作戦の指揮をとることとなる。北部軍司令部の指揮下に、第二十五聯隊も、旭川の三個聯隊も属することとなるのである。

歩兵第二十五聯隊は樺太でソ連軍の侵攻に遭い、終戦後に解隊される。他の三個聯隊は北海道にのこり敗戦を迎える。

戦後の占領軍の北海道進駐にあっては、第五方面軍（北部軍の後身）が軍備の移管作業をおこなった。占領軍は旭川の第七師団司令部に進駐し、歩兵第二十五聯隊の兵舎にも駐屯した。どちらにも星条旗があがった。それをもって北鎮の歴史は終わるのである。


本書は、ロシア軍がウラル山脈を越えてシベリアに進出した十六世紀後半を起点とし、近世の「恐露病」の発生、北鎮としての北海道開拓、第七師団の創設、日露戦後の北進を追いながら、その破綻と、その北鎮がどのように戦後へとつながっていったのかを明らかにするものである。

本書の特徴は、近代日本における北方問題を、極力、当時の日本人の視点から描こうとした点だ。「北の記憶」を、日本人の精神史として、さらに、いまだ整理のつかない課題として、とらえておきたいと考えた。

その問題は本論で詳述するが、ここではひとまず、歩兵第二十五聯隊の衛戍地・月寒について触れ、ごく簡単に執筆意図を補足するにとどめる。


この本に目をとめていただいた方のなかには、札幌の地理に不案内な向きも多いと思うので、まずは月寒の場所を記しておくことからはじめたい。

札幌には地下鉄が三線ある。三番目にできた地下鉄東豊線の南の終点が福住《ふくずみ》だ。月寒中央駅はその一つ手前の駅である。札幌の中心部・大通から五つ目の駅だ。

月寒中央駅のまわりには集合住宅が並び、となり駅の福住までつづいている。福住には、以前、「日本ハムファイターズ」がホームグラウンドとした札幌ドームがある。「コンサドーレ札幌」の試合も、アイドルのコンサートもここでおこなわれる。月寒も福住も、札幌市内のごく普通の住宅地である。

月寒中央駅の東側は、かつて歩兵第二十五聯隊があった場所だ。だが、聯隊の記憶をとどめる建物はほとんどない。唯一のこっているのが北部軍司令部の司令官官邸で、それは郷土の歴史を伝える資料館として使用されている。

聯隊跡地とは逆、西南にすこし歩いたところに、「平和」という名が付けられた公園がある。平和公園には遊具があり、ボール遊びができるグラウンドがひろがる。どこにでもある普通の公園だ。

父と子がサッカーをするその先に、五芒星《ごぼうせい》をかかげる建築物が見える。高さ六、七メートルほどの八角形、石造りの塔である。五芒星とは、五つの角を持つ星マークで、かつて陸軍の徽章に使われていたものである。

建物の正面には「忠魂納骨塔」と書かれている。背後にまわると、黒い鉄の扉に鍵がかかっている。塔の背後には以下の文が刻まれている。読みにくいが、時代の空気が感じられるものなので、全文を引く。


惟《おも》フニ我ガ聯隊ハ創設以来既ニ三十有四年ノ星霜ヲ経タリ、此ノ間精忠雄節ノ将兵ニシテ身ヲ以テ国難ニ赴キ戦傷病没セシモノ其ノ芳骨今ヤ実ニ一千余体ノ多キニ上ル、是レ皆生キテハ国家ノ干城死シテハ護国ノ神霊トシテ軍旗ノ光彩ト共ニ永ク後人ノ敬仰スルトコロナリ、是ヲ以テ其ノ偉績ヲ偲ビ其ノ神霊ヲ慰メンガ為ニ忠魂納骨塔ノ建設ヲ企テ広ク官庶《かんしょ》ニ計ルニ賛ヲ得ルコト十数萬ニ達シ国民銃後ノ赤誠溢レテ茲《ここ》ニ其ノ実現ヲ見ルニ至レリ。／嗚呼忠勇ナル我ガ先輩将兵ノ義烈ハ是レ即チ軍人精神ノ亀鑑ナリ、其ノ勲績敬慕スルノ士ハ須ラク塔前ニ額キテ先人ノ偉功ヲ壮トシ礼ヲ以テ忠励ノ誠ヲ誓フベシ。

碑文の最後には「昭和九年二月三日／歩兵第二十五聯隊長永見俊徳」と書かれている。昭和九（一九三四）年二月とは、関東軍が奉天郊外の柳条湖で、南満洲鉄道を爆破した二年半後のことだ。これを中国軍の謀略として、関東軍は満洲全域に兵をすすめた。翌年「満洲国」を建国するも、国際連盟は調査団を派遣し、事変を自衛とは認めなかった。対して日本が連盟を脱退したのが一九三三（昭和八）年、この忠魂納骨塔が建てられた前年のことである。

時代は、次なる大きな戦いへと向かっていた。この納骨塔建立の目的は、「生きては国家の干城、死しては護国の神霊」となった将兵を、敬仰することにあった。歩兵第二十五聯隊は、この地から日露戦争にはじまる対外戦へと出征していったのだ。その「忠魂」の慰霊のために、この納骨塔は建てられたのである。

忠魂納骨塔の表面は一見するときれいだが、すでに八十年の歳月をへた建築物だ。かなり老朽化しているようにも見える。また、塔の由来は、その背面にある碑文だけで、現代文で書かれたものはない。納骨塔がここにあることを示す「月寒忠霊塔」という碑（それは戦後の一九六三年に建立されたもの）は公園の外におかれており、あたかも、「忠魂」「忠霊」の記憶は、「平和」の外に追いやられているようにも見える。

平和公園には、円形の回転式ジャングルジムやすべり台などの遊具がある。それらの遊具そのものも古めかしいものだが、そこに五芒星をいただく納骨塔があることが、なんとも奇異に感じられたのである。

実はここは、歩兵第二十五聯隊の陸軍墓地だった。戦後、占領軍に接収され、墓は移転されて平和公園と名をかえ、忠魂納骨塔のみのこったのである。

戦後、軍に関わりの深い場所の多くに、「平和」の文字がつけられた。旭川駅から第七師団へ至るかつての「師団通」も、戦後まもなく「平和通」と名をあらためている。

この「忠魂」と「平和」という言葉の混在に触れると、私たちの戦前と戦後の非連続性、さらに、そこに体現された屈折した心性を感じてしまうのである。

もとより私は、戦死した将卒の「塔前に額きて先人の偉功を壮とし礼を以って忠励の誠を」誓うことが、戦後を生きる日本人にとって必要欠くべからざる礼節である、と考えているものではない。ただ、かつて「身を以って国難に赴き戦傷病没」した将兵がいたということ、彼らが過去に「生きては国家の干城、死しては護国の神霊」とされ、尊崇されていたという事実は知っておくべきであり、その問題を、戦後の「平和」と接続させて考える必要がある、と思っているにすぎない。

平和公園の納骨塔を目にしてから、月寒と歩兵聯隊の歴史に興味をいだくようになった。自分が二十年住んだ札幌の街に、このような場所があることを寡聞にして知らなかった。この街とそのまわりの歴史を調べていくと、北方の護りとしての北海道の役割、日清戦争後、対外戦へと向かう一歩兵聯隊のありよう、くわえて、歩兵聯隊とそれを支える街との関係など、日本の近代を考える上で、軽視できないいくつかの側面が浮かび上がってくるのではないかと思えたのだ。

戦後、月寒には、満洲や樺太から引き揚げて来た人々が住んだ。聯隊の歴史は戦後に引き継がれていくのである。もしかしたらこの街は、二十世紀前半の世界史と深く関わっていたのではないか――、そのような直感が身内にわいてきたのである。

現在の月寒には、旧軍の痕跡は多くない。かつて兵士の空腹を満たすために売られていたアンパンが名物としてのこっているぐらいだ。歩兵聯隊の街としての月寒の記憶も、この忠魂納骨塔と同様に、忘れ去られていくのだろうか。第七師団歩兵第二十五聯隊と月寒の歴史を調べ、北鎮をめぐる北の記憶を書きとどめておこうと思った理由は以上の通りである。

以下に凡例を示す。読みやすさを優先させ、出所の明記は引用を主とし、事項は原則はぶいている。軍の動きは『旭川第七師団』、『歩兵第二十五聯隊史』、北海道庁、旭川市、札幌市の史書、防衛庁の戦史、新聞記事等を中心とした。参照した文献は巻末に掲げた。引用文は、一部仮名遣いや漢字をあらため、適宜、句読点をふっている。また、公人は敬称を略した。

第一章　恐露病の由来

琴似屯田兵村（北海道大学附属図書館蔵）

屯田兵の家屋が札幌の琴似《ことに》に保存されている。琴似は屯田兵の最初の入植地だ。

琴似駅はＪＲで札幌駅から二つ目、地下鉄琴似駅は大通から六駅目となる。ＪＲと地下鉄の駅は少しはなれており、二つの駅の間に飲食店等の店舗がならぶ。札幌の西の繁華街だ。

屯田兵の家屋は琴似神社の境内に建つ。その間取りは私の知る江戸の長屋よりは広いが、壁は薄い板が貼ってあるだけ、屋根も茅ではなく、板で葺いてある。柾《まさ》葺き、というのだそうだ。床も板張りで、囲炉裏が一つある。厳しい北海道の冬をここで過ごしていたのか。

のちに歴史書で、屯田兵の家屋は開拓民のそれと比べて恵まれたものであったことを知った。さらに、入植時には旅費や支度料もでて、日当も支給された。数年間は米の配給もあった。家屋や開墾地は無償である。破格の待遇だったのだ。

そうならばなおのこと、明治初年に裸一貫で北海道に移り住んだ人々の暮らしがしのばれる。この地には先住民がおり、土地の気候風土にあった暮らしをしていたのであろうが。

屯田兵屋はもう一戸「琴似屯田兵村兵屋跡」として保存されている。こちらも神社の境内と同様に、一八七四（明治七）年に建てられたものだ。

準陸軍の憲兵

屯田兵が優遇されていたのは、彼らが「兵」だったからだ。琴似屯田兵はその第一陣で、「第一大隊第一中隊」と名付けられた。軍事訓練をうけ、田畑を開墾し、養蚕もおこなった。琴似の南では桑が栽培され、その地には桑園という地名が付けられた。

今、屯田兵と書いたが、しかし正式な名称は「屯田憲兵」である。屯田兵例則にそのように記されている。国内の治安維持を目的として、ロシアを刺激しないようにした。憲兵なので準陸軍とされた。屯田兵はシベリアのコサック兵を模して、黒田清隆が進言してできた制度だ。黒田は一八七〇（明治三）年から開拓使次官をつとめていた。

屯田兵には、主に東北諸藩の士族があてられた。戊辰戦争で「逆賊」となった奥羽越列藩同盟の藩は、武士を養うことができなくなっていた。新政府もかれらの授産を兼ねて屯田兵として徴募した。授産とは就業機会の創出のことである。

第一大隊第一中隊として琴似に入植した人々の出自は東北であり、一番多かったのが宮城出身、その多くが亘理《わたり》の士族だった。仙台藩の亘理は伊達家一門、戊辰戦争で幕府につき、知行のほとんどを取り上げられた。当主の伊達邦成《だてくにしげ》は、北海道開拓に活路をみいだした。胆振《いぶり》地方にある伊達市はかれらが入植した土地である。他の家臣も北海道に糊口をしのぐ糧を求めたのである。琴似神社には亘理伊達氏の祖・伊達成実《だてしげざね》がまつられている。

『琴似屯田百年史』によれば、亘理の屯田兵は入植当時、長押《なげし》に槍をおき、武士言葉をつかい、謹厳な暮らしをしていたという。津軽海峡をわたっても、武士のふるまいを変えることはなかったのだ。

だが「兵」と言いつつも、外征することはなかった。屯田兵にとって最も大きな戦いは、西南戦争だった。敵は西郷隆盛ひきいる薩摩軍である。東北出身の屯田兵は意気さかんに戦ったという。特に会津兵の活躍は目覚しいものがあった。鶴ヶ城を焼き、同胞を塗炭に追い込んだ薩摩に一矢を報いる機会となったからだ。

樺太・千島交換条約

屯田兵召致の目的はロシアからの護り、つまり北鎮であるが、その重要性は入植と同時に一旦緩和されることとなる。

琴似屯田の家屋は、一八七四（明治七）年十一月に完成し、翌年五月に第一陣が入地した。百九十八戸、九百六十五人の入植が完了するのは五月下旬のことだった。その時、永山武四郎が屯田兵にあることを告げたのである。永山は黒田清隆と同じ薩摩人、のちにかれは、第七師団の創設に深く関わるが、その話はあらためてする。

さる五月七日にロシアの首都サンクトペテルブルクで、樺太と千島の交換条約が調印されたことを知らせたのである。千人近くの屯田兵とその家族は、胸をなでおろしたことだろう。これで当面、ロシアの脅威は止むであろう、と。

幕末に結ばれた日露和親条約で、千島において日本は択捉島《エトロフ》、ロシアは得撫島《ウルップ》を境界とした。樺太（サハリン）は、日露の混住地とされた。条約締結後に日本は幾度か、樺太の南北の中間に国境をおくことを提案したが、ロシアはサハリンの領有を頑強に主張した。対露外交を引き継いだ新政府は、当初、樺太開拓使をおいて開発にあたったが、同地の扱いには意見の相違があった。その一つが放棄論だった。

明治政府は新国家の建設に汲々としており、北蝦夷（樺太）にまで手がまわらなかったのである。放棄論をとなえた黒田清隆の考えは、北海道開拓に傾注すべきである、というものだった。

サンクトペテルブルクで条約交渉にあたったのは榎本武揚である。榎本は琴似屯田兵同様、かつて幕府側にあって戊辰戦争を戦った「朝敵」だ。幕臣の家に生まれ、長じて長崎海軍伝習所で学び、のちにオランダに留学、開陽丸で帰朝するが、時は御一新となり、その開陽丸で蝦夷地に逃れることとなる。捲土重来を期し、箱館戦争で「官軍」と戦ったのだ。

三年の入獄の後、一八七二（明治五）年に赦免となり、開拓使に出仕する。榎本が死罪を免れたのは、黒田清隆のとりなしだった。榎本は五年に及ぶ留学で、軍事はもちろんのこと、化学、鉱物学、電信技術等を学んでいた。箱館戦争の折に、オランダからもちかえった国際法の書籍を黒田に託した。明治政府の課題は、不平等条約の改正であり、自らの死後、その書を活かして欲しいという願いからだった。かれはまたオランダ語以外に複数の言語に通じていた。

榎本は当時の日本にあって一、二を争う有為な人材だったのではなかろうか。その才知ゆえに、かつては幕臣ながら、対露交渉の特命全権公使に任ぜられたのである。榎本は一八七四（明治七）年六月にサンクトペテルブルクに到着し、十か月あまりの交渉の末に、樺太・千島交換条約が交わされるのである。

龍宮のご馳走

私はこの話に接した時に、超大国相手の交渉に、さぞや難儀したことだろうと勝手な想像をめぐらしていたが、のちに榎本のサンクトペテルブルクからの手紙を目にし、いささか拍子ぬけの感をいだいた。

そこにしたためられているのは、皇帝アレクサンドル二世と親しく接し、宮中の舞踏会や女性たちの容姿を軽口で評し、宮殿の豪壮さに感嘆する、そんな姿だったからだ。宴席で供された食事を、「浦島太郎の龍宮にて姫と住みし時とても斯る金《かか》のかかつた御ちそふはあらざりしなるべし」と述べている。

くわえて、自分に与えられた任務を、「御用向は重き事なれどもつまり人間のする仕事なれば人の思ふほど六ケ敷事《むつかしき》には無之候《これなく》」とも書いているのである。どちらも、妻タツ宛の手紙の一節だ（加茂儀一『榎本武揚―資料』）。

そのような軽みのある表現は、異国で特命をおびる夫を案ずる妻への配慮から、ともとれるが、巨大帝国ロシアのその頂点にたつツァーリ周辺や、大国との外交交渉（御用向）を、このように軽妙に描くところに、幕末から明治を生きた人間の陽性を感ずるのである。

サンクトペテルブルクでの榎本の手紙を読んで驚きの感情をもったのは、その後の日露関係が頭にあったからだろう。アレクサンドル二世没後、帝位をついだ次男アレクサンドル三世は、シベリア鉄道の敷設を決定し、極東への進出をはかる。シベリア鉄道は当時の日本人にとってとてつもない脅威にうつった。皇太子ニコライが大津で巡査・津田三蔵に襲われた事件は、その恐露の感情が噴き出したものだ。日露戦争はそのニコライが在位中に勃発する。

その後の日露関係については、あらためて触れるが、榎本の闊達さは、やはり、アレクサンドル二世治世下の時代の空気が関係していたのではなかろうか。榎本は一八七八（明治十一）年にシベリア経由で帰国するが、シベリアでもサンクトペテルブルクからの指示により丁重な扱いを受けている。

アレクサンドル二世治下とは、クリミア戦争（一八五三―五六）での敗北後、近代化の遅れを自覚したロシアが農奴解放令を発し、大改革をおこなった時代である。欧州を模倣した近代化を、皇帝の権力のもとに上から推し進めた。東方での対外政策では強硬路線を排し、一八六七年にはアラスカを米国に売却している。その八年後に樺太・千島交換条約が結ばれるのである。

占守海峡が国境に

東察加《かむさっか》地方「ラパッカ」岬ト「シュムシュ」島ノ間ナル海峡ヲ以テ両国ノ境界トス。

カムチャツカ（東察加）のロポトカ岬（ラパッカ岬）と占守《しゅむしゅ》島の間の占守海峡はわずか十三キロメートルだ。樺太・千島交換条約において、その海峡が日露の国境となったのである。

このサンクトペテルブルクでの調印の七十年後に、まさにこの場所で日本とロシアとの戦闘がはじまるのである。占守島の北岸の竹田浜にソ連軍が侵攻する。一九四五年八月十八日の未明のことだった。「占守島の戦い」である。日本はすでにポツダム宣言を受諾し、終戦の詔書もだされていた。

但し、この国境画定と占守島の戦いが一直線でつながっているわけではない。至極当たり前のことを述べることとなるが、帝政ロシアは、大津事件で凶刃をあびたニコライ二世を最後のツァーリとして崩壊、ロシア革命をになった一勢力ボリシェヴィキが権力を奪取し、一九二二年にソビエト社会主義共和国連邦が誕生する。一九四五年八月九日のソ連軍の侵攻は、スターリンのもとで起こったものだ。日露の関係を考える場合、二十世紀初頭のロシアにおける体制の一大転換は、まずもっておさえておかねばならないことだろう。

実はこの占守島の戦いの指揮は札幌の月寒（第五方面軍司令部）でとられた。はしがきで述べた通り、その第五方面軍司令部の司令官邸が今ものこっている。真珠湾攻撃の年、一九四一（昭和十六）年に建てられたものである。官邸は占領軍の接収を経て、独立後は北海道大学の学生寮となり、現在は「つきさっぷ郷土資料館」として使われている。

一八七五（明治八）年の樺太・千島交換条約は、帝政ロシアと帝国日本にとって、江戸時代にはじまる領土問題の当座の解決となった。それによってロシアは、力を西に傾注した。日本は国内建設に力をそそぎ、士族の反乱を抑え、殖産興業、富国強兵へと邁進していくのである。

ではなぜ、明治政府は蝦夷地を北海道とし、屯田兵をおき、対露の護りとしたのか。そのことを知るためには、近世以来の日本とロシアとの関係を振り返っておく必要があるだろう。次項では時間を数百年もどし、十六世紀からの日露関係を見ることとする。

ロシアの南進という夢魔

日露戦争で森鷗外は軍医部長として第二軍に従軍した。征途につく前に、「第二軍」という歌をつくっている。太平天国（長髪族の叛乱）のくだりまでを引く。

海の氷こごる北国も／春風いまぞ吹きわたる／三百年来跋扈せし／ろしやを討たん時は来ぬ／十六世紀の末つかた／うらるを踰えしむかしより／虚名におごる仇びとの／真相たれかはしらざらん／ぬしなき曠野しべりやを／我物顔に奪ひしは／浮浪無頼のえるまくが／おもひ設けぬいさをのみ／黒龍江畔一帯

の／地を略せしも清国が／長髪族の叛乱に／つかれしからの僥倖ぞ……
（森林太郎『うた日記』）

「第二軍」には曲がつけられ、戦地に向かう船のなかでうたわれていた。記者として従軍した田山花袋が書きのこしている。『うた日記』は鷗外が日露戦争の心模様を歌でつづったものだ。出征を前にして鷗外は「三百年来跋扈せし／ろしやを討たん時は来ぬ」とうたった。その背後にはいかなる史実があるのか。

イヴァン雷帝の時代、十六世紀後半、ロシア軍がウラル山脈を越えてシビル・ハン国を滅ぼした。それがロシアのシベリア進出の第一歩となった。その国名がシベリアの地名の由来と言われている。ついでロシアは、十七世紀前半に太平洋岸に達し、シベリア全土を制圧する。

そのシビル・ハン国を滅亡させたのが、鷗外の言うところの「浮浪無頼のえるまく」、エルマク・チモフェービッチである。彼はドン・コサックの首領だったが、ストロガノフ家の庇護にはいり、帝政が同家にシベリア遠征を命ずると、派遣軍の隊長についたのだ。コサックとは「自由な人」の謂いで、軍事的共同体を形成していた。ドン・コサックとはドン川に勢力をもつコサックである。「静かなドン」のあのドンだ。ストロガノフ家は製塩で業を起こし、雷帝から所領を得ていた。

ロシア東方進出の目的は、商人（探検者）にとっては、テン、キツネなどの動物や、アザラシ、ラッコなど海獣の毛皮であり、帝政にとっては、それらに課す税だった。

ロシアがシベリアを征服した後、同地は長い間流刑の地であり、シベリアという地名には陰惨なイメージがつきまとう。ドストエフスキーが描く人間の悪徳も、彼の流刑と関連付けて読んでしまう。

帝政ロシアは、国もそして民も、貪欲に東方を侵略し、太平洋岸にいたると南にすすみ、千島や北蝦夷（樺太）をものみこもうとしている。その毒牙はいつか日本に及び、かつてシビル・ハン国を滅亡させたように、日本をも滅ぼすのではないか――。近世から近代にかけてそのような恐怖をいだいた日本人は少なくなかった。だが、ことはそうとも言えないようだ。

ロシア人の手になる日本との出会いを描いた『ロシアの日本発見』の訳者・秋月俊幸は「訳者まえがき」で以下のように書く。

わが国においては日露の関係をのべた書物は、古くからロシア人の千島南下を北からの脅威と意識しており、この見方は歴史的なものとして今日まで受けつがれている。しかしそこにはいくらかの真実が含まれているにせよ誤解も少なくなく、それが心理的な要素や事実認識の乏しさによっていちじるしく増幅されていることも否めない。（S・ズメナンスキー『ロシア人の日本発見』）

渡辺京二も『黒船前夜』で同様のことを述べている。江戸幕府が松前藩から領地を召し上げ、幕領化したのは、「ロシアの南進という夢魔」によるものだというのである。

司馬遼太郎はロシアの南進を称して、「日本の無防備な裏木戸に足音がするという出現の仕方だった」と語る。さらに「敷石づたいに迫ってくるという実感もあって、出現の最初から好もしい印象はうけなかった」という（『ロシアについて』）。敷石とは言うまでもなく、千島列島のことである。

しかし、ロシアの立場から東方を眺めると、異なる景色が見えてくる。ロシアはウラル越え以前、東に強い恐怖心をいだいていた。十三世紀前半、チンギス汗の死後、モンゴル族はロシア平原を制圧した。その後、二百数十年の長きにわたってロシアを支配したのである。その記憶、いわゆる「タタールのくびき」がロシアの人々の心に深い陰刻をのこした。

では、日本にとって「無防備な裏木戸の足音」とはいかなるものか。「夢魔」はいかに生まれたのか。

ラクスマン父子と大黒屋光太夫

近世の日露関係を知るために、四人のロシア人の事績を見る。ラクスマン父子、レザノフ、ゴローニンだ。日本とロシアとの最初の接触は、一七九二（寛政四）年のロシア使節ラクスマンの来航だった。その折に帰国をはたした日本人が、大黒屋光太夫だ。光太夫の生涯は、井上靖（『おろしあ国酔夢譚』）も、吉村昭（『大黒屋光太夫』）も小説にしており、また、前者は映画化されているので、ご存じの方も多いだろう。

ことの発端はラクスマン来航の十年前、光太夫が伊勢を出航した時にさかのぼる。船頭・光太夫の乗った船は、江戸への航行中に暴風に遭い、半年余りの漂流ののち、アリューシャン列島に漂着した。その四年後、光太夫らはカムチャツカ半島にわたりイルクーツクまで行く。そこでキリル・ラクスマンに出会うのである。ラクスマンは外交官で学者、日本に強い関心をもっていた。ラクスマンの助けもあり大黒屋はエカチェリーナ二世に謁見、女帝は大黒屋の帰国を認めるのである。

一七九二年に大黒屋光太夫ら（他に磯吉と小市）を連れて根室に来航したのは、キリルの息子アダム・ラクスマンだった。彼は日本との通商を求めるイルクーツク総督の手紙をたずさえていた。接遇した幕府の役人は、ラクスマンを丁重にあつかうが、江戸には行かせないよう通商の議は長崎でと、「信牌」という長崎入港証をわたし引きとらせた。

エカチェリーナ二世は近衛聯隊のクーデターによって即位し、ポーランドの内紛に介入して独立をうばっている。オスマン帝国との戦争でも勝利し、黒海への進出を実現、南下政策を推し進めていた。ロシアは東方でも同じ政策をとるのではないか、そのように考えた幕府の役人もいたことだろう。

民間でも海外からの脅威は強く意識されていた。林子平がロシアの南進への対処をうったえた『三国通覧図説』を出版したのが一七八五（天明五）年。『海国兵談』はその二年後から刊行され、強く海防が説かれていた。

ラクスマン来航の四年後には、イギリス人のブロートンが測量のために室蘭にあらわれている。ブロートンが乗っていたプロヴィデンス号の模型が北海道博物館に展示されている。実物は全長三十メートルを超す。精巧にできた木造の帆船だ。光太夫の乗った船は弁財船だった。日本は鎖国により遠洋船の建造が禁止されていたのである。

この時期、にわかに蝦夷地の重要性が認識されるようになった、と歴史書には書かれているが、当時、あの船を見た人々の驚きはいかほどのものかと想像される。

幕府は一七九八（寛政十）年に、近藤重蔵や最上徳内に千島を探索させ、その時に近藤は、択捉島に「大日本恵登呂府」の標柱を建てた。翌年に幕府は、東蝦夷地を直轄領とする。東蝦夷地とはおおよそ、松前から知床半島へ線をひいた南側に位置し、現在の胆振、日高、十勝、釧路、根室、そして千島列島がはいる。

幕府の東蝦夷地直轄化の目的は、南千島へのロシアの南進を食い止めることにあった。なお、蝦夷地という概念は、和人地と対をなすものであり、松前藩の支配地域である渡島半島の一部が和人地、それ以外が蝦夷地となる。

一八〇〇（寛政十二）年には、八王子千人同心という幕臣を現在の胆振地方に入植させている。屯田兵の前身ともいえるものだ。幕府はその二年後に箱館に奉行所をおいた。

日露和親条約まで

ラクスマン来航から十年余り経った一八〇四（文化元）年、信牌をもって長崎に来航したロシア人がニコライ・レザノフである。レザノフは通商を求めたが、長崎で半年も待たされ、結局体よく帰される。かれはその二年後に没するが、幕府の応対に不満をいだき、生前、日本への軍事的圧力の必要性を説いていた。レザノフの部下ニコライ・フヴォストフとガブリエール・ダヴィドフは一八〇六（文化三）年に、樺太の久春古丹《クシュコタン》の松前居留地を、その翌年に択捉島の内保《ナイホ》と紗那《シャナ》を攻撃した。文化露寇（フヴォストフ事件）である。

この事件は大きな衝撃として受け止められた。「日本人の心理状態に植えつけた恐露病のインパクトは無視しえないほど大きいものであった」（木村汎『新版日露国境交渉史』）。海防への意識も高まった。一八〇七（文化四）年に幕府は、全蝦夷地を直轄領とし、松前奉行をおいた。翌年には、間宮林蔵に樺太探査を命じ、樺太が島であることを確認する。

幕府の報復の機会はすぐに訪れた。ロシアはゴローニンに全千島の調査を命じた。幕府は一八一一（文化八）年に国後島に上陸したゴローニンをつかまえた。かわりにロシアは、淡路の商人・高田屋嘉兵衛を捕捉した。一八一三（文化十）年に双方が二人を解放し、事件は決着をみる。

この時期、外からの脅威は絶えることはなかった。ゴローニン事件が起こる前には、イギリス軍艦フェートン号が長崎に来航、オランダ人を人質に食料と薪を要求している。

幕府はこの事件等を理由に、一八二五（文政八）年に異国船打ち払い令をだす。列強の東漸《とうぜん》が日本近海にまで及ぶようになった。鎖国をいかに維持すればよいのか。幕府にとって心痛のたえない問題が現れてきたのである。

時は幕末にうつる。一八五五（安政元）年に日露和親条約を締結する。それは、前年に米国と結んだ日米和親条約につづくものだった。日米和親条約は、黒船による砲艦外交と、それに先立つアヘン戦争の影響が大きかったことはご存知の通りだ。大清国が列強の餌食となったのである。幕末の日本人にとってそのショックは察するに余りあるものだ。その報に接して、異国船打ち払い令をあらため、漂着した異国船に薪や水を与えてもよいとする天保薪水給与令がだされた。

ロシアにとっても、アヘン戦争は大きな衝撃だった。列強が東方に触手をのばしている。ロシアが条約締結を求めたのも、日本との国境確定と通商にあった。

先に述べた通り、その日露和親条約で日露の国境線を択捉島と得撫島の間とし、樺太（サハリン）は国境をさだめず雑居地とされた。前者が、現在の北方領土の日本側の主権の根拠となっており、北方領土の日（二月七日）は、この日露和親条約が下田で締結された日に定められている。

ラクスマン父子、レザノフ、ゴローニンの来航を見るかぎり、近世の日露関係は、インド産アヘンの中国への輸出を発端とするアヘン戦争や、後発の資本主義国アメリカの開国要求とは、趣を異にするのではないかと思えてくる。

う。「恐露病」発生の由来はかくの如きものであった。

「誤解」「心理的な要素」「事実認識の乏しさ」によって、「夢魔」が増幅されたという側面は否めないだろ

この地一旦露人に犯さるる時は

北門《ほくもん》の鎖鑰《さやく》という言葉がある。恐露病から生まれた言葉だ。鎖鑰とは錠と鍵という意味だ。

明治初年、ロシアへの防備としてこの言葉はしばしば使われた。榎本武揚は蝦夷地へ向かう折の陳情書で用いている。蝦夷地は日本の北門であり、「此地一旦魯人ニ被犯《おかさ》ルル時ハ、全国之大患」としている。そして、「北門之鎖鑰相堅メ、決テ他人之鼻息ヲ容ルル事ナク」と自らの使命を述べるのだ（『榎本武揚―資料』）。榎本の言葉には蝦夷地逃避行に自らの正当性をこめる意図もあったのではなかろうか。

箱館戦争で榎本が敗北するのが一八六九（明治二）年、その年に蝦夷地を北海道とし開拓使がおかれた。初代の開拓使長官は肥前藩主・鍋島直正だった。かれは間もなく退任し、二代目長官に任ぜられたのは公家の東久世通禧《ひがしくぜみちとみ》だ。その任命の御沙汰書にもこの言葉が使われている。土地をひらき、人口を増やし、この地を北門の鎖鑰とする、という。幕府も、新政府も、蝦夷地開拓の目的は同じ、北方防衛にあったのである。

箱館戦争の前、蝦夷地を「一旦露人に犯さるる時は全国の大患」「決して他人の鼻息を容るる事なく」と述べていた榎本だったが、一八七四（明治七）年からロシア公使としてアレクサンドル二世をはじめとした、ロシアの支配層と接するうちに、その考えは変わったようだ。一八七七（明治十）年一月一日、妻タツ宛の手紙には以下の通り書かれているという。

一体、日本人はロシアを大いに恐れ、今にも北海道へ攻め入るであろうと考えているものが多いが、それはハシにも棒にもかからぬ当推量にて……。

この手紙は『榎本武揚シベリア日記』（諏訪部揚子、中村喜和）の「解説」に表記があらためられて引かれている。

榎本はその「当推量《あてずいりょう》」を払拭するために、「ロシアの領地を旅行して、日本人の臆病を覚まし、かつは将来の為を思いて実地を踏査して一書をあらわす心組にて御座候」としたためている。

実際に榎本は帰国の際に、シベリアを横断して日本にもどっており、その見聞を「シベリア日記」としてのこした。しかし、それは生前に公開されることはなかった。日本から眺めたロシアの姿と、実際に接したロシアの人々には、かなりの隔たりがあったのだろう。

帰国後榎本は、外務大輔や海軍卿をつとめ、内閣制度が発足して伊藤博文が日本で最初の総理大臣となった時、逓信大臣についている。旧幕臣としては異例の出世をとげ、明治天皇や伊藤博文の信頼もあつかった。天皇や伊藤にもロシアでの見聞を語っていたのではないか。

だが、その後のロシアの東方への強い姿勢により、日本人の恐露病はおさまることはなかった。その病は、「裏木戸の足音」を耳にしたことによる「夢魔」と、それを土台とした「当推量」によるものであったのかもしれない。しかしその恐露病ゆえに、「北門の鎖鑰」としての北海道の役割は大きくなっていくのである。

第二章　万やむをえざる政略

樺戸集治監（月形町蔵）

札幌の市街地で道に迷うことはない。通りが東西南北に整然とはしっており、番地が、北××条西××丁目というように、一目でわかるようになっている。東西を分かつのは創成川、南北は大通公園、その二つの線が起点となって、東西の一丁目、南北の一条がはじまるのだ。

札幌の街の設計者は佐賀藩士・島義勇だ。彼が大通を火防帯とし、その北を官地、南を民地とした。北海道庁、札幌市役所やオフィスビルは大通公園の北にあり、公園の南には、繁華街大通、その先には、かつての公娼街すすきのがひろがる。創成川は、江戸時代にできた用水路で、石狩からの水運として利用されていた。島の都市計画はいまでも活きているのである。

この条、丁目からなる番地は、一八八一（明治十四）年の明治天皇の来道を契機とする。京都風を模したのだ。それまでは、通りに地名が付けられていた。

明治初年における官地・札幌の要路は札幌通だった。現在の北三条通である。JR札幌駅から数百メートル南を東西にはしる。西は北海道庁旧本庁舎（赤レンガ）からはじまる。札幌通には、紡績、製鋼、味噌といった開拓使の官営工場がつくられた。創成川をわたると、開拓使麦酒醸造所があった。現在のサッポロビールだ。

その場所には今、サッポロファクトリーが建つ。ファクトリーは明治時代のレンガ造りの建物を利用した複合商業施設である。そのサッポロファクトリーのすぐ東隣に、永山武四郎が住んでいた家がのこる。永山邸は、彼の死後、三菱鉱業の手にわたり、増築され同社の寮となった。三菱鉱業はかつて北海道に多くの鉱山を所有していた。旧永山邸は現在、札幌市が管理し、公開されている。

さて、一八七五（明治八）年に屯田兵が琴似に入植した際、樺太・千島交換条約の調印を、永山が告げたことは前章で述べた。その時永山は、開拓使の屯田兵幹部で三十代半ばだった。それから彼は一貫して屯田兵の要職（屯田兵本部長、司令官）をつとめ、第七師団では初代の師団長についている。

師団の旭川移転も彼の発案だった。師団の創設によって、屯田兵はその役割を終え、奇しくも、屯田兵の現役兵がゼロとなった年に、この世を去るのである。永山武四郎は、北海道の軍の草創期を生き、その終焉とともにその生涯を閉じたのである。

複雑な戦い

東久世通禧が二代目の開拓使長官をしりぞいた後、実質的なトップをつとめたのは黒田清隆だった。黒田はそれに先立つ米国視察中に、農務長官であったホーレス・ケプロンを招聘、ケプロンは北海道開拓に多くの建策をおこない、米国から専門家をまねいた。黒田は開拓の礎を築いた人物だが、同時に、開拓使に薩摩閥をつくったことでも知られている。永山武四郎もその人脈に属する。

薩摩藩士として永山は戊辰戦争に参戦している。会津攻略にもくわわっている。御親兵にも参加した。御親兵とは天皇をまもるための軍隊で、その後身が近衛師団である。

当時、御親兵内部では、兵式をめぐって意見の対立があった。薩摩はこれまでイギリス式をとっていたのでそれを主張した。しかし、長州がおすフランス式が採用された。薩摩兵は御親兵を去った。永山は開拓使にうつる。意見の対立は兵式だけではなかったのだろう。

開拓使は東京芝の増上寺にあった。増上寺は徳川の菩提寺だったので、新政府はその地を接収し、官衙《かんが》をおいた。永山は札幌で屯田兵を創設する仕事をすすめた。

戊辰戦争につづく永山の戦いは、西南戦争だった。彼は琴似の屯田兵第一大隊をひきいて熊本へ向かった。この戦いでは、かつての領袖・西郷隆盛に弓を引く立場になった。『琴似屯田百年史』は、「この出征については色々と複雑な事情があった」と記す。言うまでもなく、薩摩の将校の指揮のもと、東北出身の士族が、西郷軍と戦うという構図が「複雑」なのである。

戦いにのぞむ永山の心模様をつたえるエピソードがのこっている。武四郎の盟友に永山盛弘がいた。盛弘も薩摩の出で、ともに御親兵をはなれ開拓使に出仕し、屯田兵幹部だった。永山盛弘は弥一郎の名で知られている。同じ永山姓だが二人に縁戚関係はない。盛弘は、西南戦争の前年に父親の病気を理由に薩摩にもどる。西南戦争では西郷軍の一員となる。そのことを知った時に永山武四郎は、居間の床柱をめった切りにしたという。

屯田兵は指揮官が号令を出さずとも西郷軍めがけて突進した。下士官の負傷者が多く、将校の負傷者は少なかった。東北出身の屯田兵は勇んで西郷軍と戦ったのである。

熊本からもどった永山は、その戦功によって叙勲、六百五十円の賜金をうける。その金で札幌通りの土地を買い、家を建てた。薩摩から札幌に帰った永山は、「もはや故郷にはもどれない」と思ったのではなかろうか。

永山は会津若松の鶴ヶ城攻撃に参戦している。先に示した琴似屯田兵の回想録によれば、東北兵の間でも、出身が異なると言葉が通じなかったという。屯田兵はそもそも、永山の薩摩弁を理解できたのか、その言葉をどのように聞いたのか。

栃内元吉は、永山が戦いにのぞむ時の言葉を書きのこしている。「永山一個ノ身体ニ非ス国家ニ捧ケタル身体也」と語っていたというのだ（『男爵永山将軍略伝』）。

栃内は南部藩の出身で、明治初年から開拓使につとめ、永山に仕えるようになる。西南戦争にも参戦している。永山のロシア、アメリカ、清国視察に随行している。永山を深く知る人物だ。この「国家に捧げたる」という言葉は、明治における軍の誕生と深く関わっているので、あらためて触れることとする。

兵馬の権

軍事史家の松下芳男は屯田兵制を「明治軍制に於いてもっとも異色あるもの」とし「変則的兵制」と呼んでいる（尾佐竹猛編『明治文化の新研究』）。では「正則的兵制」とは何か。それは徴兵制である。ここから、屯田兵から少しはなれて、徴兵制の話をすることとする。それもまた、北鎮へとつながっているからである。ただ、この問題も多くの研究蓄積があるので、簡略化して述べる。

国民皆兵を旨とする徴兵令の発布（一八七三＝明治六年）は新政府にとって極めて重要な政策転換だった。再度、松下の言を借りれば、それは「独り明治軍制史の重要篇をなすのみならず、日本近代史の重要頁を占むべきもの」（『明治軍制史論』上）となる。なお、徴兵令は当初、北海道とならんで沖縄、小笠原諸島でも実施されていない。

徴兵令がなぜ「日本近代史の重要頁」となるのであろうか。徴兵令は、士農工商の身分をとりはらい、満二十歳の男子を兵役につかせるものだ。その前年に出された「徴兵告諭」では以下のように記されている。

士ハ従前ノ士ニ非ス、民ハ従前ノ民ニ非ス、均シク皇国一般ノ民ニシテ国ニ報スルノ道モ固ヨリソノ別ナカルヘシ。

ただし、徴兵令には、戸主や後継ぎ、さらに代人料をおさめたものは兵役が免除されるなど例外措置があったので、真の皆兵には遠かった。

新政府の重要な課題は、これまで藩主がもっていた権力を召し上げ、中央に集中させることにあった。兵馬の権（軍権）も同様だ。そのために編み出した便法が、「天皇の軍隊」という仮構だった。

徴兵令発布の二年後に施行された屯田兵制度をあらためて確認すると、それは士族を内地から北海道に移住させて農務につかせ、あわせて、北方防備のための軍事的役割をになわせるというものだ。そのような制度をつくった背景は、人口が少なく、徴兵が不可能であったからである。士族授産も兼ねていたことは先に述べた。

津軽海峡の南、つまり内地においては、廃藩にともない藩兵が解隊され鎮台となった。それは国内の治安維持が目的であった。徴兵令発布時に、東京、大阪、鎮西（熊本）、東北の四鎮台が廃止されて、東京、仙台、名古屋、大阪、広島、熊本の六鎮台が誕生する。明治初年に頻発した士族の反乱には、鎮台があたった。

その六つの鎮台が第一から第六の師団へと変わり、その後、屯田兵を母体として第七師団が生まれる。つまり第六までの師団と、第七師団ではその出自が異なるのである。

のちに北海道においても人口が増え、つまり、徴募できる壮丁（二十歳以上の男子）が増加し、徴兵令が施行され、屯田兵は師団となる。では、徴兵令は、津軽海峡以南ではどのように受け止められていたのか。

特権をうしなう武士

新政府はジレンマを抱えていた。維新を実現させたのは西南雄藩だ。国家建設にはもとより国軍が必要となる。しかし、薩長を中心とする藩が自分達の支えとなる武士集団を差し出すことはない。藩の武士を国軍に変えるためには、なんらかの力の後ろ盾が必要だ。その構図を、戸部良一は「政府直轄軍創設をめぐるジレンマ」と、とらえた（『逆説の軍隊』）。

明治政府は、天皇の護衛軍・御親兵をつくるという名目で、薩長土肥に士族の提供を求めた。キーは西郷隆盛だった。西郷が雄藩の長たる薩摩軍を統率していたからである。西郷を説得して薩摩士族をださせなければ御親兵はできない。

日本の近代軍制の創始者は大村益次郎であり、その後は、山県有朋が引き継いだ。西郷は山県有朋の御親兵創設案に同意した。新政府はその御親兵を威力として、廃藩置県を断行した。同時に鎮台を創設する。のちに、前者が近衛兵となり、後者が師団となった。

しかしその後、西郷は新政府からはなれ、薩摩兵は御親兵から大挙して抜ける。御親兵から離脱した薩摩兵には、薩摩にもどったものと、北海道の開拓使へとうつったものがいた。永山武四郎は後者だった。

江戸時代はご存知の通り、士農工商の階層社会だ。徴兵とは、その階層を一律化し、兵として徴募するのである。人が「従前ノ士」「従前ノ民」ではなくなり、あらたな「皇国一般ノ民」となるのである。徴兵令の施行は、旧武士階級に何をもたらしたのか。兵事は武士の専門的な職能だ。それが役務として課されるのである。武士（士族）の仕事がなくなるのだ。

くわえて、彼らの矜持にも多大な影響を及ぼしたことだろう。戦いには修練というものが必要だ。身分の低い町人や百姓につとまるはずがない。武士は武道とともに、教養も身につけてきた。とりわけ薩長土肥の武士には、維新を達成したのは自分達だという誇りがある。徴兵令によってそのプライドが大きく損なわれた。徴兵告諭には以下のように書かれていた。

我朝《わがちょう》上古ノ制海内《かいだい》挙テ兵ナラサルハナシ。有事ノ日、天子之カ元帥トナリ、丁壮兵役ニ堪ユル者ヲ募リ、以テ不服ヲ征ス。

上古においては、すべての男子が壮兵となり、まつろわぬ者を征伐した。明治新政府は律令制をとり、上古への回帰をうたっていた。つづいて以下の文言も出てくる。

固ヨリ後世ノ双刀ヲ帯ヒ武士ト称シ、抗顔坐食シ、甚シキニ至テハ人ヲ殺シ、官其罪ヲ問ハサル者ノ如キニ非ス。

武士は二刀をさし傍若無人にふるまい徒食し、よからぬ輩は人殺しまでし、しかも罪に問われない、かつてはそのようなことはなかった、というのだ。後段には、「世襲坐食ノ士」という言葉もでてくる。この物言いは、士族にとって聞き捨てならないものであっただろう。

徴兵令に士族の一部は強く反発した。佐賀の乱から、西南戦争で終わる士族の反乱の根元にはそのような新政府への不満があり、その後の自由民権運動の背後にも、この武士の特殊権益の喪失という問題があったことは多くの識者が指摘する通りだ。では、庶民（農工商）は徴兵令をどのようにとらえたのか。

その話にうつる前に、なぜ、士族を中心とする新政府が自らの特権を放棄するような徴兵制を敷いたのかという疑問に対する答えも用意しておかねばならないだろう。

『徴兵制と近代日本』（加藤陽子）は、この徴兵制採用の環境要因を、国家の歳出とまかなうべき兵士の数から論じている。ぶっちゃけて言えば、志願兵よりも徴兵のほうが安上り、ということである。後述する囚人労働と同様の理屈である。

新政府は金がなかった。明治五年、大隈重信は、官吏の俸給を二か月分減らすために、暦を太陽暦に変えている。新政府の財政は逼迫していたのだ。

前掲書は以下のように説明する。「大きな母集団から少ない人員を選抜する「自由」、少なくてもよいから国家の目からみて優秀だと思える人物を選抜できる「自由」を国家が満喫しつつ、長い教育期間で精兵を育てようとするという考え方がうかがえる」。明治初年の徴兵制の兵の数は極めて少なかった。

またそこには、大村、山県という軍制の設計者の経験知も加味されていた。岡義武の「山県有朋」（『岡義武著作集』五巻）によれば、攘夷親征をかかげた長州藩が、英仏蘭米の四か国連合と戦った下関事件の折に、武士からなる藩兵が臆病だったのに比べて、四民からあつめた奇兵隊は勇敢に戦った。山県は奇兵隊員の一員だった。「山県はヨーロッパ諸国の軍制を視察したところと幕末の長州藩における奇兵隊の実績とに鑑みて（中略）徴兵制を実現へと導いた」というのである。また、山県が武士の特権に対し冷淡であったのは、かれが家禄の低い小身の出であったことも関係していたようだ。

生血を以て国に報ずる

では話をもどして、庶民（農工商）の徴兵令へのとらえ方の一側面を見ておこう。同様に強い反発が生まれている。その一つが血税一揆だった。徴兵令反対一揆とも呼ばれる。徴兵告諭には以下の文言があった。

則チ人タルモノ、固ヨリ心力ヲ尽シ、国ニ報セサルヘカラス。西人之ヲ称シテ血税ト云フ。其生血ヲ以テ国ニ報スルノ謂ナリ。

国への奉仕を「血税」と呼んでいる。そして「生血」をもって国に尽さねばならない、というのだ。そこから、徴兵とは生血を抜かれること、との噂がひろがった。さらに、西洋人は生血を飲んでいる（赤ワイン？）とか、官吏が巡回するのを見て、血税をとりに来たのだといったデマが流れ、民情がざわついた。

血税一揆のさきがけは、北条県（現岡山県）美作《みまさか》で発生した。徴兵令が発布された一八七三（明治六）年の五月二十六日から六日間で、三万人が地域の戸長、学校などを襲撃し、さらに、賤民制廃止に反対し、被差別部落に押し入り、部落民を殺した。その後、血税一揆は西日本各所にひろがった。

美作一揆の首謀者とされた筆保卯太郎の供述書によれば、事件の原因は「徴兵、地券、学校、屠牛、斬髪、穢多ノ呼称御廃止等」への不満だという。つまり、明治新政府がとった新たな政策全体に対する不信が根底にあった。よって、血税一揆は「新政反対一揆」ともとらえられる。

美作血税一揆では、二万六千九百人が処罰された。うち十五人が処刑されている。筆保卯太郎も死罪になった。かれは村の総代だった。刑場で詠んだ辞世の歌がある。その一つは以下だ。「王政に復へるといふはことはりてえびす嵐で一新となる」。徴兵告諭と同時に出された徴兵詔書は以下のように宣言した。

今本邦古昔ノ制ニ基キ海外各国ノ式ヲ斟酌シ、全国募兵ノ法ヲ設ケ、国家保護ノ基ヲ立タント欲ス。

明治新政府は自らの政治を王政復古（「古昔ノ制」）とした。太政官制である。しかし筆保卯太郎は、徴兵令をはじめとする新政は、西洋（「海外各国ノ式」）を模倣した欧化（＝「えびす嵐」）だというのだ。

血税一揆を起こした民は「頑民」と言われたが、この歌を見るかぎり、筆保卯太郎はことの本質を見ぬいているように見える。徴兵令は一部にこのように受けとられ、大きな抵抗を受けながら断行されたのである。それゆえに、「近代史の重要頁」と位置づけられるのである。

明治政府は、新政反対一揆、士族の反乱、それにつづく自由民権運動にくわわった反逆者を厳しく処罰した。本章の冒頭で触れた島義勇もその一人だ。初代開拓使長官・鍋島直正のもとで判官としてつかえ、札幌の都市計画をたてた島義勇は、後に江藤新平とともに佐賀の乱をおこす。敗北後、助命嘆願するも、許されず斬刑となり、梟首《きょうしゅ》（さらし首）にされている。

幕末から明治初年に生きた武士は、紙一重で生死が決まった。幕臣・榎本武揚と佐賀藩士・島義勇の運命などは、まさにその典型だろう。

かれら反逆の徒を収監するために、一八七九（明治十二）年に小菅集治監（東京）と宮城集治監（仙台）が建てられた。二つの集治監とも、じきに囚人を収容しきれなくなる。そのために北海道での集治監建設が提案された。

一八八一（明治十四）年に樺戸《かばと》集治監、一八八二（明治十五）年に空知《そらち》集治監、そして、一八八五（明治十八）年に釧路集治監ができ、釧路の分監として、一八九〇（明治二十三）年に網走囚徒外役所がつくられる。それがのちの網走刑務所となる。

「赤い人」によって開削された道路

北海道に集治監を相次いで建てた理由は、囚人労働にあった。北海道の集治監には女囚は送られなかったので、もともと外役を目的としたものだった。囚人に道路の開削や、炭鉱労働など北海道開拓の一翼をになわせるのである。

樺戸集治監と空知集治監の囚人がひらいた道路が、樺戸集治監のある月形から旭川へと抜ける上川道路だ。その道はのちに、札幌から旭川に至る国道十二号線の一部となった。屯田兵の旭川入植も、第七師団の移駐もその道路によって実現した。

北海道の囚人労働は、吉村昭の『赤い人』で描かれているのでお読みになった方もおられるだろう。私もこちらに来た早々に読んだ。自分がこれから住む土地に、このような歴史があったのかと強い感銘を覚えたことを記憶している。赤とは囚人服の色、『赤い人』は樺戸集治監の囚人の物語だ。

戦後、北見の近郊端野で「鎖塚」が見つかっている。鎖塚とは道路開削で死んだ囚人が、鎖をつけられたまま埋められていた土まんじゅう（墳墓）のことだ。

北海道の囚人外役は、一八八一（明治十四）年からはじまり、一八九二（明治二十五）年の第四回帝国議会で議論となり、明治二十七年度をもって廃止された。その後、囚人には、農業などの内役しか認められなくなった。しかし、北海道における強制労働は、その後地下にもぐり、タコ部屋という形で戦後までつづいた。朝鮮人、中国人の強制労働もその系譜に属すると理解してよいだろう。強制労働という負の歴史は北海道、そして樺太を語る上で欠かせない史実だ。なお、戦後に米軍が札幌に進駐したのち、新たな駐屯地を札幌南郊に建設するが、その際も、タコ労働者が使われている。その話は最後の章でする。

樺戸集治監開庁の翌年にできた空知集治監は、幌内炭鉱の労働力の供給源としてつくられた。幌内炭鉱の八割の労働力は空知集治監の囚人によってまかなわれていた。

北海道初の鉄道となり、石炭輸送のために敷設された官営幌内鉄道（手宮（小樽）＝幌内間）も、空知集治監の創設と同じ年に開通している。北海道の鉄道は囚人労働と無縁ではないのである。

釧路集治監は跡佐登《あとさのぼり》硫黄山の労働力の供給源だった。明治初期、硫黄は火薬の材料として有力な輸出商品であった。その硫黄山を買ったのが安田善次郎だ。安田は硫黄鉱山をふくむ釧路の商いから、巨大な資産をつくり、それがのちの安田財閥に発展する。

囚人による道路開削は、一八八七（明治二十）年から始まる。その方針を示したのが金子堅太郎である。金子は一八八五（明治十八）年に囚人の道路開削事業への使用を提案している。その理由は以下だ。

彼等ハ、固ヨリ暴戻ノ悪徒ナレバ、其苦役ニ堪ヘズ、斃死《へいし》スルモ、尋常ノ工夫ガ、妻子ヲ遺シテ骨ヲ山野ニ埋ムルノ惨状ト異ナリ、又今日ノ如ク、重罪犯人多クシテ、徒ラニ国庫支出ノ監獄費ヲ増加スルノ際ナレバ、囚徒ヲシテ、是等必要ノ工事ニ服従セシメ、若シ之ニ堪ヘズ斃レ死シテ、其人員ヲ減少スルハ、監獄費支出ノ困難ヲ告グル、今日ニ於テ、萬已ムヲ得ザル政略ナリ。（「北海道三県巡視復命書」）

一般の労働者（尋常ノ工夫）が死ぬのは困るが、囚人（暴戻ノ悪徒）であれば死んでかまわない。彼らが死ねば、監獄費の軽減につながり、まさに一挙両得だ、というのである。

「三県一局」時代の弊害

では、なぜこのような政策が提案されたのか。この「北海道三県巡視復命書」がだされた経緯を見る必要があるだろう。少し時間をもどし、この復命書が提出された四年前から史実を確認しておくこととする。

一八八一（明治十四）年に開拓使は廃止が予定されていた。その目前、その官有物を官吏や政商に払い下げるとして、世論の批判をうけ撤回するという事件が起こった。「開拓使官有物払い下げ事件」である。払い下げを決めたのは黒田清隆だ。開拓使が廃止となり、そこから、「三県一局」時代がはじまる。三県一局時代とは、一八八二（明治十五）年から一八八六（明治十九）年の北海道庁の創設までをいう。三県とは、函館、札幌、根室だ。一局とは、農商務省に属する北海道事業監理局である。札幌通にあった開拓使の官営工場はこの事業監理局に引き継がれた。

三県一局の分権体制はさまざまな弊害を生んだ。所管事業が重複し、それぞれが同種の事業をおこなっていた。そもそも、地方行政（三県）と事業局の政策は異なっていた。前者は牧民政策をとり、後者は営業政策をとっていた。その三県一局の課題をさぐるために送り込まれたのが金子堅太郎だった。

金子はハーヴァート大学を卒業し、のちに大日本帝国憲法の起草にかかわる能吏だ。その金子が、一八八五（明治十八）年の七月下旬から十月初めまでの二か月強、北海道各地をまわり、開拓政策の問題点を調査した。その報告が「北海道三県巡視復命書」である。

その要点は、三県一局行政は弊害が多い、統一した機関をつくるべきである、というものだった。帝国議会の開設準備のために、太政官制度を廃止して、内閣制度の創設が予定されていた。その制度変更にあわせた、北海道行政の刷新が求められていたのである。結論は先にあったのではないか。

その復命書で「道路開削ノ議」に一節がさかれている。その主張は以下のようなものだ。北海道には道路が必要だ。だが、現在は函館＝札幌間しかまともな道路はない。札幌＝根室間にも道路を敷設しなければならない。根室への道は、札幌から北上し中央部（上川つまり旭川）で東進し、根室へ至る、というものだ。しかし、そのような道路を開くためには、巨額な費用を必要とする。そのために囚人を使え、というのが金子の提言だった。

もし一朝ことあるに際せば

ではなぜ根室なのか。根室には「県」がおかれていた。当時の根室への交通は船だった。根室は千島列島に通じる。その目的を物流に求める以外に、金子は以下のように説く。

殊ニ其管轄ナル千島群島ノ如キハ、警備未ダ毫モ着手セザルナリ。故ニ若シ一朝事アルニ際セバ、其危険ナル蓋シ云フベカラザルナリ。

千島列島の防備としても、道路開削は必要だ、というのだ。屯田兵にも言及している。「新開ノ道路ニ沿ヒ屯田兵ヲ置ク事」。以下の文言もある。「屯田兵ハ、帝室附属ノ兵員ニシテ、北門ノ鎖鑰ヲ守ルモノトシ、其開墾地ハ、着手後十ヶ年間除税シ」、その後は、土地を帝室（皇室）のものとし、屯田兵にもその恩栄を与える、としている。

この「道路開削の議」は、北海道庁によってとりいれられ、翌一八八六（明治十九）年に、北海道庁の初代長官・岩村通俊が、月形（市来知）から旭川（忠別太）への仮道開削を指示、一八八七（明治二十）年にもその施政方針で道路の整備に言及している。市来知《いちきしり》と忠別太《ちゅうべつぶと》は当時の地名である。その後、旭川から網走にかけても、道路がつくられた。金子が提案した中央道路は、そのようにして誕生したのである。

囚人労働によって大幅に予算削減が可能となった。函館と札幌をむすぶ札幌本道の建設費は、当時の金額で八十五万円に及んだ。建設工事にたずさわった技術者と労働者は、五千三百人を数えた。それはケプロンが構想したもので、最初の外国式の道路だった。それに比べて、月形から旭川への仮道の建設費はわずか三千七百八十九円だ。本道路の開削も二万二千百八円ですんだ。函館＝札幌と月形＝旭川の二つの道路は長さが異なる。前者は四十五里、後者は二十二里だが、この建設費の差は尋常ではない。

そもそも、開拓使が廃止となったのは予算の無駄遣いにあった。開拓使では十年間で一千万円という巨費がつかいやされている。それゆえに解体されたのだ。伊藤博文の懐刀たる金子堅太郎は、囚人労働という大胆な予算削減案を提示したのである。新たな屯田兵の入植は、その道路（中央道路）に沿って実現した。そもそも、金子の復命書以前、屯田兵は現在の札幌市と札幌近郊にしかいなかった。

北海道を「北門ノ鎖鑰」とするために、道東にも屯田兵は入植した。現在の根室のそばの和田には、一八八六（明治十九）年から一八八九（明治二十二）年にかけて屯田兵が入植した。厚岸近郊の太田には一八九〇（明治二十三）年に屯田兵がはいった。しかしこの二つの屯田兵村は、「あまりに国防的な位置として之を選定した」ことにより期待した収穫があがらなかったという（『新撰北海道史』第四巻）。

オホーツク海に近い場所としては、野付牛、さらに湧別にも兵村がおかれた。下野付牛兵村は、鎖塚が発見された端野にある。このように金子の復命書以降にできた屯田兵村は、囚人が開削した中央道路沿いにつくられた。金子は、その「道路開削ノ議」を以下のように結ぶ。

北海道開拓ノ事業ハ、大ニ其局面ヲ改メテ、将来ノ進歩、蓋シ是レヨリ其基ヲ開カンコト　堅太郎信ジテ疑ハザル所ナリ。

（引用者注：「堅太郎」の文字は小さな字体が使用されている）

金子にとって囚人道路は、「万やむをえざる政略」だった。その目的は、北海道開拓にあり、その根本には、「若し一朝事あるに際せば、其危険なる蓋し云うべからざるなり」という強い危機意識があったのである。

囚人労働の最盛期は、一八八七（明治二十）年から一八九二（明治二十五）年だが、その時期に永山武四郎は、屯田本部長、屯田司令官をつとめ、道庁長官もかねて屯田兵村建設をすすめている。

その道を通じて、屯田兵は沿岸部に入植していくのである。えびす嵐としての徴兵令、そして新政への不満から起こった騒擾は、このようにして、北鎮へとつながっていくのだ。

第三章　北に向けて葬れ

歩兵第二十五聯隊軍旗授與式之實況

明治卅三年十二月廿五日

軍旗授与（『歩兵第二十五聯隊史』）

前章で西南戦争における「複雑な事情」を紹介した。それは忠誠を向ける対象の問題でもある。永山武四郎は戊辰戦争で会津攻略に参加しながらも、西南戦争では会津兵をふくめ屯田兵をひきいて西郷軍と戦った。その後、北海道を永住の地と定めた。藩から新政府へ、忠誠の対象が変わったのである。それが「永山一個の身体に非ず国家に捧げたる身体也」の意味である。この忠誠の対象の変化も、北鎮とつながっている。

この問題を考える前提として、まず「軍人勅諭」を見ておきたい。軍人勅諭(「陸海軍軍人に賜はりたる勅諭」)は陸海軍人の精神的支柱をなすものだ。

旧軍の特徴をひと言でいうと「天皇の軍隊」となることは前述した。軍隊の指揮権(兵馬の権)は天皇に帰属する。

明治憲法において天皇の大権は、国務、皇室、統帥等がある。国務は元首としての統治権である。皇室は、天皇の家長としての権限をいう。統帥は軍人に対する命令権、軍令となる。国務と皇室には輔弼機関がある。国務大臣と宮内大臣である。しかし、統帥権には輔弼機関がなく、政府から独立している。大日本帝国憲法十一条では「天皇ハ陸海軍ヲ統帥ス」とうたっている。但し、統帥には輔翼機関があり、それは陸軍であれば参謀本部であり、海軍ならば軍令部となる。

統帥権と一対となる概念が帷幄《いあく》上奏権だ。『帷」は垂れ幕、「幄」は引き幕のことで、軍事における陣営、本陣をさす。帷幄上奏権とは、軍が直に天皇に奏聞できる権利をいう。つまり、明治憲法下においては、軍事にかかわる指揮命令系統は、軍と天皇が直結していた。日本国憲法六十六条二項で規定されている文民統制とは全く異なる考えだが、そのような制度がなぜ生まれたのか。

この天皇の指揮権、つまり兵馬の大権という概念が提示されたのが、一八八二（明治十五）年一月に公布された軍人勅諭なのである。勅諭は太政官からだされたものではなく、天皇が下賜するという形式をとった。教育勅語と同じである。そのために後年、神格化され、陸軍では全文の暗誦が義務づけられ、「勅諭」という語が上官の口から発せられると、不動の姿勢をとらねばならなかった。誤読し自決した将校もいた。神格化は常軌を逸することとなった。

軍人勅諭の成立の背景に軍紀の確立があったことは、軍事史研究で明らかになっている。ここでは新政府における明治天皇の位置を見ながら、兵馬の大権を確認しておこう。

竹橋事件と軍人勅諭

軍人勅諭は、前文と五つの条文で構成されている。前文の冒頭で「我国の軍隊は世々天皇の統率し給ふ所そある」と述べる。神武の代より、軍隊は天皇が掌握してきたという。しかし中世にいたると、昇平（代々の太平）がつづき朝廷も文弱にながれ、兵農が分離した。さらに、兵権も武士にうつり、政治の大権も武士にゆだねられた。しかし、明治維新で王政復古となり、兵馬の大権はあらためて「朕か統ふる所」となった、というのが前文の趣旨だ。

後段では、朕（天皇）が軍人に「訓諭《おしえさと》すへき事」として、五つの徳目があげられる。それは「忠節」「礼儀」

「武勇」「信義」「質素」である。軍隊において、忠節や武勇、信義といった徳目が重要であることは議論の必要がないだろう。軍隊はタテの序列の組織で、上官の命令に従わないと作戦行動はとれない。

武士の世とて同じではないかというとそうとも言えない。武士には、上下の位階があった。知行によって身分は異なる。隊の編成においても、当然そのような上下関係は影響する。しかし、近代軍は国民軍であり、そのような身分秩序があっては戦えない（ただし皇族軍人は別）。四民平等を旨とし、徴兵令を敷いた理由はそこにある。

新政府は明治初年に御親兵をおいた。それが近衛兵になった。さらに、各地に鎮台をつくった。しかしそれは近代軍といえるものではなかった。西南戦争後におこった竹橋事件を見ればそのことは明らかだ。竹橋事件とは、西南戦争に参戦した近衛兵が、反乱を起こした事件だ。御親兵を前身とする近衛兵は、徴兵によるものではなく壮兵（＝職業兵）だった。

その近衛砲兵が西南戦争の論功行賞に不満をもち、強訴を企てた。駆けつけた大隊長らは殺された。反乱兵は近衛歩兵に同調を求めたが、衝突がおこる。行く先を仮皇居がおかれていた赤坂に向けたが、結局とりおさえられた。死刑五十五名をふくむ四百名近くが処罰されている。

西南戦争の政府軍の勝利は、大砲によるものが大きかった。近衛砲兵にはみずからの功が大であったという自負があった。しかし行賞は砲兵になかなか来ない、そのことに不満をいだいたのである。新政府は、新たに設置した近衛兵から蜂起が起こったことに強い危機感を持った。それが、五十名を超える死罪にあらわれている。

佐賀の乱、西南戦争、そして、竹橋事件から見えることは、新政府にとって軍紀の確立が急務であった、ということだ。それゆえに、永山武四郎に見られるように、忠節をまっすぐに明治政府に向けるという精神が、なによりも求められたのである。軍人勅諭の力点を時代背景で読むと、それは、前文よりも、後半の五ケ条にこそあると言えるだろう。

「天皇の軍隊」の誕生

では、それを天皇が勅諭という形で下賜するとはどういうことか。明治天皇擁立の経緯は、日本史に詳しい向きには言わずもがなのこととなろうが、簡単に整理しておく。

睦仁は京都の御所の大奥で育った。孝明天皇が死去した時わずか十四歳であった。神宮外苑にある聖徳記念絵画館には、明治天皇と皇后に関わる絵画が八十点展示されている。その中の一枚「践祚《せんそ》」（川崎小虎）に描かれた睦仁の顔には、白粉が塗られている。舞台は一八六七（慶応三）年の京都御所、孝明天皇逝去直後のものである。

同年の王政復古の大号令で新政府が樹立されるが、その折の小御所会議で、土佐藩主・山内豊信が「幼冲の天子」という言葉を発したことは広く知られた話だ。その幼君が、半世紀あまりの在位で「大帝」と言われるまでになったのである。

伊藤之雄『明治天皇』を読み、明治天皇が微妙な立ち位置から調停役として自らの存在を高めていった過程が理解できた。明治天皇は大日本帝国憲法の発布に至っても、国家の意思決定の蚊帳の外におかれていた。

軍人勅諭発布の前年の東北北海道巡幸と明治十四年の政変においても明治天皇は、いかなるイニシアティブも発揮していない。一八八一（明治十四）年七月三十日から十月十一日まで、山形、秋田、さらに北海道を巡幸する。随員は三百五十名にのぼった。そのなかには黒田清隆も大隈重信もいた。巡幸途中に、明治十四年の政変がおきる。なお、その北海道巡幸で札幌の町名があらためられたことは、第二章で述べた通りだ。

明治十四年の政変とは、黒田清隆が、開拓使の官有物を部下や政商に低額で売りさばこうとし、新聞や世論が告発した。それが官有物払い下げ事件だが、結局、実行にはうつされず、新政府はその機に乗じて、議会の早期開設をうったえていた大隈重信を追放し、逆に政府側から国会開設の勅諭をだすのである。

問題が発生し収束するまで、天皇は巡幸中であり、政変の収束過程にはかかわっていない。大隈罷免の意思決定は、天皇が東京にもどる四日前に決まっている。

聖徳記念絵画館には、この東北北海道巡幸の絵も二点ある。一つが、山鼻屯田兵村を通過する明治天皇だ（「屯田兵御覧」高村真夫）。もう一つが秋田の院内鉱山の参観（「鉱山御覧」五味清吉）である。天皇が鉱山を見学したのは、一八八一（明治十四）年九月二十二日のことだった。鉱山入口に立つ天皇の後方には、大隈重信が描かれている。大隈はかなり後ろに立ち、彼の顔には他の人物と異なり光があたっている。

政変がおさまり、国会開設の勅諭が出されるのが十月十二日だが、それを天皇が「嘉納」したのは、帰路についてからのことだった。

軍人勅諭とて同様だ。勅諭は山県有朋が提案し、西周、井上毅、福地源一郎らが作成したものだ。それを大山巌に「下賜」したのである。その時の「軍人勅諭下賜」の絵（寺崎武男）も聖徳記念絵画館八十点の一つにある。

軍人勅諭の内容は、竹橋事件の直後に山県白らが発した「軍人訓戒」とほぼ同じものだという。しかしそれを勅諭という形で発出することが、なによりも重要だったのである。それによって、「天皇の軍隊」が生まれることとなる。

十三個師団体制に

「軍人勅諭」の第一の「忠節」のくだりには、以下の文がある。

世論に惑はす政治に拘らす、只々一途に己か本分の忠節を守り義は山嶽よりも重く死は鴻毛よりも軽しと覚悟せよ。

前年の官有物払い下げ事件の折に、谷干城、鳥尾小弥太、曾我祐準、三浦梧楼らの軍人が、議会開設、憲法制定の建白書を提出した。軍人が大隈重信と同様の行動をとった。「世論に惑はす政治に拘らす」という文言は、そのような、軍人が政治に関与することを牽制する意味があったという（『逆説の軍隊』）。軍における政治の関与を禁じ（よい意味にとれば、軍の中立を保ち）、さらに、軍の忠節を一つの方向にたばねるために、なんらかの行動規範が必要だった。しかし、明治初年以来、政権内部にはさまざまな亀裂が生じ、それを一元的に管理することは至難であった。それゆえに、「天皇の軍隊」という仮構をたて、軍紀を確立し、中央直轄軍を統率しようとはかった。そのために編み出されたのが軍人勅諭だった。そしてもう一つ、軍権を天皇に集中するための「装置」があった。そのことを説明する前に、話をひとまず一旦札幌にもどし、第七師団創設の経緯を説明しておきたい。

永山武四郎が責任者をつとめていた屯田兵司令部も札幌の要路・札幌通（北三条通）にあった。現在の住所でいえば北三条東一丁目、つまり創成川をわたったところである。永山邸はそれよりも東、東六丁目となるので、自宅から五丁ほどを西に通っていたことになる。

その屯田兵司令部が、第七師団司令部となったのは、一八九六（明治二十九）年のことだ。その時に兵営が、司令部の東南四キロほどのところにある月寒におかれることとなった。時代背景を見れば、屯田兵が師団になった理由がおわかりいただけるだろう。日清戦争の講和条約・下関条約が結ばれた翌年のことである。下関条約では、遼東半島が日本へ割譲されたが、ロシア、フランス、ドイツの三国の要求により、その地は清国にかえさざるをえなくなった。それを主導したのがロシアだった。三国干渉により、ロシアは再び日本の仮想敵となった。北海道における師団の誕生は、まさしくロシアへの防備のためだった。

ここでごく簡単に、日清戦争についても触れる。基本的史実をおさえ、日清戦後の北鎮の意味を確認しておきたい。

明治政府にとって朝鮮は、隣国であり大きな関心事であった。清国と冊封関係にあったことが一つの理由だ。一八七六（明治九）年に日朝修好条規が調印され、朝鮮は開国する。しかし、日本への対応をめぐって政変がおき（壬午軍乱）、一部の勢力があらためて清へと依存する。他方、日本の力を利用して近代化をはかろうとする勢力もおり、クーデターが起き、清軍が出兵する。甲申事変である。

清国との関係修復のために一八八五（明治十八）年に交わされたのが天津条約だった。双方は朝鮮より撤退し、今後、出兵する際は、事前通告を約束した。日本には、朝鮮の開国を成し遂げたのは自分たちだ、という自負があった。それゆえに、一連の事件は、朝鮮への影響力の後退として受けとめられた。

一八九四（明治二十七）年に東学という宗教の信徒による反乱が起こった。清国は出兵、天津条約に基づき、日本も兵をだした。それを機に、日清は交戦状態にはいった。戦局は日本の有利に展開し、戦線は朝鮮半島から遼東半島へとうつり、黄海では、清の誇る北洋艦隊が沈没し、その寄港地であった山東半島の威海衛を日本が占領し、勝敗が決した。一八九五（明治二十八）年四月十七日、下関で講和条約が締結される。その条約で、朝鮮の独立、遼東半島及び台湾、澎湖島の割譲、さらに賠償金の支払いが決まった。その遼東半島の割譲に、露、独、仏が「待った」をかけたのである。

日本国内では戦争終結前から、戦後の軍備拡大についての議論がなされていた。改進党の総理となった大隈重信は、満洲をまもるための軍備増強を雑誌に寄稿している。山県有朋は、講和条約が締結される二日前の日付で、「兵備ヲ設クルニ付テノ奏議」をあげている。そこで山県は明治初年以来の軍の整備を振り返り、さらに、ロシア、英国など隣邦の兵備を分析し、日本の軍備の不十分さを指摘する。

ロシア、英国などを「隣邦」と称していることに違和感をもつ読者もいることと思うが、ロシアがウラジオストクに軍港をおき、イギリスが香港に万の兵を有している周辺環境を指していると言えるだろう。山県の主張を見てみよう。

「今後一タビ平和ノ復スルニ至ラバ復タ現在ノ兵備ヲ以テ満足スル能ハザルヤ明カナリ」とする。そして、「我ガ国ハ今回ノ戦争ニヨリテ新領地ヲ海外ニ収得スルナルベシ」というのだ。講和条約による領土獲得を確認する。今後清国は必ずや軍を整備する、さらに、利害を東洋に有する列強も、「悉ク其政策ヲ一変シ、其東洋ニ於ケルノ兵力ヲ増加スベキヤ必セリ」というのだ。そこから、「主権線ノ維持」から「利益線ノ開帳」へという政策転換が示される。

主権線とは、現在の日本の領土、ということとなる。それをまもるためには、より拡充した兵備をもって、利益線を構築する必要がある。奏議の後段で山県は軍備拡大の具体案を示す。山県のなかには、この段階で「利益線ノ開帳」をおこなわねば、「主権線ノ維持」ははかれないという現実認識があった。この主権線と利益線という主張は、山県が渡欧の折に、ウイーン大学のローレンツ・フォン・シュタインから得た考えであったという(加藤陽子『それでも日本人は「戦争」を選んだ』)。

下関条約締結の八日後の四月二十三日に、三国は遼東半島の還付を要求する。そして、十一月八日に還付条約が締結されるのである。日清戦争で、清国が弱体化していることを知った列強は、清に勢力を拡大し、ロシアは日本が返還した遼東半島の旅順、大連を租借するのである。ロシアへの強い反発が生まれ、「臥薪嘗胆」が叫ばれることとなる。

日清戦争開戦以前、政党は民権の拡大を主張していたが、開戦後は変心、三国干渉を経て、国権の拡張をもとめる世論がわきおこるのだ。それが、戦争を支持する空気をつくりあげていく。その世論形成の上で、勃興し始めた新聞が大きな役割をはたした。そのような構図は、その後の戦争も同様であった。

軍備の拡大は、山県以外にも児玉源太郎も提案しており、政府部内で検討された。最終的に、近衛師団(御親兵)と六師団(旧六鎮台:東京、仙台、名古屋、大阪、広島、熊本)にくわえて、七から十二の師団が増設されることとなった。それが、第七師団(札幌)、第八師団(弘前)、第九師団(金沢)、第十師団(姫路)、第十一師団(善通寺)、第十二師団(小倉)であり、近衛師団をふくめて十三個師団となったのである。

以上が、北海道において屯田兵が師団に生まれ変わった経緯だが、屯田兵はすぐに師団となったわけではなかった。日清戦争開戦時の明治二十八年三月四日に、臨時第七師団が編成され、二十六個中隊、四千名が召集されたのは臨時師団長をつとめた永山武四郎だった。

だが、臨時第七師団が戦地に赴くことはなかった。東京で待機している間に講和条約が結ばれる。五月二十日に青山練兵場に集められ、復員が告げられた。青山練兵場は、現在の神宮外苑、聖徳記念絵画館の前の土地である。

翌年の五月十二日に臨時第七師団が第七師団となったのだ。なお、屯田兵がそのまま師団の将卒になったわけではない。そこには新たに徴募した兵もいた。北海道では、本州に遅れて一八八七（明治二十）年一月に、函館、江差、福山（松前）に徴兵令が施行されている。一八九六（明治二十九）年一月には、渡島、後志、胆振、石狩にも敷かれた。後者はまさに師団結成のための準備だった。

北海道の人口は明治二十一年に三十五万人を越え、開拓使当初から倍増、明治二十六年には五十六万人となっていた。北海道に徴兵令が施行されたのは、壮丁が多く徴募できるようになったことも一因であった。

丘のはずれの下り坂

ではなぜ第七師団の兵営が、札幌の東郊・月寒の地に生まれたのか。

札幌は豊平川の扇状地にできた街である。豊平川は札幌の南西を水源として、市の東を流れ、東北に抜けて石狩川に合流する。中流部にはダムがあり、札幌市民はその水や電気を利用している。札幌にとってなくてはならない川である。

現在、月寒がある札幌豊平区は、豊平川の東に広がる行政区である。その地区が札幌市に編入されたのは戦後のことだ。かつては豊平村だった。豊平村の月寒に開拓民が入植したのは一八七二（明治五）年、開拓使が誕生して間もない頃だった。琴似屯田兵村ができる前のことである。
岩手の士族四十戸あまりが、千歳道に入植したのである。千歳道とはケプロンが建策してきた札幌本道の一部である。現在の国道三十六号線のことで、札幌駅を起点とすると、すすきのまで南へすすみ、そこで進路を東にかえて、千歳を経て室蘭へと至る道路だ。

つきさっぷ（月寒）という地名は、それがアイヌ語であることはわかっているが、原義には諸説がある。ひとつは、「チ・キ・サ・プ」というもの。「われらが木をこするもの」という意味で、月寒には、ハルニレが密生しており、その木片で火をとることができた、その語が由来だという。

もう一つ「チ・ケシ・サㇷ゚」は「丘のはずれの下り坂」という意味という。月寒は高台になっている。軍の施設の多くは高台にある。水害などの自然災害を避けるためである。私の体感では、「丘のはずれの下り坂」のほうが近いように思うのだが、どちらが正しいのかはわからない。

アイヌ語の名前を付したということは、その地に先住民がいた、ということだ。豊平町の歴史をひもとくと、一八七八（明治十一）年に教育所が誕生、一八八二（明治十五）年にはレンガ工場もでき、その二年後に神社が創建され、一八八五（明治十八）年には戸町役場もできる。小さな町として、都市機能がそなわっていく。

月寒に兵営が誕生したのは、その地にいた開拓民・吉田善太郎が低廉で土地を提供したから、と伝えられている。当時編成されたのは、歩、工、砲からなる、野戦独立隊だった。野戦独立隊は、日清戦争にあわせてつくられたものだ。日清戦後の一八九九（明治三十二）年に野戦隊が解体され歩兵聯隊として生まれ変わるのである。それが、二十五、二十六、二十七、二十八の四聯隊だった。

北海道を以て埋骨の地と定め

聯隊誕生に至る前口上がなんとも長くなってしまったが、ここで、先に触れた「軍人勅諭とならぶもうひとつの装置」の答えを記す。それは「聯隊旗」である。

歩兵第二十五聯隊が正式に「天皇の軍隊」となるのは、一九〇〇（明治三十三）年のことだ。その年の十二月二十二日に、明治天皇から聯隊旗（軍旗）をうけるのである。

第二十五聯隊の歴史をつづった『歩兵第二十五聯隊史』の最初の記述は、この「軍旗拝受ノ次第」である。聯隊にとって軍旗とはいかなるものかがわかるので、その次第を記しておく。

聯隊旗手・松本小次郎ら数名は、軍旗を拝受するために十二月十三日の朝、札幌をたつ。上野に到着したのは二日後の十五日だった。十八日に陸軍省に行き、授与式の指示をうける。十二月二十二日、一行は「斎戒沐浴シテ正装ヲナシ」皇居へと向かう。「天朗カニ、気清ク、天亦此佳辰ヲ祝スルモノノ如シ」とつづられている。

聯隊旗は天皇から親授されるものだ。陸軍の軍旗、つまり旭日旗が、法令として制定されたのは、一八七四（明治七）年のこと。その授与は、その年の一月二十三日、近衛歩兵第一、第二聯隊に対しておこなわれたのが最初である。場所は、日比谷の操練所、現在の日比谷公園だ。

聯隊旗に書かれた聯隊の番号は、天皇の親筆である。第二十五聯隊に授与された際も、明治天皇は聯隊旗に会釈し、さらに、旗頭より旗尾までを熟視の上に総務長官にわたし、それを旗手がうけとっている。つまり、軍旗は天皇の「分身」とも言えるものなのだ。それゆえに、聯隊旗も軍人勅諭と同様に、後年その神格化が深まっていくことになる。

聯隊旗手の一行は、上野駅から帰路についた。青森から船で室蘭へ。室蘭から鉄道で札幌へと向かった。沿道では盛大なる歓迎をうける。「各駅至ル所村民総代小学生徒其他地方有志家ノ奉迎アラザルハナク、或ハ君ケ代ヲ唱歌シ或ハ万歳ヲ三唱シ実ニ誠意ヲ以テ我軍旗ヲ迎ヘタリ」という様相であった。

師団長の大迫尚敏《おおさこなおはる》は途中駅まで迎えに来ていた。大迫尚敏はその年の四月に、永山武四郎の後任として第七師団長についていた。大迫も、永山同様に薩摩人だ。永山武四郎は札幌駅で待っていた。

当時の人々が軍を、さらに軍旗をどのように認識していたのか、その一端が理解できるので、長くなるが、札幌駅での軍旗奉迎のくだりを『歩兵第二十五聯隊史』から引用する。


軍旗ノ停車場ヲ出ズルヤ停車場前ハ奉迎市民恰モ堵《と》ノ如ク、而モ喧騒ニ亘ラズ粛然トシテ敬意ヲ表シ実ニ誠意ヲ以テ神聖ナル軍旗ヲ奉迎スルノ状ヲ呈セリ。東側ニハ隊外将校及歩兵第二五聯隊西側ニハ各学校生徒列ヲ正シ嚠喨《りゅうりょう》タル「足曳」ノ喇叭ト共ニ軍隊ハ軍旗ニ対スル敬礼ヲ行ヒ、各学校ハ亦最敬礼ヲナス。全市街ハ戸毎ニ国旗ヲ掲揚シテ敬意ヲ表シ或ハ大緑門ヲ造ル等実ニ市民ノ歓呼シテ然モ厳粛ニ軍旗ヲ迎フルノ状壮観ヲ極ム。軍旗ハ停車場通北一条通リ右ヘ聯隊区司令部ニ至リ是ニ旗手ハ軍旗並ニ勅語書ヲ師団長ニ呈ス。聯隊長渡邊中佐ハ札幌練兵場ニ於テ雪積ヲ踏ミテ師団長ヨリ軍旗及勅語ヲ受ケ聯隊長又奉答シ是ニ芽出度軍旗授与式ヲ終リ聯隊ハ軍旗ヲ押シ立テ第五中隊軍旗中隊トナリ堂々兵営ニ帰還ス。此レ正ニ明治三十三年十二月二十五日ナリ。

足曳は陸軍の軍旗に関わる儀式で演奏される敬礼曲である。緑門とは祝賀時に青葉でアーチをかざった門のことである。
「軍旗を押し立て……堂々兵営に帰還す。此れ正に明治三十三年十二月二十五日なり」、そのようにして、第七師団歩兵第二十五聯隊は月寒の地に誕生したのである。聯隊長の渡邊中佐は、その後、日露戦争で二〇三高地の突撃をはかる渡辺水哉だが、その話は後述することとなる。

本章の最後に永山の末期に触れておく。冒頭で述べた忠誠の問題と北鎮がどのように関係しているのかご理解いただけるだろう。
永山は第七師団創設後、一九〇二（明治三十五）年に後備役につき第一線からはずれる。翌年に貴族院議員となる。その翌年（一九〇四＝明治三十七年）、議会出席のため上京した折に倒れる。永山はかねてから、遺体は北海道に埋葬しろと述べていた。しかし、どのように語ったのか一次資料はみつからない。『よみがえった「永山邸」―屯田兵の父・永山武四郎の実像』（高安正明）には以下のように書かれている。

おれの遺骸は札幌の豊平墓地に北に向けて葬れ。北海道の土となってロシアから守るのである。

北三条通にある永山邸内におかれた説明パネルは以下である。
屯田兵に対して「お前たちは北海道の土になれ、私も土になる」と常日頃から励ましてきた、「死後わが身を札幌に生めよ、死してなお北方を守らん」と語っていた。札幌市運営の施設なので、具体的な国名はあげていない。

栃内元吉があらわした『男爵永山将軍略伝』には、永山が「北海道ヲ以テ埋骨ノ地ト定メ」ていたことは述べられているが、それ以上の記載はない。

豊平墓地はのちに再開発で掘り返され、その一部が里塚霊園に改葬されたが、遺体は確かに、北に向けて葬られていた、という。

上記の話が本当であれば、かれの後半生は北鎮を目的としたと言える。というよりも、薩摩人永山は屯田兵の長として、東北の士族をしたがえて、西郷隆盛ひきいる薩摩軍と戦わざるをえなかった。その矛盾を超えるためには、「北海道を以て埋骨の地と定め」るしか、自らを律する道はなかったのだろう。かれは北海道を墳墓の地としたのである。

永山の葬儀は、「永山邸ヨリ豊平橋ニ至ル十数町ノ道筋ハ人垣ヲ作リ、往来途絶スル」という様相だった。栃内元吉は以下のように書く。「会葬セル故老感極リ涙ニ咽ヒテ曰ク、徳孤ナラス、之レ将軍ノ謂ヒナリ、今日此盛葬ヲ見ル要スルニ皆故将軍カ遺徳ニ外ナラス」。

当時の札幌の人々にとって、北海道開拓における永山の功績は大きく、それは彼の人徳によるものという認識があった。

ここからは私の想像の話である。

一九〇〇（明治三十三）年十二月二十五日、札幌駅頭に立つ永山武四郎が、明治天皇の親筆のある聯隊旗の背後に見たものは何か。西郷隆盛や永山弥一郎の姿ではなかったか。永山は、かれら西郷軍の死の先に、明治という新たな国家の未来を見いだそうとしたのではなかろうか。

但し、ここで付け加えておかねばならないことは、その背後にはまた、道路建設で息絶え、鎖をつけられたまま路傍にうちすてられた数多の「暴戻の悪徒」もいたということである。そのようにして、北鎮部隊はこの地に誕生することとなった。

第四章　「川上の人々の集落」にできた軍都

昭和天皇行幸時の旭川偕行社（北海道大学附属図書館蔵）

六月の札幌の空を、「含羞がない」と表したのは渡辺淳一だ。医者として過ごした札幌をどのように描いているのか興味があり、こちらに来た当初に『リラ冷えの街』を読んだ。『リラ冷えの街』は同氏が得意とする婚外恋愛の物語だ。男女の交情が深まりゆく六月の空を、「すべてをさらけだし、含羞がなかった」と形容していた。ヒロインは、その止まるところのない空に不安を覚える。道ならぬ関係と、梅雨がなくカラリと晴れた札幌の空がひびきあい、「含羞がない空」という修辞が心にのこった。

大型連休があけた札幌は、気温が徐々に上昇していくが、ライラックが咲く五月下旬になると、一時寒さがもどる。それを「リラ冷え」という。六月になれば天候は落ちつき、「含羞がない空」がひろがるのである。その空のもとでおこなわれるのが「札幌まつり」だ。

札幌まつりは北海道神宮の例祭で、毎年六月十四日から三日間ひらかれる。北海道神宮は、札幌の西の住宅地・円山の杜にある。

まつりの最終日の十六日に、神輿渡御とよばれる巡行があり、神輿や山車が札幌の中心部を練り歩く。北海道神宮や中島公園には屋台がならび、曲芸の出し物やお化け屋敷のテントがはられる。一時代前の芳香がただよう祭りである。

近年はそのあとに、よさこいソーラン祭があり、ジャズやクラシックの音楽イベントがつづき、札幌まつりのありがたみはいささか薄れたが、かつては、初夏の訪れを告げる一大イベントだった。

はじめて札幌まつりの山車行列を見た時、明治を感じた。車輪のついた山車を神官の服装の人々がひく。隊列には洋装もあり、馬もいる。どこか、開化期の欧化の匂いがするのである。東京の隅田川両岸の神社の祭りや、西日本のそれとは、かもしだす空気が違っている。

開拓三神・カムイコタン・祠

北海道神宮は北海道の産土神《うぶすながみ》である。もとより、アイヌの神・カムイが豊穣な世界をもっており、古来この地で祭祀をおこなっていたことは承知している。アイヌ民族は、その祖先を縄文時代までさかのぼることができ、日本人の祖形でもある。つまり、アイヌが本家で、弥生文化が混交した和人は分家とも言えるのだ。日本語の神《カミ》はカムイという語と縁戚関係にあるという。

産土神にもどると、和人の開拓は祭祀とともにはじまった。松浦武四郎は安政年間に石狩大社の創建を構想しており、蝦夷地の開拓には、神の奉祀が必須という観念がかねてよりあったのだろう。北海道に産土神をうつす開拓祭典は、一八六九（明治二）年に宮中でひらかれている。神祇官が、大那牟遅神《おおなむちのかみ》、大国魂神《おおくにたまのかみ》、少彦名神《すくなひこなのかみ》の三神を安置し、開拓使の官吏がその三神に拝礼した。その目的は、北方の鎮守、北門の鎮護であった。

同年九月に、開拓使長官の東久世通禧は三神の霊代をもって、函館に出発した。東久世は函館にとどまり、判官の島義勇が、その三神を札幌にはこんだ。島の後任をつとめた岩村通俊は翌一八七〇（明治三）年に札幌に宮・札幌神社を建て三神をまつった。北海道神宮の前身である。その札幌神社が誕生した日が、旧暦の六月十五日であり、それが、現在の札幌まつりの大祭日となった。

新政府は祭政一致の国家だった。律令制の時代にあった神祇官を復活させている。明治初年は、祭祀をおこなう神祇官が政務をおこなう太政官より上位にあった。その後、社格をさだめ、神社の序列化がはかられる。札幌神社は国幣小社となった。しかし北海道における祭祀が、すべて札幌神社のように国家主導であったのかというとそうではない。

例えば、琴似の武早神社は、その地の屯田兵の多数派であった亘理の士族が、その藩祖・伊達成実をまつった亘理神社を分霊し、つくったものだ。のちに、開拓三神の一つ大国魂神と会津藩祖・保科正之の霊を増祀し現在の琴似神社となった。屯田兵のうち青森出身者の多くは、会津から移封した斗南藩士で、琴似屯田兵にも会津人が少なからずいた。

これから述べる上川の屯田兵村も屯田兵によって神社がつくられている。

上川とは現在の旭川を中心とした北海道の中央部だ。上川という地名は、アイヌ語で「川上の人々の集落《ペニ・ウンクル・コタン》」の意訳だという。かつて石狩川の上流に住む人々は「ペニ・ウンクル（＝川上にいる人）」と呼ばれ、石狩川の下流の石狩平野に住む人々は「パナ・ウンクル」と呼称されていた。パナは下流の意だという。

石狩川は大雪山系を源として、上川盆地で、忠別川や美瑛川と合流し、大河となって石狩平野を流れる。石狩川が上川盆地から抜けるところに、カムイコタン（神居古潭）という急流がある。そこは川上と川下をへだてる場所で、近世に和人が、下流から川上に行くためには、先住民の案内がなければ通れない難所だった。同時に、カムイ（神）が住むコタン（場所）の意の通り聖地であった。

一八八五（明治十八）年に当時司法大輔であった岩村通俊が、屯田兵本部長であった永山武四郎をともなって、近文山《ちかぶみやま》にのぼり、幾条もの川が石狩川に合流する広大な平原を見て、ここに一大都府をおくという構想をたてた。その地に、皇室の夏の離宮をひらくという計画も立ち現れる。上川道路の開削は、その上川都府計画が前提となってすすめられた。その後、離宮構想は頓挫するが、帝室用地という考えは、御料地、御料林へとつながっていく。岩村、永山が立ったその地には翌年に「国見の碑」が建てられた。上川はまさに和人が「国見」した場所なのである。

永山武四郎は、上川開発が動きはじめる一八八七（明治二十）年から翌年にかけて、アメリカ、ロシア、清国を視察している。その折に、栃内元吉が同行したことは前述した。おそらく永山は、その折に開拓、殖民そして、そのために必要な軍事について学ぶことが少なくなかったのだろう。

永山は三国周遊からもどってから、屯田兵村の計画を天皇に上奏し、明治天皇が、その呼称を「永山村」にするよう命じた。

一八九〇（明治二十三）年に、上川の地に旭川村、永山村、神居村の三村がおかれた。前後するが、一八八七（明治二十）年からは市来知（樺戸）から忠別太（旭川）への本道路の開削がはじまっており、その二年後に完成をみていた。それが低予算でできたのは「赤い人」、すなわち、金子堅太郎の言うところの「暴戻の悪徒」によるものであることはすでに述べた通りだ。その道路により、和人は先住民の先導でカムイコタンの急流を越えるのではなく、道路で「川上の人々の集落」に行くことができるようになった。

上川の地に屯田兵が入植したのは、一八九一（明治二十四）年から翌年のことである。九一年、西永山兵村と東永山兵村が、翌年、下東旭川兵村と上東旭川兵村ができた。兵村にそれぞれ二百戸が移り住んだ。

和人入植前、上川には先住民は三グループあり、それぞれのグループは百人ほどの人口だったという。上川のアイヌもまた、狩猟や漁労を中心とした生活をしていた。そこに、一兵村二百戸、つまり、四兵村八百戸が入植してきたのである。またたくまに、先住民と入植者の人口比が逆転してしまう。

その十年後には第七師団が移駐し、万をこす軍関係者がその地に暮らすようになる。軍都旭川の誕生である。

十九世紀の終わりから、二十世紀の初頭にかけて、上川にはすさまじい変化の波がおしよせた。そのことによって、先住民の生活が脅かされたことは容易に想像がつく。

あらためて産土神に話をもどす。永山兵村ができた年に、兵村には小さな祠がつくられた。岡山出身の屯田兵が氏神である天照大神と大国主神をまつったのである。そして、一九二〇（大正九）年の開村三十年を記念し、永山武四郎を祭神として、社が建てかえられることとなる。祭神の名をとって永山神社と名付けられた。

明治初年、和人が入植した地には、棒杭や切り株を神にみたててつくられた祭祀の場も数多くあった。開拓のための神の奉祀は国家主導だけではなかったのである。

軍用達・大倉組と第七師団

永山武四郎が薩摩に生まれた同じ年（一八三七＝天保八年）、越後の新発田で生を受けた人物がいた。大倉喜八郎である。大倉が軍御用達として一代で巨万の富を築いたことはご存知の方も多いだろう。十八歳で江戸にでた喜八郎は、鰹節屋の丁稚見習いとしてはたらき、三年後に独立し乾物屋をひらく。だが、横浜で黒船を見て、乾物から鉄砲の商売に乗り換えるのである。黒船から戦争の予兆をかぎとったのだ。戦争商人・大倉喜八郎の面目躍如たるエピソードだ。

では喜八郎が、本章の主題たる「川上の人々の集落」とどのような関係があるのか。第七師団の敷地と建物の工事を一手に引きうけたのが大倉土木組であった。関わりはもう一つある。第七師団に隣接する近文の地が、上川に住む先住民に与えられることとなっていた。その土地を、甘言を弄して取得しようとしたのである。

その話をする前に、そもそも、第七師団がなぜ旭川に移駐することとなったのか。さらに、大倉がどのようにして、第七師団の工事を請け負うようになったのか、その話をしておかねばならないだろう。

第七師団は一八九六（明治二十九）年に月寒の地を衛戍地として誕生した。その三年後に正規師団となる。それを機に移転が決定された。前章で触れた第二十五聯隊の聯隊旗授与の前年のことだ。

師団創設の当初から、その衛戍地を札幌にするか、上川にするか議論があった。一旦おいた師団司令部を上川にうつした理由は、岩村、永山の上川都府構想もあり、この地が北海道の中央部にあるので、一朝事ある時、沿岸部に出動しやすい、という地の利があった。第七師団ができる十年前から、屯田兵は順次道東へと入植していた。

次に大倉喜八郎のその後を述べる。一八六八（明治元）年に銃砲店大倉屋は維新政府の兵器糧食の御用達となった。翌年には、官軍にあった津軽藩の注文にこたえて、鉄砲を船で津軽まではこんでいる。箱館戦争で津軽藩が勝利し、大倉は新政府の信頼を勝ち得ることとなった。大倉は台湾出兵、西南戦争、日清戦争と兵站業務をふくめてよろず軍の仕事を請け負うこととなる。

大倉喜八郎と明治政府との関係は、一八七二（明治五）年の洋行で強固なものとなった。岩倉使節団のあとをおって、米国、欧州をまわり、パリやロンドンで木戸孝允、大久保利通らと交流を深めた。鉄砲での稼ぎを洋行に投じたのである。その目的の一つは政府高官との関係構築にあった。

大倉は土木事業にもいちはやく乗り出していた。新橋駅の建設工事を受注し、銀座大火後の復興にも関わっている。宮城集治監の建設も大倉組であり、北海道の樺戸集治監の建設にもたずさわった。広く知られている通り、鹿鳴館や帝国ホテルの建設も大倉組だ。

第七師団の建設がはじまったのは、一八九九（明治三十二）年のことだった。すでに上川には支庁が開設され、その長が用地買収にあたった。地権者を集めた買収の協議は陸軍省によるかなり強引なものであり、地主側に不満をのこしたという。

第七師団の用地は約五百四十万坪という広大なもので、そこに三個の歩兵聯隊（二十六、二十七、二十八）と騎兵、工兵、野戦砲兵、輜重兵がそれぞれ一個聯隊、師団司令部、病院、監獄、憲兵隊、兵器廠や官舎、くわえて火力発電所も建設された。練兵場や演習場もそなえている。『新旭川市史』第三巻は、「このように大規模な軍団が一ヵ所に集中して存在するのは日本だけでなく世界でもまれなことであった」と記している。

明治時代とて官庁の仕事は入札だ。だが、この工事は随意契約となった。その理由は、北海道内陸部は交通が不便であり、資材の輸送、労働者の確保が難しいから、とされた。

大倉組による独占は、地元の業者を憤慨させた。東京の大倉組が受注しても、現場の仕事は、地元の業者が請け負わねばならないからだ。大倉組への発注は事前に決まっていたことなのだろう。喜八郎は工事契約時の陸軍大臣・桂太郎とも懇意だった。

第七師団の総工費は起工からの四年で、約三百三十万円にのぼった。新聞で不正疑惑が報じられ、会計検査院が調査に乗り出した。資材に工事といくつもの問題が指摘された。会計検査院は最終的に、大倉組が百三十万円あまりの損失を国庫に与えたと判断した。つまり、実際の工費は二百万円にすぎなかったというのである。総理に就任していた桂太郎の責任が追及されたが、事件はうやむやのうちに葬りさられた。戦前に編まれた北海道庁の通史もこの一件を、「猶一抹の汚点は、消失せざるものがあった」と述べている（『新撰北海道史』第四巻）。

敷地内に建てられた招魂斎場

ペンギンの雪上行進など動物の「行動展示」を見るために旭山動物園には幾度か足をはこんだが、旭川の街の歴史に思いをはせることはなかった。北海道の屋根・大雪山系の水が上川盆地に流れこみ、豊かな穀倉地帯をつくりだしている。旭川の成り立ちはそのような自然環境によるものと思っていた。軍都という街の来歴を知ったのは数年前のことだ。

第七師団を描いた『最強師団の宿命』（保阪正康）に「常に最激戦地に投入された」と書かれており、第七師団が経験した激戦とはいかなるものだったのか知りたくなった。同時に、その「最強師団」を生みだした街に、戦後、その痕跡がさほどのこっていないことにも興味をもった。かつて旭川支局に勤務した元記者も、第七師団の歴史には詳しくなかった。戦後の旭川から、旧軍の記憶は消えてしまったのである。

その歴史を保存しているのが北鎮記念館だ。北鎮記念館は自衛隊が運営する第七師団の資料館である。自衛隊旭川駐屯地はかつての第七師団の敷地の一部を引き継いでいる。

北鎮記念館の向かいには北海道護国神社が建つ。札幌にも護国神社はあるが、その名は札幌護国神社である。札幌円山にある北海道神宮は北海道の総鎮守なのに、北海道護国神社はなぜ旭川にあるのか、ぼんやりとだが疑問をもっていた。旭川の護国神社に「北海道」の名がついているのは、北海道初の招魂社が第七師団とともに誕生したから、という事実を、北鎮記念館を訪ねて知った。

護国神社の前身の招魂社は幕末維新期に、朝廷側にあって殉じた人々をまつるためにつくられたものである。一八六八（明治元）年に京都東山に霊山が建立され、翌年に東京九段に招魂社が設けられた。その東京招魂社が靖国神社となるのは一八七九（明治十二）年のことである。

各地にあった招魂社が護国神社と名をあらためたのは、時はくだって一九三九（昭和十四）年だ。その時に、道府県に一社をおくこととなり、その道府県名を冠した護国神社が、地域を代表する護国神社となった。第七師団に併設された招魂社が北海道護国神社となったのもその時のことである。

そもそも旭川の地に招魂社ができたのは一九〇二（明治三十五）年、師団の建設が終わった年である。師団の将兵は、明治三十五年段階でおおよそ一万人となっていた。

『北海道護国神社史』は、創祠の背景を第七師団が他の師団と異なり、「全く白紙の状態から出発し」、「構成員の大部分は将校以下東京以北の内地府県出身で占められていた」ので、なによりも「強固な団結」が求められていたから、とする。

「日露戦争を目睫の間にひかえて、大迫師団長は苦悩した」、「将卒の団結の精神を涵養するために、（中略）北海道ゆかりの将卒の霊を招いて祭儀を行い、慰霊顕彰するとともに、第七師団将兵に無言の教訓たらしめたい」と思った、と記されている。

北海道でもすでに徴兵令が施行されていた。しかし、それでは壮丁はまかなえず、本州からも徴募していた。北鎮部隊の内地からの徴兵は、昭和になってからもつづいた。

北海道の軍隊が、藩を基礎とした内地の軍隊に比べて、団結心に乏しかったことはもっともなことだろう。慰霊顕彰の目的は、ロシアとの戦いが目の前にせまり、団結心の涵養と、同時に戦闘心の高揚にあったのであろう。

前述したが、大迫尚敏は永山武四郎と同じ薩摩人である。大迫は戊辰戦争にくわわり、御親兵にも参加、新政府にのこり、日清戦争後に中将に昇進した。一九〇〇（明治三十三）年に永山武四郎の後任として、師団長についたのである。なお、師団長は中将があたることとなっていた。永山武四郎が少将で師団長をつとめたのは、過渡期の例外的な措置であった。

大迫尚敏には、尚克、尚道という弟がおり、尚克は西南戦争で戦死、尚道は同じく軍人として生きた。大迫尚敏は第七師団をひきいて日露戦争に参戦、武勲をたて大将となる。尚道も大将まで昇進しており、尚敏、尚道は兄弟そろって陸軍大将をつとめたことで知られている。

第七師団の第一回招魂祭は、一九〇二（明治三十五）年五月五日と六日にひらかれている。祭主は大迫師団長だった。その時の祭神は三百三十柱だ。内訳は戊辰戦争戦没者三百七柱、西南戦争八柱、日清戦争が十五柱である。それらの霊はすでに靖国神社にまつられていた。

招魂祭をひらくにあたって、師団の敷地内に招魂斎場が建てられた。その招魂斎場は大倉土木組が寄付したものだった。

給与地問題

大倉喜八郎をめぐる醜聞のもう一つが先に述べた近文の給与地問題だ。一八九四（明治二十七）年、師団に隣接する近文に百五十万坪の給与予定地が設定され、アイヌ三十六戸に対してその一部が分配されることとなった。しかし、上川のアイヌは狩猟や漁労を生業としていたため、転地しない者、農耕に従事しない者もいた。

喜八郎は、給与される予定のアイヌの人々を饗応し、天塩に転住させるという案を示し、転住願に署名させた。給与予定地は地価の上昇が期待できる。天塩は旭川から北にある日本海側の僻村だ。この問題はのちに地元の有志が中央政界に陳情し、北海道庁長官が仲裁にはいり、問題は一旦解決をみるのである。

師団工事をめぐる不正疑惑、さらに給与地を「飲ます食わす」で入手しようとした手管をみると、大倉喜八郎は悪徳と呼ばれてしかるべき商人に思える。だが、彼の伝記（砂川幸雄『大倉喜八郎の豪快なる人生』）や小説（江上剛『怪物商人』）を読むと、非凡な実業家であったことも理解できる。時代が戦争へと傾いていくなか、局面局面で果断な行動をとり、つぎの商機につなげていく嗅覚はすさまじいものがある。一大財閥を築き、日本の近代化に貢献した功績も過小評価されるものではないだろう。

先にあげた二例（師団工事、給与地問題）は喜八郎にとっては些事にすぎなかったのだろう。大倉を「成り金」として否定的に描く論に、「無礼千万」とする砂川幸雄とて、この給与地問題は「その輝ける生涯の汚点」と述べている。

一八九七（明治三十）年に上川に生まれたアイヌの女性・砂沢クラの自伝『クスクップ オルシペ 私の一代の話』には、その給与地問題が、その後、アイヌ民族間でわだかまりを生んだことが記されている。さらに同書には、子供時代に体験した囚人（赤い人）についての話が紹介されている。本章の主題から少しはずれるし、心地よい話ではないが、明治時代に「川上の人々」が体験した貴重な見聞なので、引用しておく。

石狩川に橋がかかった時のことです。橋のたもとの柱に囚人が縛られていて、首にノコが付けてありました。このノコを一回引いてからでないと橋を渡さない、といったことが行われました。／この囚人は、囚人同士でケンカをして相手を殺してしまったようですが、橋のそばを通りかかった祖母のいとこのトエサンフチは、刑罰のあまりのむごさに、一時は気が狂ったようになり、それがきっかけでイムフチになりました。

イムフチとは、正常さを失うことだという。そのような光景を目にしたら、おかしくなる人がいるのも当然だ。これは、佐賀の乱に加わった島義勇の梟首と同じ、見せしめなのであろう。

大倉喜八郎の話にもどる。彼は、明治三十年代、多くの会社の経営者として名をつらね、私財を投じて、自身の名を付した商業学校の設立をすすめていた。すでに還暦を過ぎ、貪欲に利益を追求するよりも、後世に名をのこすことに力を注ぐべき時期にさしかかっていた。だが、給与地をめぐっては、地権者との談判のために、自らわざわざ旭川に出向いているのである。利を見ると動かずにいられない、この人物の性が垣間見える、そんな事件だ。

上川のアイヌの代表者も天下の大倉喜八郎の提案が、よもやあこぎな話のはずはないと思ったことだろう。砂川の前掲書でも、「大倉大将は自分たちアイヌを憐れんで、天塩郡の莫大な土地を与えるからといいながら、文書を出してこれにハンを押してくれと言った」と書かれている。

もう一つの贈物

大倉土木組は、その年に招魂斎場とならんでもうひとつ大きな贈物をしている。それは第七師団司令部にではなく、師団の将校に対してである。偕行社の建物である。

偕行社は一八七七（明治十）年に陸軍将校の修養を目的として生まれた組織だ。当初は自由加入であったが、その後に誕生した将校組織・月曜会が急成長を遂げ、陸軍省は月曜会を危険視、明治二十二年に解散命令をだした。その前後から、在京の将校は偕行社への入会が強制されるようになった。

明治三十五年段階で偕行社はすでに公式的な組織となっていた。そこに、大倉組は建物を寄贈したのである。

大倉土木組が一括受注した師団関係の工費は高額で、会計検査院の調査ではいくつもの問題が指摘された。しかしその調査は反故にされてしまった。そのことはすでに述べた。

第七師団の周辺には不正の臭いがただよっていたのである。大倉喜八郎はその醜聞を払拭し、来るべき戦争における利益機会をうしなわないために、招魂斎場と偕行社の建物を寄付したのだろう。このようにして、日露戦争前夜、第七師団に招魂斎場と偕行社がつくられ、「川上の人々の集落」に、世界でもまれな軍都が完成するのである。

なお、旧旭川偕行社の建物は現在、中原悌二郎記念旭川市彫刻美術館として使われている。中原は旭川で育った彫刻家だ。木造の二階建てで外壁は白、優美な西洋建築だ。国の重要文化財に指定されている。偕行社の建物は、戦後、米軍の将校クラブとして使用されていたが、占領軍撤退後、旭川市に移管され、その後、彫刻美術館として生まれ変わった。

彫刻美術館の隣には、井上靖記念館が建つ。井上の父は第七師団の軍医で、彼はこの地で生まれた。同記念館の先に北鎮小学校がある。

北鎮小学校はかつての偕行社付属の小学校で、将校の子弟の学び舎だった。歌人の斎藤史は二・二六事件で処刑された栗原安秀と席をならべていた。史の父・斎藤瀏も、安秀の父・栗原勇も師団の士官だった。同じく二・二六の蜂起にくわわった坂井直は、斎藤、栗原の一級下だった。北鎮小学校は戦後、旭川市立となったが、いまなお北鎮の名をとどめている。

もう一つ北鎮の名をのこすものに北鎮岳がある。大雪山系の北鎮岳は旭岳に次ぐ高峰だ。その名称の由来を記した資料を私は見ていないが、おそらく、北鎮部隊（第七師団）が行軍演習をしたことによるのではなかろうか。

第五章　第七師団に動員命令がだされなかった理由

「乃木保典君戦死之所」（著者撮影）

日露戦後、歩兵第二十五聯隊長の渡辺水哉は、旅順の絵をもって、乃木希典に画賛を求めた。乃木は忠魂碑にしか揮毫はしない、とことわったが、渡辺は「二〇三は私の墳墓であります」と述べ、「そうじゃったのう」と応じたという。乃木は渡辺が持ってきた旅順の山の絵に、以下の七言絶句を書いた。

爾霊山険豈難攀　男子功名期克艱　鉄血覆山山形改　万人斉仰爾霊山

爾霊山《にれいさん》の険、豈《あに》攀《よ》じ難からんや／男子功名克艱《こくかん》を期す／鉄血山を覆いて山形改まる／万人斉しく仰ぐ爾霊山。読み下し文は以下による（『西郷隆盛・乃木希典』［新学社近代浪漫派文庫］）。

札幌護国神社に所蔵されているその扁額の末尾には、「丙午初春為渡辺水哉兄」としたためられている。乃木の揮毫は丙午《ひのえうま》の年（一九〇六＝明治三十九年）、講和条約が結ばれた翌年の春のことだった。

「璽霊」の意味するもの

乃木希典が司令官をつとめた第三軍が旅順の二〇三高地を攻略したのは、一九〇四（明治三十七）年十二月五日のことである。その二〇三高地への第三回目の総攻撃ではじめて山頂に達したのが歩兵第二十五聯隊長の渡辺水哉と、同じく第七師団歩兵第二十八聯隊長・村上正路がひきいる部隊であった。渡辺水哉は二十五聯隊の初代の聯隊長で、第三章の聯隊旗授与の節で触れた。

「墳墓」という語は、それまでに第二十五聯隊の多くの将卒が戦死したことを意味している。二〇三高地占領以前の旅順の作戦では、二万近い死傷者がでていた。それはまさに「鉄血山を覆いて山形改まる」という様相だった。

「爾霊山」からはじまるこの漢詩は、広く知られた乃木三絶の一つだ。もとは、二〇三高地攻略後に日記に書きつけられており、従軍記者として旅順にいた志賀重昂がこの詩に接し、「爾後日本国民は大将が名誉の記念として爾霊山と称号せん」と述べている（『志賀重昂全集』第五巻）。

二〇三高地は標高二百三メートルの小山だが、旅順軍港を見おろすことができた。その高地を奪取することにより山頂に観測所をおき、口径二十八センチという巨砲で、港内に碇泊していたロシア艦船を沈没させることに成功したのである。

満洲軍総参謀長の児玉源太郎が、二〇三高地の部隊との連絡で、「そこから旅順港は見えるか」と述べたことは有名な逸話である。児玉がその言葉を発したのは交信時ではなかったという説もあるが、児玉の言であることはまちがいないという。その語が人口に膾炙するようになったのは、その言に「明治国家の運命が託されていた」からである（小林道彦『児玉源太郎』）。二〇三高地から軍港が観測可能となったことで、敵艦を撃破し、その後の対馬沖での日本海海戦の勝利が導かれることとなる。

旅順要塞をおとせなければ、海軍は旅順港にとどまっていた太平洋艦隊と、バルチック艦隊の挟撃に遭い、勝機は限りなく遠のく。

乃木は旅順に至る南山の戦いで長男勝典をうしない、二〇三高地では次男保典が死んでいる。「爾《なんじ》」という二人称には、勝典、保典、さらに、高地占領に至るまでに戦死した多くの将兵がふくまれていた。二〇三高地は、そのようにして多くの将卒の霊がねむる山となった。であるからこそ、万人は斉しく仰がねばならないのである。

乃木は夫人をともなって、明治天皇をおって自刃した。その尋常ならざる死を経て、乃木の神格化はすすみ、神社も生まれた。旅順も聖地と化した。

司馬遼太郎はそのような「乃木神話」に否定的だった。『坂の上の雲』の旅順のくだりを書く際、「乃木神話の存在がわずらわしかった」とつづっている。さらに、旅順そのものも、「地理的呼称をこえて思想的な磁気を帯びたようであり、その磁気はまだ残っている」とも書いている（「あとがき」『坂の上の雲』四）。

司馬は『坂の上の雲』で精神主義者・乃木と合理主義者・児玉を対置した。「そこから旅順港は見えるか」という言葉も、合理主義者・児玉を語る逸話となっている。乃木が指揮した第三軍の旅順攻撃が拙劣なものであったという司馬の評価に対しては、いくつかの反論がでているが、ここではその問題には立ち入らない。

『殉死』と『坂の上の雲』で愚将乃木のイメージが広がり、彼が発する過剰なストイシズムに、冷静な視点を提示したことは、司馬遼太郎の一つの功績であろう。そこには、乃木が、大塩平八郎から三島由紀夫に至る陽明学の系譜に属していた、という認識があった。

『殉死』は、幼少の頃に学習院で教育を受けた昭和天皇も目を通し、おおむね自身が接した乃木と相違なかったことを周囲に語っていたという。司馬の乃木像は、学習院院長時代の実像と大きくはなれていたわけではない、ということなのだろう。

対立する史観

日露戦争は二十世紀初頭におこった世界史的事件だ。ここにおいて第七師団も、そして歩兵二十五聯隊も北海道の地をはなれて、世界史の舞台に踊り出ることとなる。

よって、彼らの日露戦争における戦いというミクロの問題を語る前に、日露戦争を俯瞰的に眺める視点も提示しておいたほうがよいだろう。

『日露戦争史』（横手慎二）はその冒頭で、日露戦争に対する二つの見方を示している。一つは「日本という国家の存亡を賭けた戦い」とする解釈と、もう一つは「韓国と満洲の支配をめぐる争い」というものである。歴史学においてその二つの評価は鋭く対立している、というのだ。読者はこの問題について先刻ご存知で、ご自身の評価も、どちらかに近いものをお持ちのことかもしれない。

前者の歴史解釈を巷間に流布させたのは、先の『坂の上の雲』ということとなろう。司馬は同書の「あとがき」で、これから語る物語が日本史上類のない楽天家達の物語であり、彼らは前のみを見て歩いたとし、以下のようにつづる。「のぼってゆく坂の上の青い天にもし一朶の白い雲がかがやいているとすれば、それのみをみつめて坂をのぼってゆくであろう」（「あとがき」『坂の上の雲』一）。このフレーズはＮＨＫのドラマの冒頭でも使われていたので、耳朶にのこっている方も少なくないのではないか。

最後の単行本の「あとがき」で司馬は、日露戦争を「民族的共同主観」による「祖国防衛戦争」という言葉で表現している。日本の対外戦は、少なくとも日露戦争までは祖国を守る戦いであったとする。言葉を換えて言えば、あの戦争での勝利がなかったら、満洲、そして朝鮮半島に、ロシアの巨大な影響力が行使され、日本も危殆に瀕していた、という歴史解釈である。

「民族的共同主観」が意味することは、明治という国家は「国民」を創造した、ということだ。司馬の言葉を使えば、明治の日本人は「不慣れながら「国民」になった」のである。日本人は明治国家の発展に昂揚した。そして「このいたいたしいばかりの昂揚感がわからなければ、この段階の歴史はわからない」とまで言う（「あとがき」『坂の上の雲』一）。明治の若者は、「文明」を目指して、急な坂を走って登って行ったのだ。

ここからは、先の二つの解釈の分岐点となるが、NHKのドラマ化以来、かれの執筆意図がいささか曖昧になっているように見える。それは、日本が戦争に勝利したがゆえに、その歴史が暗転したという歴史の逆説という問題だ。商人的気質をもつ司馬遼太郎は、多くの読者に受けいれられるよう『坂の上の雲』を書いた。乃木や旅順がはなつ磁気を一旦は突き放しつつ、それを巧みに利用してもいる。同時に、その映像化についぞ頭をタテにふらなかったことに見られるように、戦場体験者として、戦闘場面がもつ怖さを認識していた。

渡辺京二は『坂の上の雲』に批判的だ。「小説と銘打ちながら、講釈につぐ講釈で、その中身もとても本気でつきあえる代物ではない」とし、多くの誤りを指摘する。その上で、司馬が言わんとしたことは、「明治の軍部は昭和の軍部のような精神主義の阿呆ではなかった。（中略）彼は敗戦によって自己喪失した日本人に自信を取り戻させると同時に、明治期の合理的精神がどうして十五年戦争期の神がかり的精神に退化したのか、現代日本人に反省をつきつけようとした」、しかしそこには彼の創見は皆無だと断ずるのである（「旅順の城は落ちずとも」『幻影の明治』）。

私も昭和という国家が、司馬の言葉を使えば、「魔法使いが杖をポンとたたい」て「魔法の森にしてしまった」その原因がきちんと説明されていないように感じた（『「昭和」という国家』）。昭和前期を拘束してはなさなかった悪魔的な力の源から、どこか逃げているような、そんな感想をいだいたのだ。

それゆえに、渡辺京二の指摘も納得できるものがあった。ただ、司馬が四十代のほぼ十年をかけて、同作品を書いたその情念には、戦争体験に由来する切迫した感情があったはずだ、とも感じられたのである。

渡辺京二はその「坂の上の雲論」の末尾で以下のように書く。「われわれの本来の生活は国家と無縁であるべき個の位相にあるはずなのに、国家のうちに包摂されてそれと関係を持たざるをえない必然に責任を負うてゆかねばならない。この根本的な裂け目に架橋しつつ生きてゆかねばならぬのが、現代人たるわれわれの運命なのか」とし、『坂の上の雲』が問いかけているのはその一事だというのである。

この問題は、「民族的共同主観」「祖国防衛戦争」と深く関係していることは言うまでもない。渡辺京二のこの批評は、巷間言われる「司馬史観」を一旦は否定する態度をとりつつ、他方、彼の可能性の中心を拾い出しているように読め、私には得心のいくものだった。

次に「韓国と満洲の支配をめぐる争い」という歴史解釈に触れておきたい。その問題を論じたものは多々あり、代表を選ぶのは難しいが、自分が眼にしたものから随意に選ばせていただくと、川村湊の「日清日露のダイショーリの蔭に」をあげておく。これは「コレクション戦争×文学」の『日清日露の戦争』の解説として書かれたものだ。「ダイショーリの蔭に」という言葉にあらわれている通り、司馬の言う「楽天家達の物語」とは真逆のものである。戦争による被害を直接的、間接的にうけた人々に焦点をあてた批評である。

その日清、日露の歴史解釈は、そこに中黒をおかないことにより明瞭に語られている。それは一貫した「帝国主義による戦争」であったという見方だ。日清戦争においては、中国や朝鮮に対する民族的差別感情を生み出し増幅させた。日清戦争以降に「台湾征服戦争」、さらに「朝鮮征服戦争（東学党の乱から韓国併合）」、そして日露戦争がつづき、「日独戦争（第一次世界大戦）」があり、「日ソ戦争（シベリア出兵）」に継続していく、それが日本の戦争の実相だというのである。

上記の歴史観は日本の近代のある側面を映し出している。「日清日露の戦争」は、所詮、ロシアとの間の韓国と満洲の支配をめぐる争いであり、「国民」になった日本人が、戦争に駆り出され、侵略に加担した、というものである。

ここで私は、この二つの歴史解釈の正否を問おうとしているのではない。「祖国防衛戦争」という解釈も、また中黒のない連続した帝国主義による侵略戦争という解釈も、成り立ちうることだろう。但し、少なくとも『坂の上の雲』がそのような批判を想定したものだったという事実は、押さえておかねばならないだろう。日露戦争は、明治政府の指導層にとっては、辛勝以外のなにものでもなかった。しかし民衆は「ダイショーリ」と錯誤し、政府もそのように取り繕わざるをえなくなった。新聞はそれを後押しした。その齟齬がその後の不幸を準備していくのである。再び司馬遼太郎の言葉を使えば、日露戦後に「調子狂い」がおこり、そこから「ばかな四〇年」がはじまるのである（『この国のかたち』一）。

ただ上記は、歴史が過ぎ去ったあとに、過去を振り返った時に目に映ずる景色である。その時代を生きるものにとって歴史はそのようには見えなかった。司馬がいう「昂揚感」を抱いたものにとっては、戦争はもっと切迫したものとして映っていたはずだ。

次項では、あの戦争を明治政府の当路者がどのように認識していたのか、北鎮の視点をくわえて見てみることとする。

我を屈従せしめんとす

日露戦争は一九〇四（明治三十七）年二月四日の御前会議で開戦が決定し、六日に国交断絶が宣言され、八日の旅順港のロシア艦隊への奇襲攻撃で戦端がひらかれた。十日には開戦の詔勅が発せられている。

朕茲ニ露国ニ対シテ戦ヲ宣ス、朕カ陸海軍ハ宜ク全力ヲ極メテ露国ト交戦ノ事ニ従フヘク、朕カ百僚有司ハ宜ク各々其ノ職務ニ率ヒ、其ノ権能ニ応シテ国家ノ目的ヲ達スルニ努力スヘシ、凡ソ国際条規ノ範圍ニ於テ一切ノ手段ヲ尽シ遺算ナカラムコトヲ期セヨ。

詔勅ではその後、「文明ヲ平和ニ求メ、列国ト友誼ヲ篤クシ」、東洋の治安を維持するようつとめてきたが、「今不幸ニシテ露国ト釁端《きんたん》ヲ開クニ至ル、豈朕カ志ナラムヤ」と述べるのである。

ではなぜ、露国と釁端をひらくに至らねばならなかったのか。詔勅では以下の四点があげられている。

一、露国ハ其ノ清国トノ明約及列国ニ対スル累次ノ宣言ニ拘ハラス依然満洲ニ占據シ益々其ノ地歩ヲ鞏固ニシテ終ニ之ヲ併呑セムトス。

二、若シ満洲ニシテ露国ノ領有ニ帰セン乎韓国ノ保全ハ支持スルニ由ナク極東ノ平和亦素ヨリ望ムヘカラス。

三、半歳ノ久シキニ亙リテ屢次《るじ》折衝ヲ重ネシメタルモ露国ハ一モ交譲ノ精神ヲ以テ之ヲ迎ヘス。

四、陰ニ海陸ノ軍備ヲ増大シ以テ我ヲ屈従セシメムトス。

一から四までの日本側の認識を見ておこう。

一はロシアが清国との協定（明約）及び対外的な宣言をまもらず、満洲を占拠しその地を併呑しようとしている、とする見方である。

経緯は一九〇〇（明治三十三）年の北清事変にさかのぼる。清末の中国において義和団という秘密結社が乱を起こし、そこに清朝の軍隊が合流した。英露独仏米伊墺日の八か国が、在留外国人の保護などを理由に兵をだした。うち日本は最多の二万強の出兵をおこなった。義和団はその八か国連合軍により鎮圧され、七か国は撤兵するが、ロシアのみ兵を引かなかった。

ロシアは三国干渉ののち、清朝から東清鉄道の敷設権を得ていた。十九世紀の半ばには、欧露とウラジオストクを結ぶシベリア鉄道の建設を計画、その工事に着手していた。

東清鉄道は、シベリア鉄道とつなげて満洲を横切るもので、それができると、シベリア鉄道は大幅なショートカットとなる。つまり、仮にロシアがヨーロッパ側から沿海州に兵を出す際、時間を縮めることができるのだ。

ロシアは旅順と大連を清朝から租借し、東清鉄道の南支線の敷設権も獲得する。旅順、大連のある遼東半島は、日本が日清戦争によって得たが、露独仏により、東洋の安寧をこわす、として返還を強いられた土地である。ハルビンから南支線で長春、奉天（瀋陽）、遼陽が結ばれ、旅順まで鉄道が伸びることとなる。

ウラジオストク（海参崴）はもともと清朝の領土であり、北京条約でロシアが獲得し、沿海州の要港となった。但し、ウラジオストクは冬季に凍るという弱点があった。しかし旅順は不凍港だ。

ロシアはその旅順を軍事拠点として、シベリア鉄道、東清鉄道と結ぼうとした。そうなると、ロシアの影響力が満洲のみならず、黄海、さらには日本海まで及ぶこととなる。

一九〇〇年に起こった義和団にもどる。その乱で、建設中の鉄道が破壊された。ロシア人の退去も要求された。同年七月にはアムール河を航行していたロシア汽船が清国軍から発砲された。その報復として、ロシアは満洲に侵攻、十月に奉天を占領した。翌月には奉天省の将軍・増祺にロシア軍の駐屯権を認めさせている。さらにロシアは清朝と幾度か撤兵の協定を結びながら、その約束を反故にしつづけた。ロシアの満洲における一連の行為は、日本側から見れば、「其の地歩を鞏固にして終に之を併呑せんとす」とうつった。

主権線の維持も困難に

では二の韓国（大韓帝国）への影響力はどうか。もともと朝鮮半島についての日本の認識は詔勅に述べられている通り、「韓国の存亡は実に帝国安危の繋る所」というものであった。清朝と朝鮮は宗藩関係にあった。それが東アジアの旧来の秩序だった。両国を対等の関係にしたい、できれば、その政権を親日的なものにしたいというのが、明治政府の希望、悪く言えば野望だった。そこには、旧弊にとどまる朝鮮、清朝の近代化をはかるという考えもふくまれる。

朝鮮王朝には王朝自らの拠って立つものがあり、外交政策の重点をどこにおくか、内部の亀裂もあった。清朝を重視する派、日本に重きをおくグループ、さらにロシアとの関係を密にするべきだという考えなど、思惑が錯綜する。そのようななかで日清戦争が起こった。

日清戦後、閔妃派による親露派の政権ができた。軍人の三浦梧楼は、その閔妃を殺害する。閔妃暗殺は、ロシアの影響力が朝鮮に及ぶことを不安視した部軍人の冒険主義的行動であったが、事件によってロシアの力はさらに強まることとなる。

一八九七年に朝鮮は大韓帝国と国名を変更、清国の宗主権を否定し、独立国家となった。一九〇〇年には、ロシアは大韓帝国と協定を結び朝鮮半島南岸の馬山浦を利用することを約す。朝鮮半島南岸は、ウラジオストクと旅順の間の地だ。そこに船舶が停泊できると、ロシア海軍の日本海への影響力が増すこととなる。韓国の保全への憂慮が一挙に高まった。

では、そのような、満洲、大韓帝国の地政学的変化に対して、日本はどのように対処したのか。三の問題である。日本はロシア軍の満洲からの撤兵延期に対して幾度か抗議をおこない、一九〇三（明治三十六）年になり直接交渉を開始した。日本の主張は、満洲を日本の利益範囲の外と認める代わりに、日本の韓国における優先権をロシアに認めさせる、というものであった。いわゆる「満韓交換論」である。

ロシアは、その内部に意見の不一致はあったものの、仮に日本との戦争が起こっても、敗北は想定しておらず、大韓帝国における一定の利益は譲れないと考え、三十九度線を境として、その北を中立地帯とする提案をおこなった。日本は、満洲、遼東半島をロシアが掌握した上に、さらに、朝鮮半島にも影響力が及べば、日本にとって死活的な問題になると考えた。シベリア鉄道の完成は目の前にせまっていた。鉄道が完成すれば、軍の輸送時間は大幅に短縮できる。そうなると、山県が述べた「利益線ノ開帳」はおろか、「主権線ノ維持」も困難となるのではないか。

では、四の意味することは何であろうか。すでに旅順港、大連港は開港していた。そこに、ロシアのあらたな軍艦が配備され、さらに、ウラジオストクからも一部軍艦が移送されていた。ウラジオストク、朝鮮半島、旅順を結ぶ線にロシアの海軍力が増強されたのである。

日本から見れば、匕首を喉元に突きつけられている、そのように感じたことだろう。それが、「我を屈従せしめんとす」という文の背後にある日本側の認識である。

永山武四郎は北海道を対ロシアの防衛拠点として位置づけ、その生涯を北鎮にささげたことはすでに述べた。一九〇四（明治三十七）年、貴族院議会出席のため上京し、その折にたおれた。同年二月からロシアとの戦いがはじまっていた。医者は、永山には、日本の優勢を告げることがなによりの薬だと語っていたという。

永山が息を引き取ったのは五月二十七日だが、その時は、乃木第三軍が旅順の攻撃を開始した頃だった。永山は自らの遺体を北海道の地に、北へ向けて埋めろと述べていた。永山のなかにも、「我を屈従せしめんとす」とする対露観が大きな比重を占めていたのである。当時の明治政府の要路にとって、帝国ロシアにいかに対処するか、それが最大の課題だった。

しかし、ロシアの立場に立てば、異なる景色が見えていた。撤兵延期も、ロシア内部のさまざまな意見の不一致によるものだったという。ロシアは日本が牙をむいてくることはないとタカをくくっていた。先に引用した『日露戦争史』は以下のようにつづっている。ロシアの「十九世紀末の東アジア政策は国内に激しい意見の対立を引き起こしながら積み上げられてきたもので、一貫した目的を追求するものではなかった。にもかかわらず、獲得した成果は外部には狡猾な外交を強く印象付けるものとなった」。

日本の対露観は、近世における認識が前提としてあり、そこに恐露病が発生し、邪悪なロシア像が形成されていった。鷗外がうたった「三百年来跋扈せし／ろしやを討たん時は来ぬ」という言葉が人々の溜飲を下げるものとなっていた。一部社会主義者やキリスト教徒は非戦をうったえた。伊藤博文は現実的な視点をもっていた。しかし、そのような声は、「夢魔」にかき消されてしまったのである。しかしながら、北海道にとっては、その夢魔は故なきことではなかった。最後にその点も見ておきたい。

北海道が切り捨てられる

他の師団と異なり、北海道の第七師団にはなかなか動員命令がだされなかった。二月四日の開戦決定後、第七師団に日露戦争参戦への下命があったのは、それから半年たった八月四日のことだった。さらに、乃木指揮下の第三軍に編入されたのはその三か月先の十一月十一日のことだ。他の師団は続々と動員される中で、なぜ第七師団は待機させられたのか。それは、開戦後、北海道がロシアによって攻撃される危険性があったからである。

開戦後に発せられた第七師団への命令は沿岸警備だった。小樽、室蘭、函館の守備が下命されたのである。ロシアの太平洋艦隊の一部はウラジオストクにとどまっていた。ウラジオストクの緯度は北緯四十三度、ほぼ札幌と同じだ。ウラジオから東征すれば、札幌近海に軍を動かせる。

二月十日の詔勅発布の翌日にウラジオストク艦隊の四隻が津軽海峡の西口にあらわれている。この時、酒田から小樽に向かっていた商船・奈古浦丸が撃沈され乗組員二名が溺死する。同じく全勝丸も砲撃され、福山に逃れている。ロシアの目的は、通商破壊にあった。日本海軍は遼東半島への対応に専念せねばならず、北方まで手がまわらなかった。

奈古浦丸撃沈の報が伝わると、函館は騒然とした。銀行では取り付け騒ぎが起こり、住民の多くが近在に避難したことが、砲撃の記事と同じ紙面に掲載されている（『北海タイムス』明治三十七年二月十三日）。福山がロシア艦隊に攻撃されたとするデマがながれる。奈古浦丸撃沈後、北海タイムス（札幌）、函館新聞は日本軍優勢の記事を掲載するが、その合間に流言を打ち消す記事を載せている。

奈古浦丸沈没五日後の函館新聞には、「何故に我陸海軍を信頼せさる」という時論（社説）が掲載される。そこでは、陸海軍の善戦をつたえ、ひるがえって函館においては、ほとんどの商店が扉を閉め、都市機能がうしなわれたことを嘆き、函館の人々の「静考」をうながしている（『函館新聞』明治三十七年二月十六日）。

ウラジオストク艦隊は幾度か津軽海峡を通過している。七月には九十九里浜から下田沖にまで至り、周辺にいた船を次々に臨検する。津軽海峡の制海権はロシアに握られてしまったのである。政府は北海道の放棄を想定している、北海道が切り捨てられるのではないか、道民は恐慌におちいった。

不安は、その年の八月の黄海海戦、蔚山《うるさん》沖海戦までつづくこととなる。開戦当初、第七師団が北海道からはなれられなかったのは、このような事情によるものだった。

第六章　戦争は、いまでは国民によっておこなわれる

二〇三高地爾霊山塔（著者撮影）

前章で述べた通り、開戦時の第七師団への命令は沿岸警備だった。第二十五聯隊二個中隊が小樽に、第二十六聯隊一個中隊が室蘭に、第二十八聯隊第二大隊が函館の守備についた。小樽と室蘭からは鉄道が敷かれていた。函館には江戸時代以来の要塞があった。ロシア軍が三港のいずれかに上陸すれば、北海道の命脈が保てなくなる。ウラジオストク艦隊は津軽海峡にあらわれ、北海道と本州の交通は遮断された。同様の理由で、弘前の第八師団にも動員命令がだされることはなかった。では、第七師団はいかなる状況下で戦地に赴くこととなったのか。

開戦当初

二月六日にロシアに国交断絶が告げられると、海軍は旅順を急襲した。しかし、ロシア軍艦は港内にとどまる。旅順はその港口が狭く、外から手がだしにくい。海軍は旅順口を閉塞する作戦に転じ、そこで広瀬武夫が死んだ。広瀬はロシアの武官をつとめたロシア通で、部下の杉野孫七を助けに行き、脱出が遅れ戦死するのである。広瀬は「軍神」となった。

海軍は旅順港のロシア艦船を撃沈できず、その焦慮が陸軍への旅順攻撃要請につながっていく。ウラジオストク、旅順など東方にいるロシア艦隊は一部にすぎない。西方のバルト海にも艦隊がいる。日本海軍はいつか、そのバルチック艦隊と一戦を交えねばならないが、その前に、旅順港内にいる軍艦をおびきだしておかねばならない。が、それができずにいた。

陸軍の当初の作戦計画では、旅順攻略は想定されていなかった。地上戦における天王山は、満洲北方での戦いであると考えられていた。ロシア軍は漸次後退し、奉天さらに、東清鉄道の分岐点であるハルビンで日本軍を要撃することが予想された。遼東半島の先端である旅順は海軍によって攻略できると考えられていたのである。

陸軍は朝鮮半島と遼東半島を攻め取る作戦をとった。半島攻略をになった第一軍は黒木為楨《くろきためもと》が指揮し、近衛師団、第二師団（仙台）、第十二師団（小倉）で編成されていた。遼東半島を攻める第二軍は、第一師団（東京）、第三師団（名古屋）、第四師団（大阪）、独立第十師団などにより編成され、奥保鞏《おくやすたか》がひきいた。その第二軍に軍医部長として従軍していたのが森鷗外であり、田山花袋は記者として従軍していた。そのことはすでに述べた。

朝鮮半島の西北海岸に上陸した第一軍は平壌を制圧し、ロシアの攻撃をかわして鴨緑江をわたる。その対岸・九連城を占領した。それから鳳凰城にすすむ。どちらもロシア軍が駐屯していたが、露軍は後退する作戦をとった。

他方、第二軍は遼東半島東岸に上陸した。前章で述べた通りロシア軍は東清鉄道南支線の工事をすすめており、その沿線に軍を駐留させていた。第二軍の目的は、南支線のロシア軍を撃破することだった。第二軍は当面、遼東半島の先端、大連、旅順へ至る要衝・金州と南山を攻略することとした。戦いは苦戦を強いられ、死傷者は四千名を超えた。その戦闘で乃木勝典が死んだ。

五月初め、陸の旅順要塞を撃ち破るために編成されたのが第三軍だった。乃木希典が司令官についた。第三軍は六月初旬に、大連近郊に上陸した。独立第十師団を中心に第四軍も編成された。野津道貫《のづみちつら》が司令官となった。

軍は四つになり、将卒の数も二十五万人にふくれた。その全体を指揮する司令部として満洲軍総司令部がおかれ、総司令官に大山巖がつき、児玉源太郎が総参謀長となった。当時、極東にあるロシア軍の兵力は六十万を超えていたとも言われる。戦力の差は明らかだった。

第三軍は当初、第一師団（東京）、第九師団（金沢）、第十一師団（善通寺）からなっていた。第一師団は、第二軍から編成替えとなり第三軍に編入されたのだ。一九八〇（昭和五十五）年に制作された映画『二百三高地』は、第九師団の将兵が主役だ。ロシア文学を学び、上京してニコライ堂にも通っていた主人公は金沢の小学校の教師という設定だった。

第三軍は大連近郊に上陸後、徐々に旅順へとすすんだ。しかし、戦いは容易ではなかった。旅順に至るまでに、いくたの敵陣があり、それを攻め落とさねばならなかったからだ。

『肉弾』にみる旅順への進攻

第三軍の一員として戦った兵士に櫻井《さくらい》忠温《ただよし》がいた。櫻井は帰国後、その経験を『肉弾』として発表した。『肉弾』はベストセラーとなり、広く外国語にも翻訳された。『肉弾』で描かれた戦闘は壮絶の一語につきる。まさに「肉弾また肉弾」の戦いだ。その一節を紹介し、第七師団が第三軍に編入されるまでの戦況を見ておこう。

松山出身の櫻井は、歩兵第二十二聯隊で聯隊旗手をつとめていた。同聯隊に動員命令がくだったのは四月十九日のことだった。一か月ほどたった五月二十一日に出発し、遼東半島の東、塩大澳に上陸した。櫻井の隊は当初第二軍の指揮下にはいり、南山の戦いにくわわる。その後、部隊は乃木希典麾下の第三軍に編入されるのである。なお、歩兵第二十二聯隊が属する第十一師団の初代師団長は乃木だった。

日清戦争では旅順は一日にして陥落した。しかし、三国干渉を経て、旅順はロシア太平洋艦隊の基地として整備され、港を見下ろす山々には、数多くの要塞がつくられた。それもベトン（コンクリート）で塗りかためられた強固なものであった。そこに至るまでにも数多くの陣地が敷設されていた。

櫻井の隊は旅順の要衝・剣山を占領する。次に大白山に歩をすすめ、その激戦を経て、大孤山の戦いに参加する。櫻井の隊は一歩一歩旅順港へ近づいてゆく。大孤山からは旅順港が見える。その折の前進のくだりを紹介する。

「死骸を踏むな！」と予は部下を戒めたが、予もまたたちまち水膨れになって護摩の如き弾力のある死者の胸もとを踏み付けた。長き隘路に長く続ける死屍、負傷者のことなれば、これを踏み、これを越えずには、到底前進することができなかったのである。

櫻井は山成す屍、川成す血を踏み越えて進軍する。虫の息の兵が砲車の車輪に踏みつぶされる。「砕けたる骨、破れたる肉、流るる血、折れたる剣、裂けたる銃、これらの相混じて散乱せる状よ！」と描く。

旅順の総攻撃は大きく三回に分かれる。第一回は八月十九日から二十四日までだ。陸軍は五万の兵力を投入した。櫻井はその一人だった。八月二十三日夜半からの攻撃で、櫻井は旅順最大の堡塁・望台を目ざした。

中隊長が「前へ！」と号令を発した瞬間、銃撃される。見上げれば望台は谷ひとつ隔てて目の前にあった。

櫻井は全身にあまねく受傷し意識をうしなった。戦闘が終わり、死体と間違われて火葬場にうつされる途中で生存が確認された。その後、日本に移送され、松山で手術をうける。加療中に『肉弾』を書くのである。この第一回総攻撃では五千人が戦死し、一万人が負傷した。

「動員乞い」を支えたもの

第七師団に出征命令がでたのは、第一回総攻撃開始前の八月四日のことだった。開戦決定からすでに半年の月日がたっていた。同じく北方の第八師団（弘前）への下命は六月七日だった。日清戦争後の十三師団中、第七師団への動員はもっとも遅いものだったのである。

『肉弾』には、歩兵第二十二聯隊で動員命令を待ちわびる兵の気持ちが記されている。それは「動員乞い」と呼ばれていた。

日露開戦前から、高揚感は新聞、世論にみなぎっていた。新聞はごく一部をのぞいて、主戦論をとなえ、戦争の気分をあおった。戸水寛人《とみずひろんど》ら七帝大博士は、開戦の論陣をはった。

しかし、明治政府の指導層にはそれとは異なる意見があった。伊藤博文がロシアとの協商を主張していたことは広く知られているが、私が眼にしたもので興味深く読んだのは、日露戦争当時の総理大臣・桂太郎の秘書だった中島久万吉の回想だ。中島久万吉は、父・中島信行が伊藤と懇意であり、また総理秘書として、幾度か伊藤博文と接しており、かれの真意をくみとる機会があったという。

開戦時の朝野の温度差を示す一例として中島の回想を見ておこう。中島によれば、伊藤が日露戦争の後ろ盾となった日英同盟に反対する理由は、それにより、「日本人の国際的な高慢心を増長する。そして、これが必ず日本を誤まる心的動機になる」というものであったという。

もとは雑誌『世界』(一九五〇年二月号)に掲載されたこの対談は、中島久万吉の他、安倍能成、荒畑寒村、大内兵衛、鶴見祐輔、長与善郎、長谷川如是閑というリベラリストから社会主義者まで、帝国日本へのかかわり方も異なる出席者からなるもので、司会は吉野源三郎と丸山眞男がつとめている。豪華な顔ぶれだ(「回顧五十年—日露戦争前後—」吉野源三郎『日本の運命』)。

そのなかで荒畑寒村が、開戦前に、横井時雄が日露戦争は大国の代理戦争だという見方を示していたことを紹介している。「日本やロシアなどは馬鹿正直な国で」、ロシアが独仏に、日本はイギリスに「踊らされて喧嘩をしておる」というのだ。対談のなかで長谷川如是閑は、そのような横井の議論が、伊藤博文にも影響をあたえていたのではないかと発言している。横井時雄は熊本藩士・横井小楠の長男で、日露戦争当時は衆議院議員(立憲政友会)をつとめていた。寒村も、開戦決定に至るまでの難航にふれている。桂太郎も、また、のちに満洲軍総司令官をつとめた大山巌も、戸水寛人らの発言に不快感を示していた。明治の要路は国際情勢を冷徹に見ていた。開戦の世論をもりあげた一翼に新聞や民衆がいた。聯隊における「動員乞い」もそのような世相にこたえるものだったのだろう。動員前の第七師団にも同様の空気があったと想像する。

うなぎ屋のうちわの音

八月十七日に第七師団の編成は完了した。その前、八月十日に黄海海戦があり、十四日に蔚山沖海戦があり、その二つの戦いで津軽海峡の制海権は確保することができた。ようやく第七師団主力を北海道からはなすことができるようになったのである。沿岸警備は後備兵が引き継いだ。

第一回の総攻撃で日本軍は多大な被害をうけたが、それでも旅順要塞はおとせない。バルチック艦隊はすでにバルト海のリバウ港から東に向かっている。旅順要塞を攻略し、旅順港の軍艦を撃破せねば、海軍はバルチック艦隊とウラジオストク艦隊の挟撃に遭う。二十八センチ榴弾砲という日本の沿岸要塞にとりつけられていた大砲がはこびこまれた。乃木は十月二十五日に第二回攻撃を命ずるが、それも失敗に終わり、死者千人、負傷者三千弱をだした。

第七師団が出征したのはその時だった。旭川から征途についたのは十月二十七日のこと。第三軍への編入が指示されたのは十一月十一日、経由地大阪でのことだ。

ではなぜ動員下命から出征に至るまでに三か月もの時間を要したのか。それは、第七師団を満洲か旅順か、どちらに投入すべきか、大本営と満洲軍との間で意見の相違があったからである。最終的に大山巌が旅順への動員を決定した。その理由は、旅順陥落がのびれば、海軍の作戦に影響をあたえる、というものだった。つまり第七師団は旅順攻略の切り札として投入されたのである。切り札という言い方は体裁のよい表現だろう。

歩兵第二十五聯隊の菅大尉の回想によれば、旅順にまわされる将兵は「消耗品」と呼ばれていたという。この語は大阪で第三軍への編入が言いわたされたところで使っている（『歩兵第二十五聯隊史』）。櫻井忠温が描いたように、まさに屍山血河を前進し、最後は自らも死んでいく、という意味である。

第一回と第二回の総攻撃で約十万の兵力が投入されていた。そこで二万近い死傷者がでた。旅順では、とてつもない戦いがくりひろげられていたのである。

のちの旅順での戦場でのことだが、菅大尉は、負傷した兵が笑みを浮べて前線から後退していく姿を書きとどめている。それは、「旅順の消耗品とならなくて済んで好かった」ということだ、という。

この消耗品という語に接して思い出すのは、与謝野晶子の詩「君死にたまふことなかれ」だ。「旅順口包囲軍の中に在る弟を歎きて」の副題の通り、戦地の弟へおくる詩である。「君死にたまふことなかれ／旅順の城はほろぶとも／ほろびずとても、何事ぞ」。身内を戦地におくる身になれば、当然いだく感情だろう。

しかし、明治政府の指導層には異なる心理があったであろう。開戦した以上、少なくともロシアと互角に戦わねば、日本という国の存立が危ぶまれる。本来は満洲北方にまわすべき第七師団を犠牲にしても、旅順はおとさねばならないのである。

『歩兵第二十五聯隊史』に掲載された菅大尉の「実戦談」で注意をひきつけられたのは、機関銃のくだりだ。日露戦争でロシア軍は機関銃を使用した。当時、日本陸軍の歩兵に支給されたのは、三十年式歩兵銃だった。五連発式だが、一発撃つごとに遊底をスライドさせ薬莢を排出せねばならない。

菅大尉は旅順ではじめて機関銃の音を耳にした。それは「鰻屋の団扇の音」のようだった。機関銃という武器の存在は、士官学校で教えられていたが、その銃声に接するのははじめてだった。将校とてその程度の知識で、戦場に送りだされたのである。菅大尉はその機関銃により左上頭部に被弾する。

火力の差は瞭然としていた。その上、ロシア側には堅固な要塞があった。そこを精神力で突破するのである。そのような戦場に、歩兵第二十五聯隊をふくむ第七師団は投入されていったのだ。

第七師団は第三軍への編入を命ぜられたあと、順次大阪を出発した。師団の第一陣が大連に上陸したのは十一月十八日のことだった。その数日前の御前会議では、すみやかなる旅順要塞の攻略の方針が示され、十一月二十日に大山巌は、陸海軍ともその重大使命は旅順の高地攻撃にあるとの訓令を発していた。

バルチック艦隊は翌年はじめには台湾海峡に達すると見込まれていた。旅順要塞を占領し、港内の軍艦をたたかねば、日本の安危に重大な影響をあたえる。そのような時期に、第七師団は第三軍にくわわったのである。

旅順要塞への第三回の総攻撃は十一月二十六日からはじまった。第三軍の第一師団、第九師団、第十一師団は、多大な損害をうけることとなる。局面を打開するため特別な部隊が編成された。

白たすきをかけて出陣したために、後年「白襷隊」と呼ばれる別動隊は総勢三千。指揮したのは第三軍の中村覚で、編成は第一師団特別歩兵聯隊、歩兵第十二聯隊、歩兵第三十五聯隊、歩兵第二十五聯隊等からなっていた。歩兵第二十五聯隊から選ばれた人員の指揮をとったのは聯隊長の渡辺水哉だった。第二十五聯隊の人員は約千五百人、白襷隊の半数が、第二十五聯隊の将卒だったのである。

昼間の攻撃であれば、まず砲弾を敵陣に撃ち込み、損害をあたえてから歩兵が進攻する。しかし白襷隊は、夜間の奇襲作戦だ。軍服の上に十字にかけた白だすきは、同士討ちをさけるためのものである。

十一月二十六日の夜間、三千余名の兵は部隊にわかれて出陣した。先んじた隊が、松樹山第四砲台に突撃した。松樹山は旅順要塞の東正面の堡塁で、最高地点・望台をまもっていた。

鉄条網が進攻を阻害する。日本軍の急襲に気づいたロシア軍から、探照灯をあてられ、小銃、機関銃、手榴弾があびせられる。地雷が爆発し、決死隊け難攻を強いられる。指揮官は突撃を指示するが、死傷者が続出、退却を余儀なくされる。後続部隊が進攻するも、指揮官の中村自身も重傷を負うこととなる。かわって指揮をとったのが歩兵第二十五聯隊長の渡辺水哉だった。

しかし将校も数多く負傷し、対してロシア軍には援軍が加勢し、白襷隊は暗闇の中、現位置を維持することさえ困難になる。司令部は攻撃続行は困難と判断、深夜二時に撤退命令をくだすのである。指揮をつとめた渡辺水哉は兵を選んで伝令として出し、撤退を指示した。

白襷隊に参加した第二十五聯隊のうち、戦死者は九名、負傷者は三百名を超えた。その第二十五聯隊白襷決死隊千五百余名の一人に北風磯吉という兵がいた。北風は一等卒でアイヌ民族の兵士だった。

白襷決死隊となった北風磯吉は、敵弾の掃射をかわし、味方を鼓舞して敵を攻撃した。撤退の折は、負傷した中隊長を背負って帰隊した。北風はのちの奉天会戦では銃弾がとびから戦場を伝令として走り、傑出した働きをし、その場で上等兵への昇進が言いわたされた。北風は日露戦後、金鵄《きんし》勲章をうけ、勲三等を得ることとなる。その後、アイヌ兵・北風磯吉の英雄譚は多くの書物で紹介される。

帝国の臣民

ここで日露戦争におけるアイヌ兵について少し触れておくこととする。日露戦争には六十三名のアイヌ兵が出征し、うちその戦功により勲章を授与されたものは五十一名（うち金鵄勲章は三名）に及んだという。その意味するところは、「戦場に出征したアイヌが、戦場でいかに積極的に危険な任務につき、生命を賭して戦ったのかを示している」という（榎森進『アイヌ民族の歴史』）。その代表が北風磯吉だった。

北風磯吉は北海道上川郡上名寄に生まれた。名寄は旭川の北に位置する土地だ。北風の生年は戸籍上一八八〇（明治十三）年となっているが、実際の年月日は不明だ。少年時代から青年時代にかけて測量人夫として働き、一九〇〇（明治三十三）年に徴集され、第二十五聯隊第二大隊第五中隊へ入隊する。なお、名寄は月寒よりも旭川に近い地だが、同地は第二十五聯隊の徴兵区域だった。

北風の武勲を称揚する文章には、目に一丁字なしと記されている。彼は学校に通わず、読み書きは軍隊で習った。但しアイヌの民を、「一丁字なし」とする表現は、しばしば使われるものだという。

書も巧みになり、書道家・中林梧竹が来道した折は、北風の手蹟を称賛した。北風は高い学習能力をもっていたのであろう。一九〇三（明治三十六）年に一旦除隊となるが、第七師団に動員下命があった一九〇四（明治三十七）年八月に再び予備役（一等卒）として召集された。

前掲書『アイヌ民族の歴史』の「日露戦争とアイヌ」の項では二人が紹介されている。一人が北風磯吉で、もう一人が弁開凧次郎だ。弁開は「八甲田山死の行軍」の捜索をした民間人だ。

日露戦争がはじまる二年前の一九〇二（明治三十五）年、第八師団歩兵第五聯隊（青森）と歩兵第三十一聯隊（弘前）は八甲田山の雪中行軍をおこなった。ロシアとの戦いにそなえたものだった。しかし、第五聯隊は暴風雪にみまわれて、目的地に着く前に遭難した。

その報を受けた第五聯隊司令部は函館要塞司令部に連絡、雪山登行に秀でたアイヌに捜索を求めたのである。道南の茅部郡森村の医師・村岡格を通して、弁開凧次郎らに捜索が依頼されたのだ。弁開らは遭難現場を探しあて、死体や武器装具を回収し任務をはたした。事件では二百十名の隊員のうち百九十九名が命を落とした。

その後、弁開は陳情書を提出し、アイヌ独自の軍隊の編成を提案した。榎森はその提言の背後には、村岡の誘導があったと推測する。それからも弁開凧次郎は村岡を通じて、村、そして道の政策に協力する。弁開の行動について榎森は以下のように書く。

こうした弁開凧次郎の一連の行動に目をやるとき、われわれはそこに、みずからはアイヌたることに誇りをもちつつも、天皇制国家にたいしてはアイヌたることを「蛮奴」として卑下し、他方で異常ともいえるほどの忠誠心を示しつつ、「帝国の臣民」になりきるために涙ぐましいほどの努力をしている一老アイヌの姿をみることができる。

同様の地点に北風磯吉の行動を位置づける。おそらく、北風も軍隊内で人一倍の努力をしたことだろう。また戦場においても、危険を冒して困難な仕事をかってでたのかもしれない。ただ弁開凧次郎と北風磯吉の異なる点は、北風は軍隊内で基礎教育をうけたということだ。北風は復員後、アイヌの子どもたちが通う学校（特別教授場）の設立に私財を投じている。奉天会戦での軍功をふくめたかれのその後については次章で触れることとする。

二〇三高地と艦隊の運命

二〇三高地への攻撃命令がくだされたのは、白襷隊が撤退し夜があけた十一月二十七日のことだった。最初の攻撃にあたったのは第一師団だが、失敗。翌日、大山巌から督促がある。そこで投入が決められたのが第七師団だった。指揮をとったのは師団長の大迫尚敏である。

第七師団と第一師団の残存部隊は十一月三十日の朝から攻撃を開始する。まず日本軍の砲弾が、二〇三高地とその周囲へはなたれた。すさまじい砲撃のあと先頭にたったのは歩兵第二十八聯隊長の村上正路だった。手榴弾、機関銃の猛火により、兵士は次々と倒されていく。攻撃目標たる二〇三高地、となりの老虎溝山は攻略できない。午後になり攻撃は中止となった。

十二月四日に攻撃部隊が再編された。攻撃隊長についたのは、歩兵第十四旅団長の斎藤太郎だった。その指揮下に、二十五聯隊八百二十二名、二十七聯隊七百名、二十八聯隊九百名余りがついた。あわせて四千五百名ほどの部隊だ。上記では歩兵のみを記したが、工兵もいる。日露戦争は、大砲を設営し、塹壕を掘り、陣地をかためる工兵の活躍が大きな役割をはたした。

十二月五日の朝、前回同様に砲兵聯隊が高地に向けて砲弾をはなつ。各聯隊が二〇三高地を目指して進攻した。先頭にたったのが歩兵第二十八聯隊長の村上正路と第二十五聯隊長の渡辺水哉であり、それぞれ三、四十名の兵をひきいて、高地に向けて突進した。まず、村上の部隊が敵の火力をかわして、二〇三高地西南角を占領した。遅れて渡辺水哉ひきいる部隊が、高地の東北部を奪取した。その後も、敵からの反撃がくわえられるが、頂上を死守した。翌日、二〇三高地に防禦陣地が設営された。

二〇三高地占領の意味とは何か。「そこから旅順港は見えるか」という児玉源太郎の言葉の通り、高地に観測所をおき、二十八センチ榴弾砲で旅順港にとどまっていた軍艦に砲撃を開始することができたことにある。

最初に撃沈されたのは戦艦ポルタヴァだった。十二月五日十三時三十分のこと。砲弾がポルタヴァの左舷に命中、砲弾は甲板をつらぬいて、弾薬庫まで達した。レトヴィザンも爆撃され、動けなくなる。レトヴィザンが沈没したのは翌日のことだった。ペレスヴェートも沈んだ。十二月七日には、ポベーダとパルラーダが、八日に巡洋艦バヤーン、輸送船アムールも被弾した。被害を受けなかったのは、戦艦セヴァストポリと砲艦オトワージヌイぐらいだった。セヴァストポリは夜半に旅順港を脱出するが、日本海軍は同艦を追撃する。

旅順港にあった軍艦はことごとく撃沈された。『ソ連から見た日露戦争』（I・I・ロストーノフ）は以下のように書く。「二〇三高地が日本軍によって占領されたことによって、艦隊の運命は決まった」。ただ、高地占領以前に、戦闘力としての艦隊は存在していなかったともいう。軍艦につまれていた弾薬は、日本陸軍との戦いのために、ほとんどが運び出されていたからだ。いずれにしても、軀体としての戦艦は、二〇三高地の奪取で使い物にならなくなったのである。

第二十五聯隊長の渡辺水哉は、二〇三高地攻略の翌日に、乃木希典から感状を得る。感状とは、軍功をあげた部隊、個人に授与されるもので、日露戦争開戦直後の一九〇四（明治三十七）年三月一日に制定された制度だ。渡辺がうけた感状には、「終日終夜遂ニ同高地ノ占領ヲ確実ナラシメタ其功績顕著ナリトス」と書かれている。また、同日、第七師団は大山巖名で以下の感状を得た。

右（第七師団—引用者）ハ十二月五日旅順要塞ノ西北隅ニ位スル標高二〇三ノ嶮山ニ敵兵ヲ攻撃シ就中《なかんずく》歩工兵部隊ハ勇往猛進数回ノ突破ヲ敢行シテ遂ニ頑強ナル抵抗ヲ撃破シ以テ爾後ニ於ケル攻城戦並ニ海軍作戦発展ノ為至大ノ影響ヲ及ホスヘキ要点ヲ奪取シタルハ其功績偉大ナリト認ム。

六つのセヴァストポリ

ウラジミール・レーニンは旅順停戦後の一九〇五年一月に「旅順の陥落」という文章を新聞『前進』に寄稿している。時はちょうどロシア社会民主労働党が分裂し、レーニンがボリシェヴィキの指導者となった頃だ。

かれは「旅順の陥落」をして、「進歩的な、すすんだアジアは、おくれた、反動的なヨーロッパに、取り返しのつかない打撃をあたえた」とする。むろん、資本主義国家日本のブルジョアジーまでも支持できるわけではないと言う。しかし、「神秘につつまれた、少年のように若い力」が勝利したことにより、反動的なヨーロッパに打撃がくわえられ、欧州のプロレタリアートの新しい革命的高揚への予告となった、と語るのである(「旅順の陥落」『レーニン全集』第八巻)。

この文章が公開された数日後の日曜日(一月二十二日)に、ロシアの首都サンクトペテルブルクで労働者がニコライ二世への嘆願のために冬宮に向かった。ロシアの官憲は労働者に発砲した。のちに「血の日曜日」と称されるこの事態が、ロシア革命を招来させることとなる。

レーニンは日本とロシアを対比して、前者が国民による勝利であり、後者には、人民と政府に不一致があったという。レーニンはそもそも、帝政ロシアは「塗りたる墓」だと形容する。「(白く)塗りたる墓」とは、「マタイによる福音書」の一説に由来する。「律法学者たちとファリサイ派の人々、あなたたち偽善者は不幸だ。白く塗った墓に似ているからだ。外側は美しく見えるが、内側は死者の骨やあらゆる汚れで満ちている」(『聖書 新共同訳―新約聖書』)。

当時の軍事評論家は旅順を「六つのセヴァストポリ」に等しいと評していた。セヴァストポリとは、黒海につきでたクリミア半島の先端に位置し、欧露の最南端の要塞だった。エカチェリーナ二世の時代に、ロシアがクリミア・ハン国を滅ぼした折に獲得した領土である。その後、クリミア戦争ではイギリスとフランスによって攻略された場所だ。そこは、帝政ロシアの栄光を象徴する地となり、戦艦の名にも使われていたのである。旅順は六つのセヴァストポリに匹敵する難攻不落の要塞だったというのだ。

レーニンはその「六つのセヴァストポリ」と言える旅順が、「ちっぽけな、これまでだれからも軽蔑されていた日本」によってわずか八か月で攻略されたことは、ツァーリズムの罪悪の歴史的総決算だ、という。ちなみに、クリミア戦争におけるセヴァストポリの陥落は英仏によって一年の月日がついやされた。

この「ちっぽけな、これまでだれからも軽蔑されていた日本」という言葉に接して思いだすのは、『坂の上の雲』の冒頭の「まことに小さな国が、開化期をむかえようとしている」という文だ。司馬はそのくだりで追いかけるように「小さな日本」という言葉を使っている。

渡辺京二は、この「小さな国」という表現は事実に反すると言う。明治初期の日本が小さな国であったというのは事実誤認であろう。人口においても、国力においても、アジアは言うまでもなく、欧州にもそれより小さな国はいくらでもあった。

ただ、司馬のこの言は、レーニンの認識とひびきあいながら、日露戦争が世界史にはたした役割を浮かび上がらせているように思える。当時の列強の眼から見れば、日本は明らかに、「ちっぽけな、これまでだれからも軽蔑されていた国」だったのだ。

この文章は、帝政に一撃をくわえた日本の「革命的役割」「進歩的な役割」に肩入れしすぎ、と言えなくもない。また、ボリシェヴィキをめぐる対立のなかで、露日の戦い、そこにおける「旅順の陥落」をどう評価するかで、意見の相違があり、党派的な意図がこめられていたのかもしれない。その点は私にはわからない。

だが、以下のレーニンの言葉は、「旅順の陥落」の意味を雄弁に語っているように思えるのだ。「戦争が雇い兵か、もしくは人民からなかば切りはなされたカストの代表によって行われていた時期は、またかえらぬ過去となった。戦争は、いまでは国民によって行われる」。

一九〇四（明治三十七）年十一月末からはじまる旅順の第三回攻撃での死傷者は、第三軍の死者が五千五十二人、負傷者は一万千八百八十三人で計一万六千九百三十五人、うち第七師団の死者千九百八十二人、負傷者四千二百二十四人、計六千二百六人だ。第三回攻撃のうち第七師団の犠牲者は三割強となる。

第七師団の内訳を戦死者数のみでみると、第二十五聯隊五百七十人、第二十六聯隊五百四十二人、第二十七聯隊四百二十五人、第二十八聯隊三百九十人となる。歩兵第二十五聯隊の死者がもっとも多い。

レーニンは「旅順の陥落」をみちびいたのは、「進歩的な一国民」だとした。その国民の一つとして、第七師団があり、そこに歩兵第二十五聯隊があり、そのなかにアイヌ兵・北風磯吉がいた。かれらは、きわめて厳しい戦況において、「消耗品」として戦場に送りこまれ、そこにおいて「顕著」なそして「偉大」な功績をあげたのである。そして、レーニンが「白く塗りたる墓」と称したロマノフ王朝は、その敗北を一つの契機として崩壊へと向かうである。

つまり、奇兵隊の一員として下関事件を戦い、その苦い経験により平民軍の創設をはかった山県有朋の構想が、ここにおいて結実した、と言えるだろう。

旅順停戦後、一九〇五（明治三十八）年一月、第三軍が旅順をはなれ北進する際、第七師団は戦死者をとむらうために二〇三高地の西北部に土嚢を積みあげ、木標を建てた。その七年後の一九一二（大正元）年八月、その場所に戦勝記念碑がつくられた。それが本章の扉の写真だ。上部は戦利の鉄屑を用いて小銃の弾丸を模し、台座もまた戦利品の十五センチカノン砲の砲架が使われた。「爾霊山」は乃木希典の揮毫である。その翌月の大喪の礼の夜に、乃木は夫人をともなって自刃する。

第七章　奉天会戦と二つの戦後

旅順の白玉山塔（著者撮影）

神宮外苑の聖徳記念絵画館に「日露役奉天戦」という洋画がある。大山巖を先頭とする満洲軍総司令部が奉天（瀋陽）に入城する場面が描かれている。大山の後ろは総参謀長の児玉源太郎、後方に松川敏胤《まつかわとしたね》ら参謀がつづき、そのあとに幕僚の面々がしたがう。

馬上の大山が敬礼する先では、日本軍が総司令部を迎えている。その反対、大山の左側には奉天の人々がならび、満洲軍の隊列をながめている。後ろに日の丸がはためく。大山と後方の参謀らは、奉天城の南大門を通り過ぎてきたばかりだ。絵の三分の二を占める城門の一部が剝がれている。その壁面は精密に描写されており、見ているものの視線はそこに吸いよせられていく。

フランスでアカデミー美術の薫陶を受けた鹿子木孟郎《かのこぎたけしろう》の手になるこの絵は、聖徳記念絵画館が完成した年（一九二六＝大正十五年）におさめられた。大きさは他の壁画と同様、縦三メートル、横二・七メートルだ。「日露役奉天戦」を見たとき、以前、美術書で眼にしたジャック＝ルイ・ダヴィッドの「ナポレオンの戴冠式」を思い出した。ナポレオン一世と皇妃の戴冠を描いたこの歴史画へなげかける視線も、ノートルダム大聖堂の艶やかな柱にむかってしまう。画家は奉天会戦における勝利を、あたかも泰西名画のように描きだしているように思えたのだ。

時は一九〇五（明治三十八）年三月。ひと月半前にはじまった奉天での戦闘は九日、クロパトキンひきいるロシア軍が北方へと撤退し、翌日、日本軍は奉天へと入城し、終結する。この戦いで日本は、約二十四万の兵力のうち、約一万五千人が戦死し、六万近くが負傷した。

これで日露戦争における陸上戦はほぼ終わり、五月二十七日の日本海海戦で、聯合艦隊はバルチック艦隊を撃破、米国の大統領セオドア・ローズヴェルトの仲介で講和条約が結ばれることとなるのだ。後にこの奉天入城の三月十日が陸軍記念日に、日本海海戦の五月二十七日が海軍記念日となった。日露戦争における二つの勝利は、陸海軍にとって特別な意味を持つものとなったのである。

余談となるが、渡米し、ローズヴェルトへの働きかけをおこなったのは、囚人道路の提言をした金子堅太郎だった。金子はローズヴェルトとハーヴァート大学での同窓生だった。

では、奉天会戦における第七師団の戦いとはいかなるものか。そこにおける、アイヌ兵・北風磯吉の武功とは。旅順陥落後の第三軍からはじめることとする。

縦列ですすむ第三軍、走る北風磯吉

第三軍が旅順の攻囲戦をおこなっていた最中、遼東半島の北方では、遼陽、沙河の戦いでロシア軍は後退、奉天の南で、両軍は膠着状態となった。日本軍は敵の増援の前に、攻勢をかける必要があった。旅順陥落後、第三軍はその戦いに馳せ参ぜねばならなかったのだ。

ステッセルとの停戦会談後、歩兵第二十五聯隊をふくむ第七師団主力が旅順から北進の途についたのは、一月二十二日のことだった。旅順を去る際、二〇三高地に慰霊のための木標を建てたことは、前章の最後で述べた。

『歩兵第二十五聯隊史』には「第七師団北進行軍計画表」が掲載されている。旅順出発から、奉天の南の集合地に到着するまでの宿営地と移動の里数が記載されている。第七師団は連日五里から八里を行軍している。集合地の遼陽の西北・黄泥窪に到着したのは二月九日のことだが、その総行程は九十里（約三百六十キロ）に及んだ。

旅順攻略から休む間もなく、これだけの距離を移動せねばならなかった。しかし、かれらの進軍はこれだけではなかった。第三軍に与えられた任務は、左翼に位置し、縦隊をなして敵を迂回し、側背をつくことにあった。正面攻撃と連動して敵の翼面を攻撃する繞回運動と呼ばれる戦法である。

ロシアの兵力は三十万を超えていた。ロシア軍は奉天城を背にし、左右を突破されぬよう百キロに散開していた。対峙する二十四万の日本軍は、右翼から、鴨緑江軍、第一軍、第四軍、第二軍がならんだ。鴨緑江軍とは、第三軍から第十一師団を抜いて編成されたもので、川村景明《かわむらかげあき》が司令官をつとめた。第三軍は最左翼に位置した。その任務は繞回進撃し、奉天から北に延びる鉄道を遮断する、つまりロシア軍の退路を断つことにあった。

攻撃は右翼からはじまった。鴨緑江軍が敵の東を攻め、清河城を制圧する。三月一日、全軍が奉天へ向けて進軍した。鴨緑江軍が右翼を、第三軍と秋山好古ひきいる騎兵隊が左翼を北へと進んだ。手薄になった正面を第一軍、第四軍、第二軍が攻めるのである。

縦列での進軍は隊列が伸びる。敵に横からつかれる危険が生まれる。第七師団は縦隊の中央に位置していた。第七師団の先頭部隊をつとめたのは、北風磯吉の所属する歩兵第二十五聯隊第二大隊だった。

三月三日、第二大隊は奉天西南八キロの達子堡付近に達した。予定していた到着点を越えた。孤立した大隊が停止したところで攻撃をうけた。後方の聯隊本部に連絡し、弾薬の補給と増援を頼まねばならない。伝令を幾度か出したが次々に倒されていく。その時に志願したのが北風磯吉だった。

磯吉は遮蔽物のない平地を、敵の弾丸をかいくぐって二時間あまり走り、聯隊本部へ到着、窮境を伝えた。歩兵第二十五聯隊長の渡辺水哉はその果敢な行動に、その場で上等兵に昇進させた。任務をはたした北風は帰隊をとめられたが、制止をきかず、再び、弾丸のとびから荒野を疾走し、第二大隊にもどった。帰路も無傷だった。

ロシア軍は三月九日に北方へと敗走、翌日、日本軍は奉天に入城する。ロシア軍総司令官クロパトキンが恐れたことは、第三軍によって鉄道が破壊され、退路が断たれることだった。奉天陥落後、第七師団は警戒線を逐次北に上げる。銃声が止んだのは、講和後のことだったという。

奉天会戦で日本は七万人を超える死傷者を出した。うち第三軍の死傷者は一万八千人強。第七師団の損害は戦死千六十一人、戦傷三千五百四十六人、あわせて四千六百七人である。第七師団の死傷者は第三軍全体の四分の一にあたる。なお、第三軍で最も多くの損害を出したのは第九師団（金沢）で、六千人を超えた。

泣かずして旅順の山を

戦時下、第七師団の戦死者の遺骨は陸続と旭川にもどっていた。偕行社で慰霊がおこなわれ、それから遺族に引きわたされ、陸軍墓地に埋葬された。歩兵第二十五聯隊の将兵の遺骨は現在、忠魂納骨塔が建つ陸軍墓地に埋葬されたと考えられる。

では戦地ではどのように弔いがおこなわれたのか。第七師団は、一九〇五（明治三十八）年九月二十四日に慰霊祭をひらき、康平に石碑を建てた。十二月一日にも戦死者の石碑が北陵に建立されている。北陵は三月九日に第七師団が激戦した場所だ。

日露戦争を通じて第七師団の病死をふくめた戦死者は四千四百人。うち、歩兵第二十五聯隊が千七十六人だ。師団帰国後、一九〇六（明治三十九）年春に旭川で、師団長・大迫尚敏が祭主となり、その四千四百柱の招魂祭がおこなわれた。歩兵第二十五聯隊の霊千七十六柱はその後、札幌護国神社にまつられることとなる。

東郷平八郎と乃木希典の発案で、旅順の白玉山に表忠塔の建設がはじまったのは一九〇八（明治四十一）年のことだった。二年の歳月をついやして完成した。塔は慰霊の意を示すために蠟燭型につくられた。上部の突起は弾丸がかたどられている。そのようにして旅順は特別な場所となったのである。「泣かずして旅順の山を行き難し」、与謝野鉄幹の句だ。

それが、司馬の言う「磁気」である。乃木本人は、そのような霊気が実態からはなれて浮揚することに違和感をいだいたようだが、しかし、夫妻の自死によって、その磁力はいよいよ強まり、陸軍はその神話を国民動員のよすがとした。

さらに、昭和にはいってからは、戦跡巡礼が奨励され、磁気はさらに増すこととなる。一九三四（昭和九）年に編まれた旅順戦跡ガイドブック『国民必読旅順戦蹟読本』では、巡礼は、白玉山参拝をもってはじめねばならないと記されている。

日本敗戦後、その蠟燭型の塔の正面の「表忠塔」という文字は削りとられ、「白玉山塔」と改名されたが、白玉山塔はいまでも旅順市街から眺めることができる。

日本は講和交渉で賠償金を放棄せざるをえなかった。辛勝だからである。陸軍は十三個師団、さらに海軍のすべてを使いきっての戦いだったが、ロシアはそうではなかった。欧露にはまだ多くの兵力が残存していた。ロシア側の敗北は士気の問題にあった。「血の日曜日」に象徴されるように、民心は帝政から離反しはじめていたのである。

講和条件が国民の知るところとなり、日比谷公園で暴動が発生する。不満の下地には、戦時における重税、公債、物資の徴発、そして徴兵と過度な負担があったという。その三日後に旭川でも町民大会がひらかれ、桂太郎、伊藤博文への決議文が採択されている。

二つの日本

インドの初代首相ジャワーハルラール・ネルーは、娘（インディラ・ガンディー）に語りかけるという体裁の歴史書『父が子に語る世界歴史』のなかで、日本の勝利を知った時の感慨を以下のようにつづっている。

わたしは少年時代、どんなにそれに感激したかを、おまえによく話したことがあったものだ。たくさんのアジアの少年、少女、そしておとなが、同じ感激を経験した。ヨーロッパの一大強国は敗れた。だとすればアジアは、そのむかし、しばしばそういうことがあったように、いまでもヨーロッパを打ち破ることもできるはずだ。

しかし次の章で、日本がその後、周辺国を侵略する帝国主義国となったとする。

そのにがい結果を、まずさいしょになめたのは、朝鮮であった。日本の勃興は、朝鮮の没落を意味した。日本は開国の当初から、すでに朝鮮と、満州の一部を、自己の勢力範囲として目をつけていた。もちろん、日本はくりかえして中国の領土保全と、朝鮮の独立の尊重を宣言した。帝国主義国というものは、相手のものをはぎとりながら、へいきで善意の保証をしたり、人殺しをしながら生命の神を聖公言したりする、下卑たやり口の常習者なのだ。

日露戦争はこのように、アジア民族と欧州のプロレタリアートの覚醒を導くと同時に、新たな帝国主義国の誕生という二つの側面をもつようになった。ポーツマス条約で朝鮮半島の権益をロシアに認めさせた日本は、その後、韓国を併合する。『坂の上の雲』も、その問題を内部の変容から描いている。司馬は戦争によってもたらされたものに「民族の痴呆化」と「国民的理性の後退」をあげる。

（日露）戦後の日本は、この冷厳な相対関係を国民に教えようとせず、国民もそれを知ろうとはしなかった。むしろ勝利を絶対化し、日本軍の神秘的強さを信仰するようになり、その部分において民族的に痴呆化した。日露戦争を境として日本人の国民的理性が大きく後退して狂躁の昭和期に入る。やがて国家と国民が狂いだして太平洋戦争をやってのけて敗北するのは、日露戦争後わずか四十年のちのことである。

（「あとがき」『坂の上の雲』二）

さらに『坂の上の雲』と『菜の花の沖』という北方二大作を上梓した後に、『文藝春秋』に「隣りの土々《くにぐに》」

を連載し、そこでは、日露戦後を「瀆武」という言葉で形容していることは、「はしがき」で述べた。「痴呆化」は、日比谷焼き討ち事件に象徴される、国民とメディアの暴走であろうし、「瀆武」は対外侵攻と、昭和期にはいってからの軍部による権力の蹂躙となろう。つまり、日露戦争を境に、日本及び日本人は、倨傲という誤った道を歩みはじめたという指摘である。

言うまでもなく、この二つは内側でつながっている。明治国家をつきうごかした要因の一つは条約改正だった。明治政府は、日清戦後に領事裁判権を、さらに日露戦後に関税自主権を得ることとなる。戦争を経て、不平等条約は解消されたのである。つまり日清、日露はともに「独立」を回復する戦いであった。

しかし日本は、早くも江華島事件後の日朝修好条規（一八七六年）で、朝鮮に対して不平等条項を押し付けている。日清戦後は清国に対して同様のことをおこなっている。二つの側面は表裏の関係にある。

丸山眞男は、明治国家の思想を、国権（尊王）と民権（公議輿論）の二つに求める。前者は中心への集中であり、後者は底辺への拡大だ。明治時代にあっては、その二つが時に対立し、時に統一していた、というのだ。

明治という時代を外から見れば、自らの実力を海外に認めさせることと、対外的な拡大が等号の関係にあった。丸山の言を借りると、「日本は自分は一人前の国家にならない内に他の国に対しては一人前の帝国主義国家として行動した」のである。さらに、時代も災いした。日本が一人前の国家になろうとしていた折、世は帝国主義の時代であった。再び、かれの比喩を借りれば、「思春期に達した子供が非常に悪い環境に育ったために性的な方面で、他と不釣合にま<u>せ</u>てしまった」のである（「明治国家の思想」『戦中と戦後の間』）。

この論考は、戦後まもなくおこなわれた講演録だが、この論は、司馬遼太郎が昭和前期を「魔法使いが魔法をかけた」時代として回避した問題に言及したものであることは説明を要しないだろう。この「性的にませた日本」の「下卑たやり口」についても、これから見ていくこととなる。

それぞれの「戦後」

本章の後段で日露戦争の項で触れた将卒のその後について記しておく。

第七師団は三月九日に北陵で激戦をおこなったと書いた。第三軍の左翼にあって、奉天北方へと進軍、その折にロシア軍との交戦がはじまったのである。ロシア軍は第三軍による鉄道破壊を恐れ、兵力を増員し北進を止めようとした。その日はひどい黄砂だった。いかにしてもロシア軍を突破することはできない。師団長の大迫尚敏は夜襲作戦をとることとした。特別隊を編成し、その長に村上正路をあてた。村上は、二〇三高地に一番乗りをした歩兵第二十八聯隊長である。

村上隊は三月十日の払暁に出陣、森林地帯で敵と混戦となり、隊長の村上も銃弾に倒れ、つかまる。戦後の捕虜交換で旭川に帰還し、審問委員会で、旅順での傑出した功績と相殺され、休職が命ぜられた。「不運な武人」と示村貞夫は書く（『旭川第七師団』）。

渡辺水哉は村上につづいて二〇三高地を奪取した歩兵第二十五聯隊長だ。父は柳川藩士、佐賀の乱後に陸軍を志し、熊本鎮台で西南戦争に参戦、その後、北海道の屯田兵科に配属されている。九州人で屯田兵から第七師団へという経歴は、永山武四郎と同じだ。

日清戦争を経て初代の歩兵第二十五聯隊長となった。白襷隊で負傷し、耳が不自由になったと伝えられている。日露戦争の武勲により、功三級金鵄勲章を授与され少将となり、聯隊をはなれた。一九〇九（明治四十二）年には韓国派遣隊司令官を命ぜられ、抗日武装闘争に対する掃討作戦を指揮、その軍功により旭日重光章をうけた。渡辺水哉は、ネルーが語る二つの日本を体現する軍人と言えるだろう。

櫻井忠温と北風磯吉は二つの「戦後」を生きた。

治療中に書かれた『肉弾』はベストセラーとなり、多くの外国語に翻訳された。大隈重信から『肉弾』を受けとったセオドア・ローズヴェルトは櫻井に書簡を送り、「多大なる驚歎の念を以て通読し」、「予は既に此書の数章を我が二長児に読み聞かせ」、「予は貴下に感謝し、併せて日本陸海軍に対し深厚なる驚歎の情を表す」と述べている。

ドイツ皇帝ヴィルヘルム二世は、第一次世界大戦前に『肉弾』のドイツ語訳を全聯隊に配布し、日本精神の研究を命じた。イギリスでも、陸軍士官学校の副読本として使われた。一九〇六（明治三十九）年六月二十五日に櫻井忠温は、明治天皇に拝謁している。しかし、『肉弾』は陸軍内部では禁書となり、しばらくの間、筆を折らねばならなかった。執筆を再開するのは大正元年だ。櫻井は軍籍に留まりながら多くの作品をのこしている。敗戦後は一旦公職追放となるが、解除後、再び筆をとっている（長山靖生「解説」『肉弾 旅順実戦記』）。

櫻井が一九五七（昭和三十二）年に出版した『哀しきものの記録』を読むと、戦後という価値観の転換と、家族との関係もくわわり、その心象風景は明るいものではない。だが松山にもどり、かつて松山高校で夏目漱石の教えをうけた縁で、「松山坊っちゃん会」の設立にかかわる。松山新聞に『坊つちやん』が再録された際は、挿絵を描いている。櫻井は絵も達者で画集もだしていた。一九六四（昭和三十九）年に愛媛県教育文化賞を受賞、その翌年、八十六歳で鬼籍にはいっている。

では、北風磯吉の戦後はいかなるものだったのか。

北風は復員後、名寄にもどり、功七級金鵄勲章ならびに勲八等白色桐葉章が授与された。年金もうけることとなる。かれは凱旋記念として地域の小学生数百名に学用品を送っている。一九一七（大正六）年には、「旧土人保護法」により、小学校の分校（特別教授場）が計画された折、土地と校舎建設費五十円を寄付している。五十円という貨幣価値は、大正時代の小学校教師の初任給とほぼ同額だ。

一九〇五（明治三十八）年四月八日の『北海タイムス』に、「勇敢なる旧土人」というタイトルで、北風磯吉の武勲が報じられている。この記事は、道内各地に伝えられ、特にアイヌの児童のいる学校では教材として使われた。中学生向けの雑誌『中学世界』にも北風磯吉の功績が紹介されることとなる。

北風磯吉の軍功は、アイヌの皇民化政策、忠君愛国教育の一環として利用されたのである。一九一一（明治四十四）年八月に皇太子（後の大正天皇）が来道した折、八甲田山の捜索で活躍した弁開凧次郎が、皇太子に祝詞を述べた。歩兵第二十五聯隊来訪時には、アイヌ兵に軍人精神を答えさせるという演出がおこなわれた。北風磯吉の武功は、このような皇民化政策の一素材として喧伝されたことだろう。

磯吉自身も自らの高名《こうみょう》を誇りとしていた。時代はくだって一九三五（昭和十）年、『北海タイムス』の記者が、日露戦争三十周年の連載企画のために北風のもとを訪れた際、磯吉は三十年前の記事を記者に見せている（『北海タイムス』昭和十年三月十一日）。

北風は「日露の勇士」「郷土のほこり」として、日露戦後を生きたのである。

北風磯吉がうけた金鵄勲章の金鵄の由来は、神武東征の折に、神武天皇の弓の弭《ゆはず》にとまった鵄《とび》が金色に光り輝き、敵の長髄彦《ながすねひこ》ひきいる軍の眼をくらませた、という伝説による。長髄彦は、東征に抵抗した豪族の長で、上古の「夷」の代表的人物だ。秋田久保田藩の佐竹氏は長髄彦を祖としており、東日本のまつろわぬ民にとって、東征への抵抗者は、自分達の父祖と位置づけられるだろう。不服の子孫・北風磯吉が、金鵄勲章をうけたということは、アイヌが大和朝廷を祖とする明治政府の臣民となった証、とも言える逸話ととらえることができる。

ただ、長髄彦の末裔を自称する佐竹氏も、明治時代に華族となっている。日本の歴史は、列島の東にいた「まつろわぬ人々」が、稲作や鉄器という弥生文化をもつ大和政権に帰服していく歴史ともいえるので、北風の事績は、そのような日本史の大きな水脈の一つと理解できなくもない。

北風は一九四五年以降、『分類アイヌ語辞典』(知里真志保)や『アイヌ語方言辞典』(服部四郎)などの編纂に協力し、アイヌ文化の伝承者として生きた。戦場では彼の勇猛心が求められたが、戦後はアイヌ民族の言語や文化に関する知識が求められたのである。ただ、少なからぬ研究者に協力したものの、その恩恵をうけることはなく、学者は情報提供しても、連絡してこないと不平をもらしていたという。

NHK札幌放送局制作のドキュメンタリー「アイヌとGHQ〜マッカーサーの神棚の謎」(二〇一九年十月四日放送)によれば、北風磯吉は、戦後、神棚にマッカーサーの写真をそなえていた。だが、その理由はわからないという。戦後は生活保護をうけ、一九五三(昭和二十八)年に施設にはいり、一九六九(昭和四十四)年に長逝した。戸籍上の生年では、卒寿を迎えようとしていた。

第八章　シベリア出兵ではたした役割

手宮にある尼港事件碑（著者撮影）

小樽に手宮という地域がある。鉄道に詳しい向きは、知る方もいるかもしれない。観光客があつまる小樽運河から海岸線を北へ少しあがったところに手宮はある。ここは北海道の鉄道濫觴の地だ。一八八〇（明治十三）年にここから鉄路が敷設されたのである。空知地方の幌内から手宮へ石炭輸送がはじまったのは、その二年後のことだった。この官営幌内鉄道については、第二章で集治監とのかかわりで触れた。

黒田清隆が招聘した米国農務長官ホーレス・ケプロンは、開拓使に多くの技術者を呼んだが、その一人にジョセフ・ユーリー・クロフォードがいた。鉄道工事を指導した人物だ。

日本初の新橋＝横浜間の開通が明治五年、大阪＝神戸間が明治七年、幌内鉄道がその六年後、釜石鉄道につづく日本で四番目の鉄道として誕生したのである。時はくだって戦後、手宮駅は貨物駅として使われていたが、手宮線（小樽＝手宮間）は一九八五（昭和六十）年をもって廃止となり、駅も使われなくなった。その後、跡地は小樽市総合博物館本館として生まれかわり、幌内鉄道を走っていた米国製蒸気機関車が展示され、レンガ造りの車庫等鉄道施設が見学できる博物館となった。夏場は蒸気機関車にも乗れる。正面玄関では、クロフォードの銅像が見学者を迎える。

はるか尼港を望む

その博物館の裏手に錦町という交差点がある。そこから急な坂道をのぼって行くと「尼港殉難者追悼碑」

が建つ高台に到着する。

日本がシベリアへの出兵を開始したその二年後（一九二〇＝大正九年）、アムール川の河口の街・ニコラエフスク（日本名：尼港）で、日本人がパルチザンによって殺されるという事件が起こった。尼港には当時、第十四師団歩兵第二聯隊（水戸）が駐屯しており、軍民あわせて七百人の邦人が惨殺されたのである。ロシア人の犠牲は何千人規模だ。なお、ここでは便宜的にニコラエフスクを尼港と表記する。

一九一七年にロシアで十月革命が起こると、英仏は日米に共同出兵を要請した。日本は米国の態度を見つつ決定を保留していたが、翌年に米国が出兵を提案すると、シベリアの地に兵を送りだすのである。日本軍が尼港に駐留していた理由は、このシベリア出兵によるものだった。

孤立した尼港駐留部隊を救援するために、第七師団に部隊派遣の要請があり、歩兵第二十五聯隊に出動命令がくだったのだ。しかし、冬場で航路は氷で閉ざされて、派遣隊が到着した時は、パルチザンは逃げ去ったあとだった。第二十五聯隊の派遣隊が目にしたものは、焦土と化した街並みと累累とした遺体であった。

事件の詳細が日本に伝わるや、政党、新聞、世論が沸騰し、政府や軍への批判が高まることとなる。この尼港事件の顚末は次章で述べるが、まずはなぜこの碑が手宮の高台にあるのか、そのことを記しておくこととする。

明治初年、「諸国の敗残者の吹きだまり」（北海道新聞社『北海道百年』上）だったこの街が急速な発展をみたのは、鉄道によるところが大きかった。鉄道開通と同年に、小樽＝函館間に定期航路が開設されることとなる。日露戦後には北洋漁業の拠点となり、小樽はシベリア、樺太への玄関口となるのである。

尼港への渡航者の多くもここから旅立っていった。旅館業者や沖仲仕のなかには、尼港の被害者を知る人も少なくなかった。そのような縁で、事件から四年が経った一九二四（大正十三）年に、尼港事件の被害者の遺灰を引きとる運動がおこる。当時遺灰は、樺太のアレクサンドロフスクの軍事施設で保管されていた。アレクサンドロフスクの日本名は亜港である。

ポーツマス条約で日本は、北緯五十度から南の南樺太を獲得した。尼港事件によって、さらに北樺太を保障占領することとなった。亜港は、北樺太の中心地で、事件後、サガレン州派遣軍が駐屯することとなる。サガレンとは樺太におけるロシア領を指す。尼港事件によって日本は、樺太・千島交換条約で放棄した樺太全島を占領することとなったのだ。

小樽の人々は、亜港の軍施設から引きとった遺灰を、市内の寺におさめた。時代はさらにくだって一九三七（昭和十二）年、小樽の素封家・藤山要吉が私財を投じて、この殉難碑を完成させたのである。

殉難者追悼碑の横には、町田経宇の篆額がかかげられている。町田は二代目のサガレン州派遣軍司令官だ。その派遣軍にも、歩兵第二十五聯隊は参加していた。その冒頭のみ引用する。使われている語は難解だが、悲憤はひしひしと伝わってくるのではないか。出所は『アムールのささやき』（石塚経二）である。

大命を奉じて異域に防護の重任に膺《あた》る将士一身を挺して朔北に産業の開拓に従ふ／勇者一朝交通杜塞するや暴戻なる凶徒の襲ふ所となり夐《はるか》に故国の天を仰ぎ空しく恨を呑んで死に就く豈に傷心断腸の極ならずや／大正九年三月十二日我が尼港守備隊及び居留民等六百有余名残忍厭くなき過激派の毒刃に殪れ、尋で五月二十四日奸譎《かんけつ》なる魔手に罹り鉄窓の下に屈辱を忍ぼし同胞一百数十名亦鏖殺《おうさつ》の惨に遭ひ天日曛《くら》くして雲囂々《ごうごう》月色淡くして風淅々《せきせき》たり／変を聞き急派せられたる救援軍は万難を排して尼港に突進し直に遺骸を検索拾収す、狼藉の迹言語に絶し残虐の状正視するに堪へす、乃ち懇に之を荼毘に附し忠魂塔に納めて弔慰す後派遣軍の撤退に伴ひ亜港に安置せしが大正十三年小樽市は軍に請ひ納骨塔を築き之を遷安奉奠《ほうてん》し年次期を定めて祭祀を厳修す。蓋し本市は殉難将士及び同胞が足跡を印せる最後の邦土にして事変の惨禍に対し市民の哀愁悽愴充も深刻なればなり。

遺灰が尼港から亜港を経て小樽にはこばれたこと、さらに、碑がここに建てられた理由は、最後の一文「蓋し本市は殉難将士及び同胞が足跡を印せる最後の邦土にして」で明らかだろう。

石塚前掲書によれば、この碑は「はるか尼港を望む位置に」つくられた。碑は小樽港を望み、北西を向いている。その先に尼港があるのだ。

碑がたって長らくの間、尼港で民間人が殺された五月二十四日には、毎年、慰霊祭がひらかれていた。私が訪れたのは二〇一九年のお盆休みの最後の土曜日だったが、高台の下の運動場ではスポーツ大会がおこなわれており、子供の歓声がこだましていた。公園の駐車場は車であふれ、追悼碑への道も遮断されていた。「壮大にして森厳な碑」は、雑草が生い茂り、尼港を望む高台は、めったに人を寄せつけない空間となっていた。

ではなぜ、ロシアのアムール川（黒竜江）の河口の街・尼港に多くの日本人がいたのか。そして、その遺灰は北樺太の港・亜港にあったのか。話の枕が長くなってしまったが、日露戦後の小樽、亜港、尼港という朔北三港の物語を記すこととする。

露領ニコラエフスク市の島田商会

ポーツマス条約で日本が獲得したものは以下である。一、韓国に対する監督権、二、旅順・大連の租借権と南満洲（長春以南）の鉄道の権利、三、南樺太の割譲だ。さらにもう一つ大きな権利を得ている。それは、沿海州やカムチャツカなどの漁業権である。露領漁業だ。

オホーツク海、カムチャツカ水域、ベーリング海などからなる北洋は世界有数の漁場だ。近世以来、その海域に日本からも多くの漁民が出漁していた。明治となり国境が確定し、北洋での漁業が禁じられても漁はつづいていた。北洋はサケ、マスが豊富でカニもとれた。その北洋漁業にいち早く進出したのが堤商会だった。堤清六と平塚常次郎は、一九〇六（明治三九）年に北洋のサケ・マス漁を目的として堤商会を設立し、カムチャツカ沿岸の漁業を開始する。堤商会が後年の日魯漁業である。

日本の漁業者は海だけでなく、ユーラシア大陸の沿岸にも出漁していた。アムール川の河口でも、豊富な漁獲が期待できたからだ。その資源を求めてシベリアにわたった一人に島田元太郎がいた。島田は尼港に貿易会社・島田商会を起こし、尼港きっての商人となった。金融業も営み自身の顔が印刷されたルーブル札（島田商会札）まで発行している。

以下、島田の足跡を追いながら、事件発生前の尼港について見てみよう。資料は主に『北海の男――島田元太郎の生涯』（森川正七）を使う。

そもそもこの街に「ニコラエフスク」という名がつけられたのは、一八五〇（嘉永三）年にさかのぼる。ロシア軍がアムール川の河口に達し、海洋から少し遡上したこの地にニコライ一世の名を借りて、その名が付されたのだ。それ以前は、ギリヤークなどの先住民の地であった。帝政ロシアはその後に清朝と条約を結び、ウスリー川東岸の地をロシア領に編入し、尼港もロシア領となったのである。

尼港は漁業、狩猟、砂金採集の基地として発展し、沿海州の中心となった。それはシベリア鉄道が完成し、州庁がハバロフスクに、軍港がウラジオストクに誕生するまでつづくこととなる。

島田元太郎は一八七〇（明治三）年、長崎県南高来郡に生まれた。青雲の志をもってウラジオストクへわたり、ロシア語を学んだ。黒田清隆は欧州視察の折に、ウラジオストクから尼港へと向かうが、島田はその船に同乗することとなる。島田は尼港の中国人経営の店で働き、その店を引き継いで島田商会を設立する。時は、ポーツマス講和条約締結後の一九〇六（明治三十九）年のことだった。

『富源西伯利』（松井甚右衛門）という本がある。

シベリア出兵の翌年に発行されたシベリア（西伯利）開拓の指南書だ。巻末にシベリアとの取引をおこなう貿易会社が広告を出しているが、そこには島田商会のものも掲載されている。「露領ニコラエウスク市」島田商会の営業科目は、商業、漁業、銀行業、廻漕業、倉庫業、鉄工業、保険代理業とされている。廻漕とは船を使った運送のことである。今で言えば、総合商社といった多様な業務内容だ。

『富源西伯利』の巻末に掲載された他の会社（三井、三菱、大倉商事など）の広告のほとんどが、ウラジオストクの住所をかかげており、ニコラエフスクを所在地としているのは島田商会のみだ。つまり、島田商会は尼港最大の日系商会だったのである。

『富源西伯利』の発行日一九一九（大正八）年六月九日は、白軍が善戦していた時期である。同書の出版元は「日露倶楽部」で、日露倶楽部は、白系ロシアの通信社・日露通信社につらなる組織である。つまり、『富源西伯利』は、白系ロシア人と提携しながら、シベリアの「富源開拓」をすすめる実務書なのである。

島田商会は尼港で一、二をあらそう商社となり、そして、ロシア革命が勃発し、信用不安が起こると、自らの紙幣を発行し現地の経済を支えることとなる。

尼港の「富源」の柱は、北洋同様に漁業権益だった。アムール川では、夏から秋にかけて、マス、サケが遡上し、それを網でとって塩蔵、燻製、缶詰にして出荷するのである。アムール河口の漁業はほぼ日本が独占していた。日本の業者による乱獲で、上流でサケ、マスがとれなくなり、それが尼港事件発生の一因となったとの指摘もある（原暉之『シベリア出兵』）。

この問題を別の視点から見れば、日露戦後のシベリアへの進出、出兵という背後に、この権益、つまりシベリアの富源開拓という問題があったということである。シベリアの産業は、漁業以外にも、林業、農業、狩猟、毛皮があり、また尼港からアムール川をさかのぼり、アムグン川の合流点から上流にかけては砂金がとれた。砂金採取は日露戦争の頃が最盛期であった。当時、採取会社は三百社にのぼった。島田商会は鉱業権を得ることはなかったが、その地域への物販で大きな利益を得ていた。このアムール川の富源開拓がまさに、先の追悼文の「朔北に産業の開拓に従ふ」という意味なのだろう。シベリアは、資本主義形成期の日本において、まさに富源開拓の地であったのだ。それがまずシベリア出兵の前提となる。

ここから北鎮の問題を考えると、幕末から明治にかけて北海道がになっていた「北門の鎖鑰」という役割が、日露戦争の勝利、帝政ロシアの崩壊でその重要性が低下し、それによって、山県有朋の「主権線ノ維持」と「利益線ノ開帳」という主張も質的な変化をきたすこととなる。日露戦争後、遼東半島、さらにシベリアが巨大な利益機会として立ち現れてきたのである。そして、その利益を獲得し、まもるものとして、軍が使われるようになった。「使われる」という表現は正しくなく、軍も富源獲得のために、積極的な役割をはたすようになっていく。のちに述べる北樺太のオハ油田などは典型的な例だろう。つまり北の軍隊（北鎮）の変容である。

艶めかしい女性の写真

もう一つ、尼港の日本社会を理解する上で重要な史実を述べておきたい。一九一八（大正七）年の統計で尼港の日本人居留民は四百九十九人だった。男性二百四十一人、女性二百五十八人となる。女性で大きな比率を占めているのが娼妓で九十人とされている。彼女たちのほとんどが、天草、島原の出だった。尼港の街には、日本人遊郭もあった。ただし、漁業にたずさわる季節労働者もいたので、約五百人の日本人には非定住者ははいっていない。

『サンダカン八番娼館』（山崎朋子）で、「からゆきさん」という言葉が広く知られるようになり、その多くが天草出身であった。その天草から少なからぬ女性が、北へもわたって行ったのである。天草人の尼港渡来の先鞭をつけたのは、一八九五（明治二十八）年、天草の手野部落の池田清人・ユキ夫婦と、鬼池部落の池田団造・モカ夫婦で、両池田夫婦は尼港で水商売をはじめ、時折出身地にもどって女性をあつめた。そのようにして尼港に日本人遊郭がつくられた。

久世光彦に「尼港の桃」という短編がある。主人公が父との思い出を回想する。父は陸軍歩兵大佐・久世彌三吉という設定だ。幼い頃、主人公は父の書斎で「尼港」と書かれたファイルをのぞき見る。ファイルには、惨殺死体の写真がおさめられていて、その一つに艶めかしい女性の姿がうつっていた。父にその場をとりおさえられ、打擲を受けるのだが、その女性の記憶が主人公をとらえてはなさない。

写真の女性は、尼港の娼妓だったのだろう。久世彌三吉は亜港にいた。つまり、サガレン州派遣軍に所属していたのだ。

天草郡手野村にも尼港事件の殉難碑がある。先に述べた通り、手野村は、尼港渡航のさきがけとなった池田清人・ユキ夫婦の出身地だ。そもそも殉難者の大半が九州出身者で、貸席以外の仕事も、九州人によるものだった。島田元太郎も長崎出身であることは先に書いた。

事件で多くの出身者をうしなった僻村の衝撃は大きく、事件後、「パルチザンが来る！」というと、泣く子も黙った、という逸話がのこされている。天草手野村の「尼港事変殉難者碑」は一九三七（昭和十二）年三月十二日に除幕式がおこなわれている。冒頭述べた手宮の追悼碑と同じ年である。三月十二日とは、手宮の碑に書かれていたように、尼港駐留部隊がパルチザンに降伏した日である。

出兵前史

これまでは、富源という視点からシベリア出兵の後景に触れたが、これから、国際情勢、国内政治、外交という前景から派兵を見ておきたい。

出兵にいたる道程は極めて複雑だ。その遠因は第一次世界大戦にあり、近因はロシア革命であり、その直接的な原因は、チェコスロバキア軍団にあった。まずは基本的史実を確認し、その後、シベリア出兵において、第七師団、そして歩兵第二十五聯隊がはたした役割を見ることとする。

第一次世界大戦は、ドイツ、オーストリア＝ハンガリー帝国、オスマン帝国等の同盟国とフランス、イギリス、ロシア、日本、アメリカ等からなる連合国が戦った初の世界大戦だった。ロシアは連合国としてドイツと干戈を交えた。大戦がはじまった当初は、「戦争は勝利に終わるまで」というスローガンのもと、士気は旺盛であったが、長期化するに及び、経済危機が発生、生活必需品が暴騰し、人々は疲弊していった。

ロシアの教科書（アレクサンドル・ダニロフ他『ロシアの歴史』下巻）は世界大戦を以下のように述べる。「結局、一九一四年にロシアは準備がないまま、世界大戦に巻き込まれた。ロシア軍の敗北と支配層の権威の失墜は、権力と社会との対立を新たな段階に導いた」。結果起こったのが二月革命だった。

開戦から三年目の一九一七（大正六）年、首都ペトログラードで、労働者と兵士が叛乱しロマノフ王朝は瓦解したのである。サンクトペテルブルクはペトログラードと名をあらためていた。自由主義者、社会主義者は臨時政府を打ち立てたが、四月にボリシェヴィキの指導者レーニンが帰国すると、臨時政府の打倒とソビエトへの権力集中をうったえた。ソビエトとは、労働者や兵士からなる評議会のことだ。その秋にレーニンとトロツキーの指導による武装蜂起によって臨時政府は倒された。十月革命である。レーニンはロシアの大戦からの離脱を主張し、併合や賠償金なしの和平を提案した。

十月革命によって樹立した革命政府は、翌年三月にドイツとの間で、単独講和を結んだ。それによりドイツは東部戦線の兵力を西部に振り向けることができるようになった。連合国側は、露独の和睦により、西部戦線でのドイツの攻勢が強まり、そこに軍勢を投入せねばならなくなった。

英、仏が米、日にシベリア出兵をはたらきかける背景となったのは、この西部戦線の問題と、暴力革命による社会主義政権の誕生にあった。しかしその名目は、チェコスロバキア軍団の救出とした。

当時のチェコスロバキアは、オーストリア＝ハンガリー帝国の領土であり、多くの人々がロシア領内に逃げこみ、軍隊を編成していた。その軍団が独立を目的に、同盟国側と戦っていたのである。しかしロシアの対独講和によって、その目的がはたせなくなった。

チェコ軍団は、シベリア鉄道でウラジオストクまで移動した後、船で欧州へと渡り、西部戦線へ参戦する予定であったが、途中、ウラル山脈の麓で現地のソビエト当局と衝突する。そのチェコ軍団の救出という名目で日本は、英仏米と共同で、シベリアへ出兵することとなったのだ。

日露協約と国防方針

国内情勢も見ておこう。対外出兵は当然のこと重要な政策決定であり、時の寺内正毅内閣はこの問題を臨時外交調査委員会で審議した。臨時外交調査委員会とは、天皇直属の諮問機関だ。議会、政党、軍部からの容喙を入れず議論をすすめるために寺内がつくった意思決定機関であった。外交調査委員会には、軍令をつかさどる陸軍参謀本部や海軍軍令部はくわわっていなかった。寺内につづいて政権をになったのは初の政党内閣総理・原敬で、出兵は、米国との共同歩調のもとでおこなうという方針をたてた。

外交はそのようにすすんだが、しかし軍は出兵決定以前から動きはじめていた。「動きはじめていた」というよりも、そもそも政治と軍は、対露の方針が異なっていた。

日露戦後、日露は互いの利益を認めあう互恵関係をつくりあげていた。それは、日露協約に現れている。第一次の日露協約は、ポーツマス条約調印の二年後に結ばれた。条約の尊重と清朝の独立、門戸開放、機会均等がうたわれていた。そこには秘密協定があり、日本の南満洲と朝鮮の権益、ロシアの北満洲と外蒙古の権益を、相互に認めあうことが記されていた。その後、全四回にわたる協約が締結され、さらに、第一次世界大戦で日露は同じ連合国として同盟国と戦うこととなった。日本とロシアは大戦を経て、相互の利益を保障する関係を形成していたのである。

しかし軍は異なる姿勢をとっていた。ポーツマス条約締結後もロシアを仮想敵国と位置づけていたのである。講和条約の翌年に、山県有朋は帝国国防方針案を策定、それに基づき、翌年一九〇七（明治四十）年に帝国国防方針が出されたが、そこでは満洲と朝鮮の利権に挑戦する勢力の排除がうたわれていた。それは紛れもなくロシアのことだった。さらに二月革命後、政府は他国の対応を見ながら、臨時政府への対処を模索していたが、軍は現地で独自に動きはじめることとなる。

一九一七年十一月末、ソビエトがウラジオストクを制圧すると、翌月、陸軍参謀本部と海軍軍令部はウラジオストクへの派兵を準備する。しかしそのような行動は日本だけではなく、同時期に米国、英国ともウラジオストクの居留民保護を理由に、軍艦を派遣している。名目は居留民保護だが、ボリシェヴィキへの圧力を意図したものだ。

翌年一月、日本は軍艦二隻をウラジオストクに送った。同年四月、ウラジオストクの日本人経営の会社が襲撃され、日本人が殺されるという事件がおこると、海軍は陸戦隊を上陸させる。現地軍の独走がはじまったのである。

参謀本部内では出兵の準備がすすんでいた。当時の参謀総長は上原勇作、参謀次長は田中義一だった。上原は第二次西園寺内閣の時の陸相で、その折に、二個師団の新設を要求し西園寺と対立、天皇に帷幄上奏で辞表を提出し、内閣を総辞職においこんだ人物だ。田中はその二個師団新設問題の際の陸軍省軍務局長で、上原を支えていた。

一九一八（大正七）年三月に参謀本部は出兵案をまとめる。それは、バイカル湖より東のロシア領、すなわちザバイカルと呼ばれる地域や東清鉄道沿線の要地を占領し、さらにロシアの穏健派を援助するというものだった。そのために、沿海州に第一軍を、ザバイカル州に第二軍を派遣する、というものである。つまり、バイカル湖以東の権益を軍主導で囲い込もうとする作戦である。

満洲駐箚

同年八月二日に原敬首相は、シベリアへの出兵決定を陸軍大臣に伝えた。四日に浦塩《ウラジオ》派遣軍が編成された。その部隊は第十二師団第一梯団（小倉、大分）からなっていた。浦塩派遣軍司令官についたのは大谷喜久蔵で、日本軍はウラジオストクの連合国軍の指揮を、大谷司令官に一元化することを求めた。しかし、現地の米軍は認めなかった。その後、各国の部隊は、同地からはなれて、つまり日本軍の主張する指揮権から離脱していくのである。日本の上記の派遣軍が先の第一軍である。

他方、閣議は八月五日に、第七師団第三旅団を満洲里へ派遣することを決定した。居留民保護が理由である。第三旅団は歩兵第二十五聯隊と第二十六聯隊からなっていた。

満洲里は北部満洲にある。その地域への派兵は共同出兵から逸脱したものである。同地に派遣する兵力は、米国と取り決めた一万二千の上限にはふくまれていない。満洲里の西隣駅は、ザバイカリスクでそこはザバイカル州である。つまり、革命の混乱に乗じて、ザバイカルへ関与する、そのための出兵だったのである。

話がやや複雑になるが、その問題を見る前に、第七師団がその時どこにいたかに触れておきたい。旭川と月寒ではない、南満洲鉄道沿線にいたのだ。南満洲鉄道は、もともとロシアが敷設した東清鉄道南支線であり、その長春以南の権利を、ポーツマス条約で日本が得ていた。

そのために長春以南に「満洲駐箚《ちゅうさつ》」の目的で軍を派遣することとなっていた。駐箚とは、外交官などが公務として海外に駐在することを言う。

満洲駐箚では、常時一個師団が満鉄沿線を警備する。第七師団の一部は、第十七師団（岡山）の後任として、一九一七（大正六）年二月に、満洲駐箚が命ぜられていた。なお、第十七師団は、日露戦後の新設された師団である。

第七師団は本部を遼陽におき、各部隊は遼陽をはじめ、鉄嶺、柳樹屯、旅順等に駐留した。歩兵第二十五聯隊は鉄嶺にいた。鉄嶺は奉天の北、南満洲鉄道の西側を並行して流れる遼河と柴河との合流点に位置する戦略地だ。鉄嶺には日本領事館もあった。

歩兵第二十五聯隊の聯隊旗手だった有末精三がつづる鉄嶺での生活は、いたって平穏なものだ。中国語とフランス語を学び、訓練にあけくれる毎日だった。駐屯地の周辺には、「芸酌婦」が多数あらわれ、酒色におぼれて借財がかさみ、自殺する将校があらわれた、といった話も記されている。尼港と同様に、「からゆきさん」が鉄嶺にもいたのである。郷里をはなれた女性は必死だったのだろう。

なお、有末は敗戦後、厚木に占領軍を迎え、その後占領軍工作にあたる有末機関の長として戦後史に名をのこすこととなる。有末については次章でも触れる。

その満洲駐箚中の第七師団に、北部満洲への出兵命令がくだったのである。その目的は、「該地方居留帝国民ヲ保護シ」そして、「支障ナキ範囲ニ於テ「セミヨノフ」支隊及該方面ニ出動スヘキ「チエックスロバツク」軍ヲ支持赴援スヘシ」というものだった。東へ向かうチェコ軍団を助けろ、というのである。では「セミヨノフ」とは誰か。

グレゴリー・ミハイロヴィチ・セミョーノフは白軍の軍人で、ザバイカルのコサックだ。第一次世界大戦に参戦し、十月革命後、同地で反革命軍の政権を樹立するために軍を組織する。十月革命後に日本軍は、反革命勢力に関与していくが、その一人にセミョーノフがいた。

バイカル湖の東・ザバイカルへの関与は日露戦争で主戦論をとなえた戸水寛人も主張していたものである。当時、伊藤博文はそのような意見を相手にすることはなかったが、元勲がしりぞくと、参謀本部は同地への関与を模索することとなる。なお、伊藤博文がハルビンで併合に反対する韓国人・安重根に殺されたのは、第七師団の満洲里派兵の九年前、一九〇九（明治四十二）年のことだった。

ザバイカルに親日的な政権ができれば、日本が利権をもつ南満洲、さらには、すでに植民地としていた朝鮮半島への緩衝地帯となる。つまり、陸軍中央には、二月革命によるロマノフ王朝の崩壊、さらに、十月革命による革命派の奪権とロシアの混迷を、「天佑」としてとらえる勢力がいたということである。軍はセミョーノフを傀儡として使おうとしていたのである。資金も提供していた。

ザバイカル、そこにつながる満洲里へは第三師団（名古屋）が進駐する予定となっていた。第七師団は、その先遣隊として、満洲里にはいった。

すでに述べた通り、満洲里のある北部満洲は共同出兵の対象外だ。よって派兵には別の根拠が必要となる。それは出兵の三か月前、一九一八（大正七）年五月に陸軍と中国政府の間で結んだ「日華陸軍共同防敵軍事協定」にあった。中国との「共同防敵」を理由に、満洲里への進駐が可能になった。

八月下旬になって日本は、この枠外の派兵を米国に通告した。米国の反応は極めて冷淡なものだった。米国が提案したのは「限定出兵」だったが、しかし、日本がおこなったのは「全面出兵」だったからである。

むろん、現地に派兵された兵は、そのようなことを知る由もない。兵は新聞を読むことさえも禁じられていた。有末精三によれば『満洲日日新聞』を読めるようになったのは、少尉任官後のことだという。

第七師団の一部は、東清鉄道とシベリア鉄道が分岐するチタまですすみ、シベリア鉄道沿いに東へ折り返した。そこで、ウラジオストクから西へとすすんだ先の浦塩派遣軍の第十二師団と合流するのである。第一軍と第二軍の合流により、日本軍は、バイカル以東の鉄道沿線を占拠することとなった。

しかしながらその後の展開は、日本軍が支持する白軍が敗退していくこととなる。セミョーノフ軍は後退、反革命軍の全権を掌握したコルチャーク軍も敗走、第一次世界大戦も終結し、日本以外の連合国軍はシベリアから撤退する。しかし日本軍だけが残留した。

派兵から八か月後の一九一九（大正八）年四月十六日、歩兵第二十五聯隊は任務をとかれて満洲里をはなれることとなる。交替部隊は第十六師団（京都）だった。第十六師団は日露戦争中に創設された師団だ。

四月三十日、第七師団はウラジオストクを出港し、五月二日に函館に到着している。旭川の部隊は、五日に旭川にもどった。歩兵第二十五聯隊が札幌駅に降り立ったのは、五月七日午前のことだ。豊平川をわたり、午後に月寒の兵営に帰還した。六月四日には、札幌の中島公園で道庁長官が主催する凱旋歓迎会がひらかれている。

民族独立の唯一の擁護者

第七師団がシベリアに派兵されたのは、出兵決定の一九一八（大正七）年八月から翌年四月のことである。第七師団撤兵の頃は、首都ペトログラードでボリシェヴィキは権力を奪取していたが、他の地域では赤軍と白軍が激しい戦闘をくりひろげていた時期にあたる。一九一九年秋に、コルチャークひきいるオムスク政権が崩壊し、白軍の劣勢は覆うべくもなくなる。それをうけて英仏はシベリアからの撤兵を決定、米国も一九二〇年一月に撤退を告げた。第七師団が派兵されていた時期は、共同出兵の意義に大きな疑問が提示されていなかった頃とも言える。

シベリア出兵を外交史の側面から分析した細谷千博『シベリア出兵の史的研究』の冒頭は以下のようにはじまる。

ソヴィエト干渉戦争の理解にあたって、今日、対立的な二つの立場が存在する。そのひとつは、干渉戦争を目してソヴィエトの「国土のみならず、国民の肉体の上にも心の面にも拭いえない汚点を残し」、ソヴィエト外交に猜疑的な性格を附着せしめ、ソヴィエト政治組織が独裁的形態を採用するに与って決定的な力があったとする理解である。「二つの世界」への亀裂の淵源はこの時期に求められる。これに対するのが、今日蔓る「共産主義の悪」をその嫩葉のうちに摘みえなかった、中途半端な政策の失敗の記録として、干渉戦争の歴史を把握しようとする立場である。(引用注は省略)

そして、どちらの見方にせよ、干渉戦争に向ける眼は冷たく厳しいが、しかしいずれの立場も、歴史的重要性の認識において一致する、と述べている。おそらく、この見方は、ソビエト社会主義共和国連邦が崩壊し、旧来の「二つの世界」の対立が変質した現在、また、異なる観点を提供するだろう。しかし、歴史的重要性という認識は、変わることはないのではないか。

マルクス主義の理念が、実際の国家形態として現れたその刹那に、このような干渉、介入があったことは、その後の社会主義国家のありようを決するものになったという指摘は正鵠を射たものだ。干渉戦争が多分に国家としての社会主義の性格に影響を与えた、ということである。

ボリシェヴィキは連合国の介入をはねのけて白軍に勝利した。初めての社会主義国家・ソビエト社会主義共和国連邦が成立したのは、出兵の四年後の一九二二年のことだった。ソ連邦は一九九一年まで続いた。イギリスの史家エリック・ホブズボームは、第一次大戦の始まりから、ソ連邦の崩壊までのこの時代を「短い二〇世紀」と呼ぶ（『二〇世紀』上）。シベリア出兵は、まさに「短い二〇世紀」の劈頭に起こった事件だったのだ。ソ連時代に編まれた歴史教科書はこの内戦の勝利を大義によるとする。

労働者と農民が勝利したのは、彼らが正義の革命戦争を遂行し、ソヴィエト権力を、社会主義の大義を、祖国の自由と独立を守ったからであった。国民の自己犠牲と多くの英雄的精神は、戦争目的が高潔であったことから生みだされたのである。

（イ・ベ・ベールヒン他『ソヴィエト連邦 その人々の歴史』Ⅲ）

しかし、ソ連邦崩壊後に編纂された歴史教科書は、内戦の勝利の主因を「社会主義の大義」「戦争目的の高潔さ」には求めない。ボリシェヴィキが権力を掌握したのは、民主的手法を排除し、暴力にうったえたからだという。

権力に到達したボリシェヴィキは、いかなる犠牲を払っても保持する努力をした。民主主義の規範を無視し、憲法制定会議を蹴散らし、自分の論敵を強制的に排除し、一党独裁確立の道に立脚し、メンシェヴィキと左派エスエルを事実上軍事的方法をとる闘争へと追いつめた。（『ロシアの歴史』下）

同時に、内戦の勝利に冷静な分析もほどこしている。それは、貧農への土地分配のみならず、中農をも取り込んだことによる、とする。

ボリシェヴィキは人民に分かりやすいスローガンを掲げた。白色が古い秩序、ツァーリや地主を復活させようとしていたとき、ロシアにおいて赤色のために闘うことは、世界にもっとも公平な社会を構築するための闘いであると国民に信じ込ませることができた。白色を支持した外国からの干渉が、ロシア民族独立の唯一の擁護者としてボリシェヴィキを際立たせた。

シベリア出兵は皮肉にも、ボリシェヴィキを、海外の勢力と結託する他の勢力と切り分け、「ロシア民族独立の唯一の擁護者」と認識させる結果となったというのである。第一次世界大戦後に米国大統領ウィルソンが発した十四か条の平和原則、そこでうたわれた民族自決が、さらにそのような意識に、影響をあたえることとなっただろう。

第七師団、さらに歩兵二十五聯隊も、陸軍中央の意図に反し、そのような世界史的役割をはたした、と言うことができる。

シベリア出兵では、当時二十一個師団あったうちの十個師団、兵力にして二十四万を送りだした。うち戦死者五千人、負傷者二千六百人を数え、戦費は九億円にのぼった。

軍事史家の松下芳男は、真珠湾攻撃直前に出版された書籍において、シベリア出兵は「結局に於いて殆んど之れといふ収穫もなかつた」と結論づけている（『近代日本軍事史』）。しかし、そのような外征の失敗は、その後、活かされることはなかったのである。

第九章　尼港事件とその後

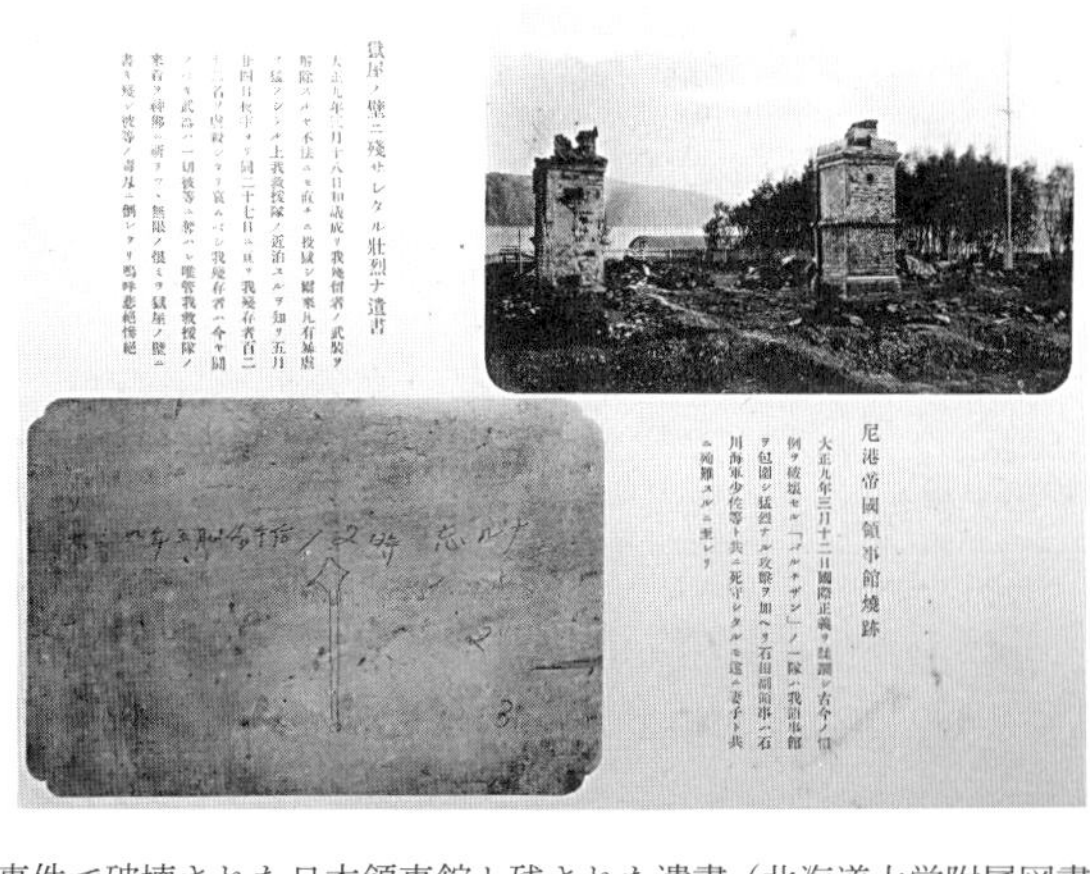

尼港事件で破壊された日本領事館と残された遺書（北海道大学附属図書館蔵）

尼港事件は一九二〇（大正九）年五月二十四日に起こったと記憶されている。その日に尼港に住む多くの日本人が殺されたからだ。手宮の碑に述べられている通りである。そこには、島田商会の社員も、天草出身の女性達もいた。しかし島田元太郎は内地にもどっており、難を逃れた。ではなぜ、パルチザンは日本の尼港守備隊のみならず、在留邦人をも殺したのか。事の顚末を前年の五月から書きおこしておく。

孤立状態となった守備隊

シベリア出兵の翌年一九一九（大正八）年五月二十七日、第十四師団歩兵第二聯隊第三大隊（大隊長‥石川正雄）の約三百名が、第十二師団歩兵二十四聯隊第二大隊（小倉）と交替し、尼港守備についた。第十四師団第二聯隊は水戸の部隊だ。現在、尼港事件の慰霊碑は、小樽、札幌（護国神社）、水戸、天草にある。水戸に建つのはそのような理由による。尼港には、他にホルワットひきいる白軍三百余名もいた。

ドミトリー・ホルワットはシベリア鉄道の管理責任者で、シベリア鉄道という巨大な利権をにぎっていた。十月革命後、それを楯にボリシェヴィキに反旗をひるがえしたのである。連合国は、反革命軍の一つとしてホルワットに期待をよせた。日本軍もセミョーノフ同様にホルワットにも関与していた。

同年秋になると、オムスクにあったコルチャーク軍が後退、シベリアのパルチザンの動きも活発化する。アレクサンドル・コルチャークはもともと帝政ロシアの軍人で、黒海艦隊の司令官だった。十月革命後に白軍の指導者となり、英国の支援のもと西シベリアのオムスクで政権を樹立した。セミョーノフやホルワットをも糾合し、一時は赤軍に攻勢をかけるが、その後、形勢は逆転、最終的にイルクーツクで処刑される。パルチザンとボリシェヴィキとの関係は、前者が後者の直接的な支配下にあるとは言えないが、無関係とは言いがたかった。尼港事件を起こしたトリャピーツィンひきいるパルチザンも、ボリシェヴィキの意を受けて動いていた。

尼港はアムール川の河口の街だ。アムール川は十一月になると凍り、航行不能になる。一九一九年末になり、パルチザンは尼港にせまり、白軍はパルチザンの掃討に向かう。しかしコルチャーク軍崩壊後、白軍の士気はおち、パルチザンに投降するものもあらわれる。

年が一九二〇年にあらたまると、尼港はパルチザンによって包囲される。尼港には、日本の守備隊しかいなくなってしまった。尼港という街の命運を日本軍がになうこととなったのだ。だが、その数、守備隊三百に対して、パルチザン約二千。一九二〇（大正九）年一月、守備隊は尼港の市民の夜間通行を禁止し、戦闘準備にはいる。

『ニコラエフスクの破壊』（グートマン）は、白軍の視点で尼港事件を描いた書だが、日本政府と軍に対しても厳しい視線を投げかけている。その一つが、一月八日、尼港の日本領事館石田虎松副領事が内田康哉外務大臣に対して、情況説明の電報を打ったにもかかわらず、日本政府がそれを黙殺したことである。

副領事の憂慮の通り、一月二十二日にパルチザンは尼港を攻撃する。その時は、守備隊の抗戦によって、パルチザンはしりぞくが、その二日後にパルチザンは軍使を遣わし、ボリシェヴィキ政府の承認を条件に講和を求めた。しかし、守備隊は軍使を白軍に引きわたし、白軍は殺してしまうのである。

事態は差しせまっていた。軍使到着の翌日には、尼港市民による自警団が組織された。だが、第十四師団長からの命令は、守備隊からの攻撃を禁ずるものだった。結果、尼港東郊にあった要塞と無線通信所は砲撃され、使用不能となる。尼港は孤立状態となった。

五月二十四日午后12時　忘ルナ

ハバロフスクにいた日本軍は、パルチザンからの要求をうける。それはボリシェヴィキ政府の承認だった。第十四師団長は赤軍を通じて、尼港守備隊へ中立を守るよう指示する。尼港守備隊の電信施設は破壊されていたため、指示は赤軍を通じてなされていたのである。ついで赤軍と平和協定について協議するよう命令がくだる。ここで日本軍は、ボリシェヴィキとの妥協をはかる方向に舵をきったのだ。尼港守備隊は裁判なしに市民を処刑しないことを条件に、停戦協定に応ずる。二月二十四日のことだった。

しかしパルチザンは尼港進駐後に有産階級と知識階級を投獄し、処刑をはじめるのである。石川大隊長と石田副領事は協定違反を抗議するが、かれらは聞く耳をもたない。逆にパルチザンは、三月十二日正午を期限に、日本軍の武装解除を要求した。日本軍は自警団あわせて四百名、赤軍側は中国人、朝鮮人、さらに寝返った白軍兵士をふくめて四千人の軍勢となっていた。

追い詰められた日本軍は、三月十二日の午前二時に夜襲をかけるが、アムール川（黒竜江）に停泊していた中国戦艦四艦から集中砲火をあび、翌日、日本領事館が炎上、石田副領事は家族とともに自決する。尼港守備隊に対して、戦闘中止の命令が発せられた。

守備隊は投降を余儀なくされ、邦人も次々に捕らえられた。パルチザンは、白系ロシア人と同様に、日本軍や邦人を処刑していくのである。一部、中国人と結婚した女性で助かったものもいたが、尼港にいたほとんどの邦人は殺されることとなる。それが、五月二十四日のことだった。

日本人が収監されていた獄舎の壁には、「五月二十四日午后12時　忘ルナ」という言葉がのこされていた。トリャピーツィンひきいるパルチザンは街に火を放ち、逃走した。『ニコラエフスクの破壊』の後段には、生存者三十三名の証言が掲載されているが、多くの女性が暴行をうけ、殺されたことが記されている。ロシア人の犠牲者は六千名にのぼったという。

屍体取片附委員

話が前後するが、尼港孤立の報をうけた浦塩派遣軍司令官は、参謀本部に尼港救援を要請、政府は救援隊の派遣を決定した。派遣を命ぜられたのは第七師団であった。派遣先は尼港とデ＝カストリだ。デ＝カストリは沿海州の港である。前者は多門二郎ひきいる部隊が、後者は勝村一の部隊があたった。尼港派遣隊は歩兵第二十七聯隊からなり、後者には第二十五聯隊がふくまれていた。両部隊とも、海の凍結のため出発が遅れ、結局、北樺太の亜港を経て、尼港に到着したのは、街が焦土と化した後のことだった。さらに、北部沿海州派遣隊が編成され、歩兵第二十五聯隊はその中核部隊となった。第二十五聯隊の聯隊旗手であった有末精三はその部隊にはいったのである。

有末が月寒の聯隊から尼港へと旅立ったのは一九二〇（大正九）年五月二十日のことだった。虐殺が起きる四日前のことだ。二十四日に小樽を出港し、航海一昼夜で亜港に到着、そこで、尼港が灰燼に帰したことを知る。

先発の多門支隊が尼港に上陸したのは一九二〇年六月三日午前八時。つづいて、有末の部隊も、尼港に入港する。その時のことを以下のように記している。

甲板上から市街を望めば、木造の支那人街（戸数千戸位か）が市の東南端に残っている外は全く灰燼、紅黄い煉瓦の焼野原という言葉がピッタリしていた。（中略）上陸して見ると、焼残りの木造家屋が全市で十軒も散らばっていたろうか、それに市の東よりに半焼けの工業学校校舎と西北側に兵舎（木造モルタル）が二棟、市の北側、工業学校と兵舎との中間凹地の森には墓地が寂しく陰気に残っていた。
（「大陸勤務の思い出——惨劇の尼港へ進駐」有末精三『政治と軍事と人事』）

命ぜられた任務は「屍体取片附委員」だった。遺体はアムール川に投げ込まれていた。その本流を調べることは困難だったが、支流では暴風となると打ち上げられた。波打ち際にはゴボウかダイコンのように死体が横たわっていた。その様子は、碑にあった「狼藉の迹言語に絶し残虐の状正視するに堪へず」であったのだろう。

なかには、白足袋をはいた日本人の女性もいた。長く水に漬かっていたためか、眼球がないものもあった。僧籍のある軍人が荼毘にふした。それを処分するのが、「取片附委員」の仕事だった。仕事は二か月つづいた。久世光彦が語る写真はこの遺体であろう。

夏が終わると、派遣隊は尼港をはなれることとなった。尼港では冬営ができないからだ。有末の所属する北部沿海州派遣隊は、サガレン州派遣軍の指揮下にはいっていた。事件後、その惨状を知った日本政府は、七月にその補償を目的に樺太北部（サガレン）を占領し、サガレン州派遣軍を派遣したのである。歩兵第二十五聯隊の一部はその配下になった。派遣隊主力は、一九二〇年九月下旬に亜港に移駐する。

なお、尼港事件を起こしたパルチザンのトリャピーツィンらは七月に捕まり、赤軍によって処刑されている。日本は、尼港事件の代償に北樺太を占領することとなった。先に示した『ニコラエフスクの破壊』はこの占領は、「ロシアの人々に対する無作法な暴力行為」とし、「日本は、ロシアの混乱の甚だしい時に、ロシアの弱点を利用して、ロシアの領土を獲得した」との印象をもたらした、と述べている。

北樺太の占領も富源開拓の一環だった。北樺太には油田（オハ油田）があった。オハ油田にはシベリア出兵以前から日本は調査隊を派遣していた。北樺太の占領は火事場泥棒のようなものだった。グートマンによれば、日本軍は尼港での撤退の際に価値あるものを持ち去ったという。第二次世界大戦の折にソ連軍が、ドイツや満洲でおこなった同じ所業を日本軍もやったのである。

惨劇の問責

多門支隊が尼港に到着し、虐殺が明らかになると、世論も新聞もわきたつ。『読売新聞』の社説を時系列で追うと、六月十二日の「尼港惨劇事件の問責」においては、「我国は列国より痛くもなき腹を探られて居る」とあくまで、他国の邪推だという立場を強調しながらも、以下のように語るのである。

名を西伯利の安固なり、在留民の保護也に籍りて、之を簒奪せんとの誹謗ある者の如くに色眼鏡を以て睨まれて居る。彼等は或いは云うであろう、日本は其の東露在留民を危険の地より豫め引揚げしむるを為さず、故《ことさ》ら之を鋒鏑《ほうてき》の巷に曝し置き、之を犠牲にして西伯利併呑の具に供すること、恰も曾て独逸が宣教師を犠牲にして膠州湾を奪取したるが如くであると。

最後のくだりは、日清戦争直後の一八九七年に山西省西部でドイツ人宣教師が殺され、それを口実にドイツ東洋艦隊が膠州湾を占拠したことを指している。清朝はこの事件の和解のために、膠州湾をドイツに割譲せざるをえなかった。

社説では「列国」の視点を借りて、尼港における民間人を見殺しにし、北樺太を占領したと批判しているのである。

読売社説ではその後も六月十五日に「尼港事件と原総裁の弁解」で、原敬の答弁をとりあげ、七月十九日には「尼港事件の責任者は誰か」とその責任の所在を追及している。批判の矛先は政府であるが、その背後に軍がいることをにおわせている。そのような世論によって、出兵決定時に参謀本部次長をつとめ、原敬内閣では、陸相だった田中義一への責任が追及された。政党も田中への問責を強めていった。田中は一旦辞表を出すが、しかし原は田中を留任させる。

当時の人々には、政府と軍は、尼港に在留邦人を留めおいて（危険の地より豫め引揚げしむるを為さず）、領土併呑の具にしたという疑念があった。そのような感情が、その後、被害者の慰霊へと向かうのである。

陸軍大学校への入校者皆無の故

話を少し脇道にそらす。これから述べることは、当時の陸軍内部の空気を理解するために示すものである。

前述した通り、軍が尼港から亜港に移駐したのは、一九二〇（大正九）年九月のことだった。歩兵第二十五聯隊の尼港派遣軍も、亜港へとうつった。そこで、有末精三が聯隊長からささやかれたことがあった。それは師団長からの指示だという。「出征前、内野第七師団長よりわが聯隊は創立以来、陸軍大学校への入校者皆無の故、是非入校者を出せと厳命されていた」というのだ（有末精三「尼港事件」髙橋憲一『札幌歩兵第二十五聯隊誌』）。

翌年四月一日より亜港においても陸大の試験が実施されることとなっていた。有末に受験が指示されたのである。それから彼の必死の勉強がはじまる。まわりの将校が指導したことが書きとどめられている。

そのくだりを読んだ時、何か嫌な感じがした。シベリア出兵が全くの「無名の師」、つまり名分の立たない出兵（出師）であったのか、それを断定する材料を私はもっていない。しかし、この受験勉強には違和感を覚えるのである。それは陸大合格を厳命した師団長や、それを命じた聯隊長、実行した有末にあるわけではない。当時の陸軍という組織の体質にある。

その問題を語る前に、まずは晴れて陸大に合格した有末精三のその後を確認しておこう。陸大卒業後、参謀本部に勤務し、二回のイタリア駐在を経て、一九四二（昭和十七）年から参謀本部第二部長となった。参謀本部第二部は情報担当の部署だ。戦後、かれが占領軍との連絡担当となり、米軍第一陣を迎えたことは先に書いた。ただ戦後の話は、ここでは余計だろう。ここではかれが省部幕僚として出世し、中将にまで昇進したことを見ておけば事足りる。

言うまでもなく陸軍大学校は高級将校養成機関だ。一時まで、陸大卒はそれを示す徽章をつけており、それが天保銭に似ていたことから天保銭組と称されていた。陸大を巣立っていった人材は、陸軍省や参謀本部という、軍政と軍令のトップで働く機会を得た。陸大卒の四人に三人が少将以上についたという（熊谷直『帝国陸海軍の基礎知識』）。

師団長から聯隊長への指示は、「二十五聯隊からいまだ陸大へは進学していない、だから、ぜひ合格させろ」、というものだった。聯隊から陸大へ行くことは、聯隊にとって名誉であり、聯隊から陸大へ何人送り込んだかが、聯隊への評価にもつながった。

第七師団長も、聯隊長も入学者をだすことが切実な問題だったのだろう。その期待に秀才・有末精三はこたえたのである。それぞれに誤りがあるわけではない。そのようにして、有末は歩兵第二十五聯隊の出世頭となった。

しかし、亜港での陸大受験は尼港事件がおこった直後だ。日本国内では、政府と軍への批判がわきおこっていた時のことである。

この亜港での受験勉強のくだりに接した時に思い出したことがあった。単行本『逆説の軍隊』の付録（月報）で、作者の戸部良一が村上兵衛と対談していた。軍隊経験のない戸部が、村上に話を聞くという体裁のものだ。村上は陸軍士官学校卒業後、近衛聯隊で敗戦を迎え、戦後は「戦中派」の語り部として評論活動をおこなっていた。村上は陸軍参謀について以下のように語っていた。

村上　参謀は結局、参謀本部や陸軍省のデスクに座る。師団へ行っても、現場の士官たちのように汗くさい、辛気くさいことはやらない。まったくもって硬直した官僚そのものになってしまうんですよね。

戸部　いまのいわゆる悪い意味でのエリート官僚は、参謀幕僚タイプそのままですかね。
村上　そうですね、エリート官僚のあの匂いは昔の参謀によく似ていますね。
（村上兵衛、戸部良一「僕らが受けた合理主義教育」『逆説の軍隊』）

亜港の陸大受験とこの村上の発言はつながっている。出所は忘れたが、村上は、陸軍士官学校を出て聯隊付きとなった将校のなかには、上の命令で、現場の仕事を全くせずに受験勉強ばかりをしているのもいた、と書いていた。陸軍は、かつて日露戦争を戦った時の陸軍ではなくなった。組織の体質が変わってしまったのだ。

「悪い意味でのエリート官僚」の発言も示唆的だった。中央官庁のキャリアが地方勤務となり、そのキャリア役人よりもはるかに年長のたたき上げ《ノンキャリア》が、キャリアの将来に傷がつかないよう、上げ膳据え膳で（時に現場の仕事にタッチさせないよう）接するという話はよく聞くし、私自身その片鱗に触れる機会もあった。そのような話は、いまだ日本が輝いていた一時代前のことなのかもしれないが、ただ、「汗くさい、辛気くさいことはやらない」エリートという存在は、戦前と戦後に通じるものではないかと思えたのだ。「武」をつかさどるものがもつべき節度が、この時代にうしなわれかけている、そのような感想をもったのである。

「流行りの露助の真似」

最後に小林多喜二について触れておきたい。多喜二がこの出兵と直接関わりがあるわけではないが、シベリア出兵と富源開拓をめぐる問題を、多喜二という存在は、くっきりと浮かび上がらせているように思えるのだ。
尼港事件がおこった時、小林多喜二は小樽にいた。小樽高等商業学校の学生だった。彼が事件をどう見ていたのかはわからない。後年一九二九（昭和四）年に書かれた『蟹工船』は北洋漁業という「富源」をあつかった作品だ。カムチャツカ沖で操業する蟹工船では、労働者をほとんどタコ同然にあつめて働かせ、北洋で蟹の密漁をする。蟹工船は海軍によって護衛されていた。船員を人とも思わない監督は以下のように訓示をたれる。興味深い描写なので長めの引用となるがお許しいただきたい。

この蟹工船の事業は、ただ単にだ、一会社の儲仕事と見るべきではなくて、国際上の一大問題なのだ。我々が――我々日本帝国人民が偉いか、露助が偉いか。一騎打ちの戦いなんだ。それに若し、若しもだ、そんな事は絶対にあるべき筈がないが、負けるようなことがあったら、睾丸をブラ下げた日本男児は腹でも切って、カムサツカの海の中にブチ落ちることだ。身体が小さくたって、野呂間の露助に負けてたまるもんじゃない。／それに、我カムサツカの漁業は蟹缶詰ばかりでなく、鮭、鱒と共に、国際的に云ってだ、他の国とは比らべもならない優秀な地位を保って居り、又日本国内の行き詰った人口問題、食料問題に対して重大な使命を持っているのだ。こんな事をしゃべったって、お前等には分かりもしないだろうが、ともかくだ、日本帝国の大きな使命のために、俺達は命を的に、北海の荒波をつッ切っていくのだということを知っててもらわにゃならない。だからこそ、あっちへ行っても始終帝国の軍艦が我々を守っていてくれることになっているのだ。……それを流行りの露助の真似をして、飛んでもないことをケシかけるものがあるとしたら、それこそ、取りも直さず日本帝国を売るものだ。こんな事は無い筈だが、よッく覚えておいて貰うこととする……。

しかしその命令も空しく、蟹工船ではたらく雑夫は、「流行りの露助の真似」をして、ストライキを断行、サボタージュをはじめるのである。

小林多喜二は商業学校卒業後、拓殖銀行で働くが、マルクス主義に引き寄せられ、つまり「流行りの露助の真似」をして、銀行を追われることとなる。その間、同棲した田口タキは、飲食店につとめる酌婦だった。尼港事件で殺された天草出身の女性と同じ生業だったのである。苦学して高商を出て、銀行に勤める身としては、歓迎されないふるまいだっただろう。しかし多喜二の母はそれを受け入れた。

多喜二は現在の小樽築港のそばに住んでいた。倉庫建設、鉄道敷設はタコ労働者がになった。「監獄部屋」というタコ部屋を描いた小説も書いている。小樽高商は、大正年間にサラリーマン階層を生み出すために誕生した学校だったが、多喜二はそこから遠くはなれていく。

『昭和精神史』で桶谷秀昭は、小樽高商での多喜二の姿を、当時同校で経済原論を講じていた大熊信行と、多喜二の後輩・伊藤整との交流からつづっている。そこでは、文学的感性に富み、時に不遜な態度をとる多喜二の姿が描かれている。桶谷は、伊藤整が自らを「感覚的純粋人」と呼ぶことに対置して、多喜二を「思想的純粋人」とする。多喜二は、自らの赤貧の日々と、幼い日に眼に映じたタコ労働者の姿とともに、プロレタリア文学へとむかっていくが、そのような彼の純粋人としての気質も、その後の不幸を招きよせる一因となった。

ボリシェヴィキは世界革命を志向し、その「理想」を輸出、組織化した。多喜二は、マルクス主義の理念である、「邪悪なものはすべて滅ぼし、不幸・抑圧・不平等・不正なき世界がもたらすはずの黙示録的変化を信じた」（ホブスボーム『二〇世紀の歴史』上）のである。そして、その理想に殉じた。

日本の支配層は共産主義によって、労働者による暴力革命が起こり、国体が浸食されることを恐れた。ソビエト社会主義共和国連邦を承認して日ソ基本条約に調印、普通選挙法が成立した年に治安維持法を制定し、社会主義者、共産主義者に弾圧をくわえていく。

小林多喜二は「蟹工船」を発表した四年後に治安維持法でつかまり、築地署で拷問をうけて死ぬ。二十九歳だった。多喜二の故郷小樽の「はるか尼港を望む」高台に、尼港殉難者追悼碑が建てられるのは、その四年後のことである。

第十章　忠魂納骨塔ができるまで

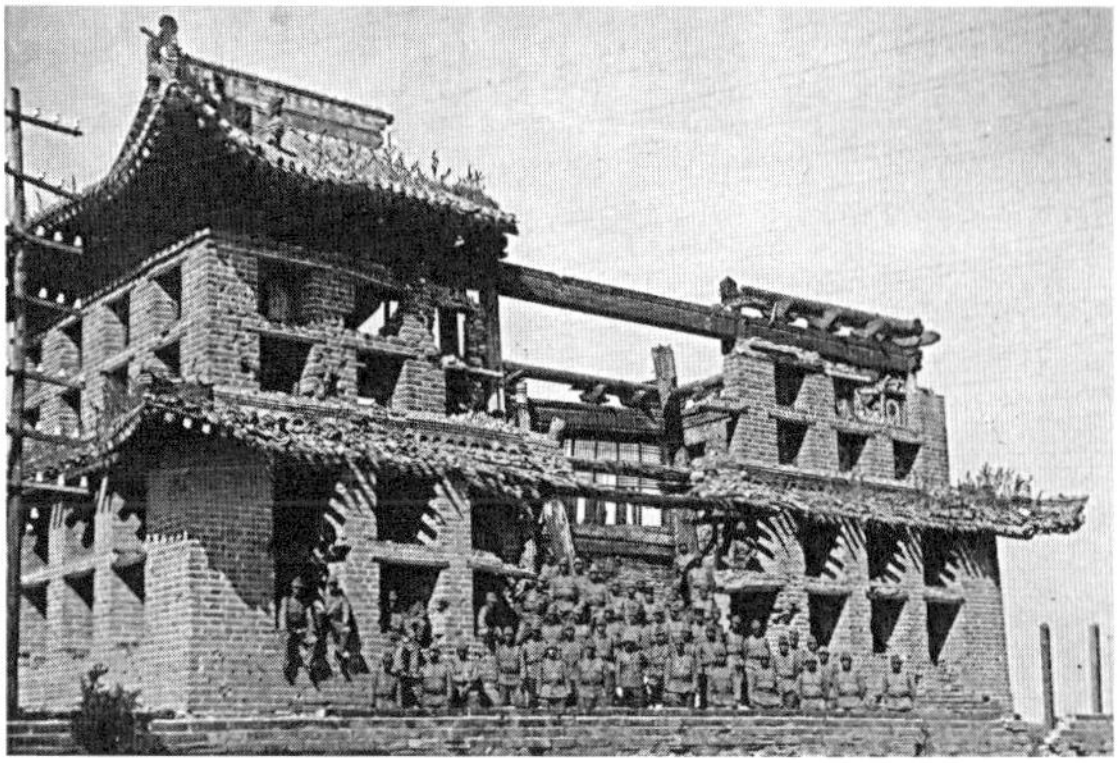

児玉利雄、吉田勝次郎が戦死した山海関南門（北海道大学附属図書館蔵）

丸井今井は明治五年の創業、新潟の三条からこの地にきた今井藤七が小間物店を開いたのをはじまりとする。明治五年とは、開拓使ができて間もなくの頃で、札幌には二百戸、七百人しか住んでいなかった。

その後、店名を今井呉服店とあらため道内に店舗を拡大していく。大正時代には、札幌店が百貨店にかわり、一九二四（大正十三）年に道内初のエレベーター付きビルが完成する。今井呉服店は北海道を代表する百貨店となったのである。

その札幌今井呉服店で、「満蒙展覧会」がひらかれたのは、一九三一（昭和六）年十二月のことだった。その開催時期を見ればお分かりの通り、この催事は三か月前におこった事変が関係している。同年九月十八日に発生した柳条湖事件である。

満洲事変では、関東軍参謀にあった板垣征四郎と石原莞爾が画策し、独立守備隊の河本末守らが、奉天郊外の鉄道を爆破、それを口実に中国軍の拠点であった北大営を攻撃する。当初政府は不拡大方針をとったが、関東軍は戦線を拡大した。朝鮮にいた師団も軍令なきまま国境を越えた。

北海道では事変後の十月四日に北海道国防義会が発足する。国防義会は国防意識の向上を目的とした軍と行政の連携組織だ。札幌市役所に本部を、全道各地に支部をおき、発会式では三万七千人が加盟した。

満蒙展覧会は、その北海道国防義会を主催団体として、第七師団司令部に、北海タイムス、小樽新聞社が後援した。小樽新聞は明治二十七年、北海タイムスは明治三十四年創刊の地元紙である。戦時に二紙は、北海道の他紙と統合され、北海道新聞となった。

一九三一（昭和六）年十二月十日付の『北海タイムス』には、満蒙展覧会の広告がのり、「我が権益を正視せよ！　護れ祖国の生命線！」という文言がかかげられている。催事の一環として、陸軍大佐による講演「護れ満洲、わが帝国の生命線」もおこなわれている。

翌日の『北海タイムス』には、「満蒙展覧会けふから開く」と告知記事が掲載される。展示会の内容は、北大営の線路破壊のパノラマや、中国の排日（抗日）ポスター、さらに、中国軍の「悪魔のごとき暴状の跡」を示したものだった。どれも、第七師団、陸軍省、関東軍、満鉄から提供された資料だという。会場中央には白木の祭壇が設けられ、北海道出身の将兵（小原伍長、佐々木上等兵、増子上等兵、板倉大尉）の遺灰がおかれた。百貨店の催事場に祭壇がしつらえられるというのは、今を生きる人間の眼には奇異にうつる。

満洲事変には第七師団も出兵している。第七師団の服部混成旅団は、一九三三（昭和八）年の熱河作戦に参戦、師団主力は事変がはじまって二年半後の昭和九年二月に出征している。その時に月寒の「忠魂納骨塔」が建立されるのである。本章では、満洲出征前夜の北海道と、満蒙の地における第七師団を記しておくこととする。

満洲事変という光明

前章で『逆説の軍隊』の月報における戸部良一と村上兵衛の対談を紹介したが、その対談でもう一つ、印象にのこった箇所があった。前半で、大正という軍縮とデモクラシーの時代に触れて、戸部が「あの時期の軍隊の変わり方が、その後どうして生かせなかったのかと思います……別の可能性も持っていたように思うんです」という問いに対して、村上は以下のようにこたえていた。

やはり満州事変が転換点だったのかもしれません。満州を取ったということが非常に大きいでしょうね。あれで新聞世論が全部ひっくり返って、「皇軍万歳」一色になるわけですから。／たしか、昭和七年が軍人勅諭五十年になるんですか。あのときから「皇軍」という言葉が軍隊で頻繁に使われ始めまして…。

さらに以下のようにつづく。

私が任官して近衛歩兵第六連隊におりました当時、大本営の参謀とかが偉そうな顔をして話にくるでしょう。「皇軍は……」「皇軍が……」なんて言って。僕は連隊旗手で連隊長の横にいましたが、その連隊長なんか昔の人だから、「バカが。そんな用語は陸軍にはない」って怒っていましたよ。

「大正という軍縮とデモクラシーの時代」とは、第一次世界大戦後、軍縮条約が結ばれ、普通選挙法によってデモクラシーが浸透し、軍への目も冷ややかになっていった、そのような時代を指す。陸軍士官学校受験者も減っていた。

そのような温和な時代が変質した契機が、満洲事変だったというのである。その折に、新聞と世論は「全部ひっくり返って」しまい、「皇軍万歳」になってしまったのだ。

その対談を目にして十年ほどしてから『新聞と戦争』を読んだ。同書は朝日新聞がみずからの戦争報道を検証した連載記事を一書にまとめたものである。その意図は、「戦争協力への道に深入りする手前で踏みとどまれたかもしれない最後の分岐点はどこだったのか」「朝日に〝別の道〟はありえたのか」をさぐる試みである。

村上の言を裏付けるように、「別の道」がとざされる「最後の分岐点」は満洲事変にあったとされる。それは事変とその後をあつかった第八章の見出し「社論の転換」に顕著にあらわれている。張作霖爆殺から柳条湖事件に至る過程を批判していた朝日だったが、事変後に社論は軍部の動きを追認する方向に転換していった。

また、自分が眼にした本からの引用で恐縮だが、その後、経済学者の中村隆英があらわした『昭和史』に接し、先の村上の言葉が、当時の社会的文脈の中で理解できるような気がした。中村は以下のようにつづっていた。

満州事変が勃発したことは、大きな目で見て、日本社会の一つの転機となった。（中略）政党内閣時代のじめじめした雰囲気と昭和恐慌による不況が、何らかの変化を国民に期待させていたために、満州国の成立にいたる急激な変化が何か新しい可能性をもたらすのではないかと一般国民に受け取られたとしても不思議ではないのかもしれない。

つづけて以下のようにも書いている。

昭和恐慌のもとで、暗く沈滞した気分に包まれていた日本の社会は、満州事変が勃発し、関東軍の勝報が連日の新聞紙上をにぎわすようになると、その報道に活気づいた。満蒙の新天地が開けたことで、袋小路に入り込んだようだった社会に一条の光明がさしはじめたという思いが国民大衆の間にみなぎりはじめたのである。

その後も、「明るい未来が開けたように、多くの国民が感じたのは確かである」と語っている。大正から昭和前期にかけては、しばしば政党から軍部の時代と言われている（北岡伸一『政党から軍部へ』）。しかし、戦争によって「一条の光明」が生まれ、「明るい未来が開けた」と国民は感じたのだ。新聞、そしてその背後にある世論を支えたものも、そのような「光明」であり、「明るさ」だったのだろう。

空からの祝賀

村上兵衛が言うように、柳条湖事件の翌年一九三二（昭和七）年は、軍人勅諭が下賜されてから半世紀の節目にあった。大元帥（昭和天皇）も臨席する式典は二重橋でおこなわれた。札幌での式は中島公園で開催された。中島公園には四万人があつまり、軍人勅諭五十年を寿いだ。北海タイムスは社機を飛ばした。

記念日の祝賀を空から表して本社ニューポール機は上出飛行士操縦の下に午前九時から約一時間札幌の上空を旋回、祝賀ビラ数万枚を散布した。

（『北海タイムス』昭和七年四月二十五日朝刊）

日本は国際社会との協調から逸脱する道を歩みはじめていた。事変後の道程を確認しておく。事変勃発三日後に中国は国際連盟に提訴、さらにその三日後に、政府は事変の不拡大方針を発する。しかし軍は満洲全土への侵攻をやめず、十一月十日には清朝最後の皇帝溥儀《ふぎ》を天津から脱出させる。満洲国建国の布石である。同年十二月十日に国際連盟は満洲問題調査委員会を設立し、翌日に若槻内閣が総辞職、犬養毅が組閣した。今井呉服店で、満蒙展覧会が開催されたのはちょうどその頃のことだ。

あけて一九三二（昭和七）年一月末に、上海事変が勃発し、国際連盟理事会は、戦闘行為の中止を警告する。二月にはリットンが調査を開始するも、そのような国際連盟の動きをさかなでするように、翌月三月一日に日本は満洲国を建国するのである。その翌月末に行われたのが、軍人勅諭五十周年の式典だった。

では、なぜこのような内外の齟齬が生まれたのか、「不拡大」を貫徹できなかったのか。むろん、そこには、十月事件や血盟団事件というテロの影響もあったであろう。柳条湖事件後、軍は行政、民間を巻き込み、戦争へと突き進んでいく。新聞社は社機を飛ばし、祝賀ムードを演出した。

山海関における名誉の犠牲者

一九三三（昭和八）年一月三日午後五時、ラジオのニュースは山海関における日中の軍事衝突をつたえた。山海関の憲兵分遣所に爆弾が投げこまれ、「北鎮落合部隊」が応戦した。その戦いで、吉田勝次郎中尉ら八名が死んだ。

落合部隊とは北鎮の名の通り、第七師団から編制された北支那派遣歩兵第三大隊、大隊長は落合甚九郎だった。うち第一中隊は丸山弘一が中隊長をつとめ、同中隊は歩兵第二十五聯隊からなっていた。山海関で戦死した吉田勝次郎は、その第一中隊の機関銃隊の小隊長、吉田は歩兵第二十五聯隊の中尉だったのである。兄の訃報に接した吉田堅治は札幌の自宅から月寒の兵舎に急いだ。一月三日の札幌の街は、スキーをかついだ学生、買いもの帰りの女性、宴会へと急ぐ男性が行き交っていた。

吉田勝次郎、堅治兄弟の父は一八九四（明治二十七）年に渡道した屯田兵で、その子・勝次郎は一兵卒として歩兵第二十五聯隊に入営し、苦学して士官学校にはいり将校となった。山海関で戦死した折は、すでに一家をなし、小学校二年生の男児がいた。

この山海関事件は、軍事史にのこる事件だが、吉田勝次郎は史書に記載のある人物ではない。私がなぜ、吉田兄弟の出自を知ったのかというと、それは、堅治が編集した吉田勝次郎の遺稿があるからである（吉田勝次郎『戦争の危機と皇道日本の建設』）。

同書は私家版で、巻末には「非常時に訴ったふ」という堅治の檄文ともとれる文章が掲載されている。「見よ！農村を、見よ！漁村を、見よ！山村を」という言葉が太字で印字されている。「非常時」において、地方の村々は餓死線上にある、とうったえる。

吉田兄弟は五・一五事件の報を聞いて、快哉をさけんだ。堅治の檄は、農山漁村の悲痛な声に呼応した青年将校を支持し、日本の指導者、都市住民に猛省をうながす言葉でみちている。

遺稿集に掲載された勝次郎の文章は二篇あり、一篇は米国、ソ連との戦いへの準備をとくもの（「戦争を前に日本は如何にすべきか」）、もう一篇は国内の経済問題を憂うるものである。貧富の拡大を呪詛し、その元凶を資本家にもとめている（「皇道日本の建設」）。二篇とも非常時という時代の危機を憂慮する言葉であふれている。

では、満洲事変勃発後にとなえられた「非常時」とはいかなるものか。そこから話をはじめ、その後に、勝次郎の所属していた北鎮落合部隊（北支那派遣歩兵第三大隊）を先遣とする第七師団、歩兵第二十五聯隊の満洲事変を述べることとする。

非常時認識

非常時とは、荒木貞夫が陸軍大臣をつとめていた時代を指す。荒木貞夫は、一九三一（昭和六）年十二月に成立した犬養毅内閣で陸軍大臣となり、その後、斎藤実内閣でも陸相をつとめ、一九三四（昭和九）年一月に辞任している。荒木は二・二六事件で予備役となるが、陸軍大臣時代は非常時の顔であった。

非常時を形成する外的要因の一つが、一九二九年十月のニューヨークの株式暴落にはじまる世界恐慌だ。それに金解禁のための緊縮財政があいまって、恐慌が日本を襲い、農村、漁村、山村に甚大なる被害をもたらした。

そもそも、それ以前から国内の貧富の格差は明らかだった。勝次郎が「皇道日本の建設」で述べるところによると、一九三〇（昭和五）年の国勢調査で、一万円以上の資産保有者は、人口比にして〇・五七パーセントだが、その国富に占める割合は六十八パーセントにのぼった。他方、人口比にして九十五パーセントの人々の資産は、国富の三十二パーセントにすぎなかった。

特に東北の困窮はひどかった。当時、村役場には、身売りの相談を受けつける案内が掲示されていた。財閥は政治に深く関与し、利潤の追求に狂奔している。政党政治で選挙は買収の温床と化した。その政党に資金を供与していたのは、財閥だった。憲政会も政友会もその背後には財閥がいた。恐慌のさなか財閥はドル買いに走った。時局を憂慮する人々はそのように考えた。青年将校の凶刃が、資本家に向いた背景はそのようなものだった。

現在の視点から見れば、財閥のみに罪を負わせるのは偏った見方と思われるが、圧倒的な格差を抱えこまざるを得ない基層社会の怨嗟は、社会矛盾を政治と資本の癒着にもとめたのである。

だが、非常時の顔たる荒木貞夫の問題意識は、経済問題に集中していたわけではない。一九三四(昭和九)年一月に出された『非常時認識と青年の覚悟』は、日本礼賛の言葉でみちている。「世界に比なき此の国体、世界に冠絶する此の精神、世界に卓絶する此の地形を持つた吾々九千萬同胞が日本国民として存在するならば何の憂うる所もないのであります」という。

荒木によれば、「泥棒するのにも日本人らしく泥棒したら非常に悪くはないではないか。この行為を許すとは申しませぬが、併し泥棒も日本人らしく盗めば、憎むべき泥棒にはならないのである」とさえ述べるのだ。そして、そのような本来の日本人の道が、外来の思想により汚染されてしまった。よって、この危機においては、「日本人の道(皇道)を歩め」というのが、青年に贈る言葉である。

話を少し先にすすめるが、丸山眞男が戦後まもなくあらわした「超国家主義の論理と心理」で、その典型を荒木の思想に求めている。荒木貞夫が主張する「真善美の極致」たる日本帝国は、「本質的に悪を為し能わざるが故に、いかなる暴虐なる振舞も、いかなる背信的行動も許容されるもの」となった(「超国家主義の論理と心理」『超国家主義の論理と心理』)。つまり、「泥棒も日本人らしく盗めば、憎むべき泥棒にはならない」、善たる皇道は、決して悪事を働くことはない。だから、いかなる行為も許されることとなる、のである。

なお、第七章で引用した丸山の「明治国家の思想」と、この「超国家主義の論理と心理」は同じ一九四六（昭和二十一）年に書かれたものである（前者は講演で発表は一九四九年）。前者は明治国家の進歩的側面をふくめた近代日本の総合的な分析であるのに対して、後者はその発展形たる昭和前期の超国家主義を論じたものである。後に本人も述べる通り（『現代政治の思想と行動』）、両者をあわせて読むことにより、近代日本における重層的なナショナリズムのありようが理解できる、と言えるだろう。

話を荒木にもどす。戦後、荒木貞夫が朝日新聞記者・有竹修二に語ったところによれば、彼の名で刊行された著書のほとんどは自ら筆をとったものではないという。荒木貞夫には他の軍人に比して多い著作がある。つまるところ、丸山眞男が語るところの「超国家主義の論理と心理」が、当時の人々に広く受けいれられていた、ということだ。少なからぬ人々が社会矛盾の解決の手段として、「日本人の道（皇道）」にすがりたい、と思ったのである。

荒木貞夫の主張は、そのような「日本主義」から出発して、対外的な脅威と、その対抗へと展開される。事変以降の国際社会からの孤立や、ソ連による赤化への警戒である。

吉田勝次郎も、先の遺稿集前篇の「戦争を前に日本は如何にすべきか」で、来るべき戦いが、アメリカないしソ連との戦争に波及するかもしれず、強く防備をといている。しかし、後篇の「皇道日本の建設」で勝次郎は、その冒頭で、「来るべき混乱世界に臨まんとする皇国日本の最大の関心事は、国際連盟の圧迫や、経済封鎖による孤立にあらず、実に国内の経済問題にあります」と述べるのである。

当時の日本の指導層（特に軍部）にとって、非常時は対外問題にあった。そしてそのような非常時は、その後の「準戦時」を準備した。しかし、吉田勝次郎にとっての非常時は、満洲事変からはじまった対外的な孤立、さらに、来るべき米国、ソ連との戦いよりも、非都市部の疲弊、貧困にあった。そのような思考は一九三一（昭和六）年の三月事件以降の、軍の青年将校と民間の国家主義活動家による国家改造のクーデターにもあらわれている。それゆえに、その元凶を資本家や「君側の奸」にもとめたのである。

保阪正康は『ナショナリズムの昭和』でナショナリズムを、上部構造と下部構造に分けて、昭和前期のそれを、上部構造のナショナリズムが、下部を取りこんでいく過程として描いた。上部構造のナショナリズムとは、「国益の守護」「国権の伸張」「国威の発揚」という語で集約でき、下部とは、「自然との共生」「親、子、孫の三代の関係」「生活の規範の伝承」にあるという。つまり、下部構造は「郷土愛」を基礎としたものと解することができる。荒木貞夫と吉田勝次郎の非常時認識は、ごく単純化して述べると、そのような上部と下部という構造に対応すると考えてよいだろう。

山海関に輝く日章旗

落合甚九郎ひきいる北支那派遣歩兵第三大隊が出征したのは、一九三二（昭和七）年七月一日のことだった。同部隊に所属する吉田勝次郎は、出征の数日前、堅治に以下のように語っている。「俺は愈々外敵に向かわねばならぬ、内敵の件は、お前達に任すことにしよう、だが何れにしても共に死を以ってこの非常時を負担せねばならぬ時が来たぞ、しっかりやらにゃ」。国内の経済問題が第一と考えていた勝次郎だったが、しかし、出征にあたって、それは弟・堅治に託し、自らは、対外問題にあたることを言明したのである。

ただここで読者の皆さんは、なぜ中国が「外敵」と認識されるのかに疑問をもたれる方もいるだろう。荒木貞夫の言をおさえながら、中村隆英の記述を引き、ここでの認識を、簡略化しておさえておきたい。「日本民族の優秀性を承認するならば、朝鮮、台湾の弱小民族は日本と合体することによって日、朝、台の同権を享受すべきだし、列強の支配下にある国民党政権から中国民族を解放するのが満洲事変なのだ」（『昭和史』下）。国民党は本来、日本と手をたずさえるべきなのに、列強の力を借りて、排日をすすめている。それは、日本人居留民の排斥運動にあらわれている。それが中国を「膺懲」せねばならない理由となる。むろん国民党の側から見れば、それは日本の勝手な理屈となろう。

勝次郎が所属する北支那派遣歩兵第三大隊（百四十四名）は、山海関に派遣された。山海関は万里の長城の東端にあり、明代の建造物だ。海に突き出た長城の姿は、写真でご覧になった方も多いのではなかろうか。古来、関内と関外をわかつ要塞であった。現在も華北と東北（旧満洲）の境界とされている。

また話が脇にそれるが、ここで一つお断りしておかねばならないことがある。

吉田勝次郎が所属していた北支那派遣歩兵第三大隊は、満洲事変への対応ではない。義和団事件で結ばれた北京議定書で、日本軍は、山海関と近隣の港・秦皇山の警備が約されており、その任務だった。第三大隊が派遣された前年に、満洲事変がはじまっていたが、同地への駐留は、事変への直接的な対応ではなかったのだ。

但し、一九三二（昭和七）年一月に、関東軍は張学良の仮政府のあった錦州（山海関の北）を占拠し、翌月には東三省（奉天、吉林、黒竜江）の要地を占領、三月には満洲国の成立に至っているので、満洲から華北への経路にあたる山海関の警備が、事変と無関係であったわけではないだろう。一九二八（昭和三）年に張作霖が日本軍によって殺された後、その子の張学良は旗を青天白日旗にかえ、国民党に帰順していた。

山海関では、事件が起こった一九三三（昭和八）年の前年から、しばしば衝突が起こっていた。元日からはじまったこの事件は、その日の午後八時に、日本の憲兵隊らに手榴弾が投げこまれたことを契機とする。ただちに第一中隊は、居留民保護のため、山海関の城市の南門の警備にあたることを張学良軍に告げた。中国軍は同意したという。

しかし翌日、第一中隊が南門から入城しようとするが、門はひらかない。小隊長の児玉利雄らが登攀したところ、城壁より手榴弾が投げ込まれ、児玉は戦死し、戦闘がはじまるのである。翌日その城門を突破したのが機関銃隊の吉田勝次郎の部隊であった。『歩兵第二十五聯隊史』には以下のようにつづる。

吉田中尉城門に至るや逃げ遅れて掩蔽部内にありし敗残兵より不意に射撃せられ、左側頸部を鉄帽を貫通せし小銃弾のために遂に名誉の戦死を遂ぐ。天下の難門を破り日本軍山海関攻撃を成功せしめたるは実に吉田中尉の勇敢なる突入による。その功実に偉大なりと謂うべし。

その後、後方の兵が門に突入し、中国兵を射殺、山海関は日本軍の手におちた。それをもって、山海関での勝敗は決した。同年一月十二日の『北海タイムス』夕刊には、「山海関に輝く日章旗」というタイトルで、司令部と、壊された南門の写真が掲載されている。

しかし、『昭和陸軍全史』一（川田稔）によれば吉田勝次郎が「勇敢なる突入」をはかったこの事件は、日本軍の謀略だったという。つまり、張作霖爆殺、柳条湖事件と同様の、軍の独断専行だったのだ。詳細はわからないが、そのようにして、歩兵第二十五聯隊の児玉利雄、吉田勝次郎らの死によって日本軍は山海関を占拠することとなった。

熱河戡定の意味すること

山海関が「天下第一関」と呼ばれるのは、それが長城の東端にあるからだ。そこから、長城は西にはしっている。長城にはあまたの関がある。その一つが八達嶺だ。日本のテレビで「万里の長城」が報じられる際は、たいてい八達嶺がうつる。八達嶺は北京から百キロという至近距離にある。山海関から八達嶺の間にもさまざまな関がある。一九三三（昭和八）年一月、山海関で吉田勝次郎が戦死した翌月から、日本軍は長城線にせまり、それらの関を攻撃して行くのである。

満洲は東三省（奉天、吉林、黒竜江）によって構成されている。現在も旧満洲に相当する東北は同じ地域だ。但し、かつての満洲国には東三省に熱河という地域がふくまれていた。熱河は内モンゴルの東の地域で、北京から長城をはさんで北に位置する。交通の要衝で、熱河省の省都・承徳は清朝の夏の離宮だった。清朝を構成した民族の建物がならぶ避暑山荘は、観光名所として名高い。多民族王朝・清朝を実感できる場所である。

関東軍は満洲国を建国した後に、東三省と熱河省をその領域と宣言した。熱河省の統治者であった湯玉麟は関東軍に対して帰服でも抗日でもない曖昧な態度をとった。

関東軍は、吉田勝次郎が死んだ山海関事件の翌月から、熱河の制圧に向かった。同年三月四日に省都・承徳を占領し、その後、関内（華北）へも侵攻している。関東軍は熱河を制圧し、一九三三（昭和八）年五月三十一日に関東軍と中国軍との間で停戦協定が結ばれる。塘沽（タンクー）停戦協定である。それ以降は、一九三七（昭和十二）年七月七日の盧溝橋事件まで、日中間で大きな戦闘はおこなわれていない。

そしてその熱河作戦にも、第七師団の部隊が参加している。服部兵次郎ひきいる満洲派遣混成第十四旅団（約三千名）である。うち第二大隊（大隊長：鯰江正太郎）が歩兵第二十五聯隊から編成されていた。

服部旅団が旭川と月寒の兵営を出発したのは、一九三二（昭和七）年九月二十六日のことだった。その任務は、前半が東三省での戦い、山海関事件以降は、熱河への侵攻だった。服部混成旅団は、同年十月三日に奉天に到着、その後、翌月まで、奉天東の東辺道方面の「匪賊」討伐作戦に従事した。次に服部旅団がたくされた任務は、満洲の西北・大興安嶺方面の掃討だった。ホロンバイルで邦人が監禁される。服部混成旅団は同年十一月二十七日にチチハルに向かい、大興安嶺を越えて満洲里まで行き、監禁されていた領事を救出した。

一九三三（昭和八）年となり、日本側が主張する満洲国の版図で、戡定《かんてい》されざる地は熱河のみとなった。服部混成旅団は、二月から熱河攻略を開始したのである。熱河攻略作戦では、歩兵第二十五聯隊からなる第二大隊（鯰江支隊）が、界嶺門に向かうラマ廟近辺で、敵の集中砲火をあびて、加藤喜兵衛をふくむ二十二名が戦死する。それが、熱河作戦における中国側の唯一の反撃となった。熱河作戦は、三月でほぼ終了することとなる。服部混成旅団は、一九三三（昭和八）年五月に帰還する。

第七師団主力の出陣

『逆説の軍隊』では、『断腸亭日乗』が描く、銀座のカフェーを軍服で闊歩する軍人の姿の記述を引き、事変後の「軍人の跳梁」ぶりを紹介している。軍人は第一次世界大戦後の軍縮の時代に息をひそめていた。それだけに、事変後は居丈高になった。さて、銀座から眼を転じて、北海道ではどうであろうか。

北海道では、軍と地域が接点を増やしていった。『新旭川市史』には、派遣部隊と銃後を取り持ったものは「郷土」であることが記されている。「満州事変が勃発すると旭川市民の間にも対中国強硬意識を伴う戦争熱及び国防熱が高まった。それに押されて、満州派遣部隊に対する銃後の支援も熱烈なものがあった」(『新旭川市史』第四巻)。

軍と郷土との関係とはいかなるものか。世界恐慌後、北海道では凶作、水害が追い討ちをかけ、財政は逼迫した。それに民衆はこたえた。旭川の例だが、一九三二(昭和七)年になり恤兵金《じゅっぺい》、慰問金などの寄贈が相次いだ。同年、二万人近くから、三千二百円余りの寄付があつまった。一九三四(昭和九)年二月から、第七師団主力が満洲に派遣されるが、そこでも、旭川市民の多くが支援金を寄付した。

寄付は銃後から部隊へという一方向ではなかった。一九三四(昭和九)年三月に、函館で大火が起こった。その火事で今井呉服店函館店が全焼する。その折に、満洲の任務地にいた第七師団から、見舞金が寄せられている。『新旭川市史』はこのようにつづっている。

杉原部隊(第七師団満洲派遣軍)と郷土民とのやり取りを見ると、こうした「郷土愛」が両者の心を結び付け、銃後の支援や、戦場での奮闘精神を励ましたと言えよう。出征部隊と郷土民との結び付きは、北海道庁、旭川市などの地方自治体や師団など上からの働き掛けや、新聞等のメディアによる種々の呼び掛けによって強められた側面があるが、慰問品や慰問金、小学生の慰問文の送付、それらに対する出征部隊からの返礼、郷土への義捐金の送付、新聞紙上をにぎわす特派員による戦況報告など、双方苦しい中での物品のやり取りや情報交換を通じて、次第に「郷土」への愛着を介して、互いに結び付きを強めたものと思われる。（『新旭川市史』第四巻）

上記の文章の「郷土愛」が括弧でくくられているのは、その前に引用された『小樽新聞』の記事の見出しが「郷土愛は輝く」というものだったからだ。これは旭川の事例だが、札幌でも『北海タイムス』で「郷土」との関係を描く見出しが目を引く。いつくか紹介する。

一九三四（昭和九）年一月二十一日夕刊では、「わが杉原本部隊、満洲出動の命令下る」と動員命令をつたえる。第七師団の師団長は、杉原美代太郎がつとめており、第七師団主力は杉原部隊と呼称されていた。一月三十一日には札幌で第二十五聯隊の壮行会がひらかれた。主催は札幌市と豊平町を中心とする官民合同である。場所は市公会堂、一般市民をふくめて千百人余りが参加した。翌日（二月一日）の『北海タイムス』には、「郷土軍　征途近し」のタイトルがかかげられる。二月三日には、一面の紙面をつかって「守れ祖国の生命線」という見出しをかかげ、日露戦争からときおこし、歩兵第二十五聯隊の歴史が紹介されている。また他の面では、中央に「歓送杉原本部隊満洲出動」というタイトルをかかげ、その周辺を全国資本、また道内資本の会社の広告がかこむ協賛広告が登場する。

同年二月六日の号外では、「郷土よさらば～」とのタイトルをかかげて、歩兵第二十五聯隊をふくむ第七師団の出征をつたえる。また二月六日の本紙では、「懐かしの郷土を離れ」、「北鎮部隊の本陣出陣」という見出しが見える。

兵卒は徴兵区内からの徴集となるが、将校は管内が故郷とは限らない。だが、部隊と「郷土」との関係が強調されるのである。そのようにして、第七師団、そして歩兵第二十五聯隊は満洲の野へと出征して行ったのである。永見俊徳《としのり》率いる第二十五聯隊は、熱河の古北口に駐屯した。

郷土の護り

月寒の「忠魂納骨塔」が完成をみたのは、歩兵第二十五聯隊をふくむ第七師団主力が満蒙へと旅立ったあと、一九三四（昭和九）年四月二十七日のことだった。忠魂納骨塔の工事は同年の一月八日に着工、三か月強で完成をみていた。その意図は歩兵第二十五聯隊が後顧の憂いなく出征する、というものと解することができる。ただ、それだけではないだろう。忠魂納骨塔の建立には、民間からも多くの寄付が寄せられている。まずは、除幕式翌日の『北海タイムス』の記事の冒頭を引用する。

英雄甦へる靖国神社大祭のけふ二十七日、札幌市郊外月寒の丘に建設中の忠魂納骨塔が完成して厳かな除幕式が行はれた。／場所は石狩平野の涯から近くは札幌市を一眺の下に俯瞰する陸軍墓地の一角で、日露戦役以来今回の満洲事変に至る迄、歩兵二十五聯隊の軍旗の下に殪れた忠魂一千五百四体がこの中に合祀された。塔は面積約五坪、高さは地盤から二丈三尺、鉄筋コンクリート八角形で札幌硬石で外面を張った壮麗なもの、内部は三室に分かれて夫々遺骨室奉安棚が設けられてある。碑面は漆黒の仙台石を用ひ、永見聯隊長の筆になる「忠魂納骨塔」五文字が不朽の功績を讃へてゐる。

（『北海タイムス』昭和九年四月二十八日朝刊）

四月二十七日は靖国神社の大祭であり、その日にあわせて除幕式が開催されたのだ。忠魂納骨塔はメートル換算だと、敷地面積が十七平米、高さは七メートルということがわかる。その建設費用は広く管内からあつめ、工費は四千八百円であった。さらに、豊平町有志と聯隊将兵が演習の余暇をさいて奉仕作業にあたった。

軍からは、第七師団留守部隊の司令官が参加した。すでに第七師団の主力は征途についていたので、除幕式は、第七師団の留守部隊がとりおこなったのである。軍以外では、道庁、市、北海道大学の長の代理が参加している。

忠魂納骨塔は、先の『北海タイムス』が述べるところによると、札幌、そして月寒の「郷土の護り」として讃仰を集めることとなる。

第七師団の満洲出征の意味するもの

第七師団主力は出征の年（＝忠魂納骨塔完成の年）の翌年、一九三五（昭和十）年二月に帰還する。この第七師団主力の満洲出征は、先の二つの先遣隊と異なり、すでに熱河作戦が終わっており、警備という側面が強かった。戦死者、戦病死をふくめ三十八名の死者しか出していない。

満洲事変における第七師団そして二十五聯隊の任務を大雑把にまとめると、山海関を占領し、その西の長城線の戦いにくわわり、長城の各関を攻撃、そして、熱河作戦に参加したというものだ。停戦協定後は、第七師団主力が熱河警備の一翼をになった。

日本側から見れば、それは満洲事変の延長線に位置づけられる戦闘行為であった。しかしそのような第七師団の戦いは、国際連盟から見れば、その規約を踏みにじるものだった。

柳条湖事件後、国民政府はただちに国際連盟に提訴し、連盟は調査団を派遣、事変の翌年一九三二年十月に報告書が提出され、その後、国際連盟での審議がおこなわれた。第七師団をふくめた日本軍が熱河へと向かう時期は、連盟が満洲問題の解決に尽力していた頃だ。

連盟規約によれば、連盟が解決をはかっている時、新たな戦争にうったえた国は、加盟国の敵と見なされる。山海関事件から、熱河戡定へと向かう時期は、まさに、連盟が和協案を提出し解決をはかっていた時だ。そして、そのことにより連盟の日本への勧告案が決まり、日本は国際連盟を脱退することとなるのである（加藤陽子『満州事変から日中戦争へ』）。

連盟総会議場から退場した外務大臣・松岡洋右の帰国を、当時の日本国民は、歓呼して迎えた。第七師団の一部によってになわれた山海関から熱河への侵攻は、国際連盟脱退への一歩となった。

真相を知らない当時の日本人は、事変に光明を見いだした。吉田勝次郎は、時局への憤怒を込めて、山海関へと突撃し、かの地で散った。それから、第七師団は熱河侵攻にくわわることとなる。このように、屯田兵の子・吉田勝次郎の素志、そして、彼の山海関への「勇敢なる突入」は、歴史のなかで暗転し、日本は「最後の分岐点」を超え、「別の道」は閉ざされるのである。

忠魂納骨塔にきざまれた歩兵第二十五聯隊長・永見俊徳の碑文にある「精忠雄節ノ将兵」には、吉田勝次郎をはじめとする満洲事変で戦死した将士もふくまれている。吉田勝次郎の位牌も、忠魂納骨塔におさめられている。

第十一章　最後の陸軍特別大演習

大本営が置かれた北海道帝国大学（北海道大学附属図書館蔵）

ずっと気になっていた。北海道大学の正門を通り、まっすぐ行くと左手にクラーク像がある。ウィリアム・S・クラークは「青年よ大志を抱け」の言葉で知られる札幌農学校の初代教頭だ。その胸像の斜め前に古びた碑が建つ。大学の正門を背にすると、真正面に農学部があり、碑はその手前の右手にある。クラーク像には「(札幌市)北区歴史と文化の八十八選」の看板がおかれ、その由来が書かれ、観光客がつどっている。が、農学部の横の碑は、何の説明書きもそえられておらず、誰もが素通りして行く。ずいぶん経ってから、そばによってのぞいてみた。彫られた文字はかなり薄れているが、「聖蹟」と読めるのである。

昭和十二年に建てられた「聖蹟碑」

一九三六(昭和十一)年、昭和天皇が津軽海峡をわたった。その目的は、北海道行幸と陸軍特別大演習にあった。九月二十四日から十月十二日まで、十九日間に及ぶ北海道行だった。その陸軍特別大演習の折に、北海道帝国大学は大本営となったのである。札幌滞在中、昭和天皇は総長研究室に起居した。その建物が現在の農学部である。聖蹟碑はその事績を記念して、翌年に竣工されたものである。

聖蹟碑には、閑院宮載仁《かんいんのみやことひと》の字がきざまれている。閑院宮は一九三一(昭和六)年から陸軍参謀総長をつとめ、軍令部門のトップとして、陸軍特別大演習を取り仕切った。

演習に参加した師団は、第七師団と第八師団だ。二個師団が敵味方にわかれて石狩平野で対戦した。歩兵第二十五聯隊も参加しており、演習終了後の講評は、月寒の営内でおこなわれている。

陸軍特別大演習は盧溝橋事件の前年のことだ。塘沽停戦協定後も、関東軍は長城より南をねらっており、一九三五（昭和十）年十一月には長城以南の非武装地帯に冀東防共自治政府を樹立し、国民政府から切りはなす華北分離作戦をすすめていた。翌年六月には天津の支那派遣軍の増派を決め、九月に広田弘毅内閣は華北を日本の影響下におく方針を明らかにした。

華北への拡大をはかる、その方向は明らかだった。その史実を踏まえれば、この北海道の陸軍特別大演習は、石狩平野を長城以南に見立て、第七師団と第八師団が実戦さながらの演習をする、そのようなシナリオだったのではなかろうか。では昭和十一年の行幸、それにつづく陸軍特別大演習とは如何なるものであったのか、その詳細を昭和天皇の足取りをたどりながら見てみることとしよう。

六十年ぶりの行幸

明治天皇の北海道行幸（明治十四年）については以前触れた。その折に札幌の地名が「条」「丁目」に変わった。昭和十一年の北海道行幸はそれから六十年後のことだった。なお昭和天皇は、一九二二（大正十一）年に摂政宮として来道したことがあるが、天皇としては初の北海道行だった。

これから述べる行幸と演習の子細は、『昭和一一年陸軍特別大演習並地方行幸北海道庁記録』と『昭和天皇実録』第七巻による。前者は、Ａ４サイズ二段組で九百五十頁に及ぶ大部なもの。行幸では事前に規定類も整備し、お仕えの人々の採用基準や行動規範も決められていた。

閑院宮参謀総長に陸軍特別大演習の裁可があったのは、前年の一九三五（昭和十）年十二月のことなので、それから十か月、巡幸先、演習先ではあわただしい準備がすすめられたことだろう。

昭和天皇が皇居を出発したのは九月二十四日午前八時のことだった。服装は陸軍式軍装と記載されている。東京駅では広田総理が見送った。横須賀で御召艦・比叡に乗艦した。

遠く札幌では、出立の時間に、北海道庁長官・池田清以下三百名が札幌神社（現北海道神宮）で平安祈願をした。比叡が室蘭に到着したのは、翌々日の九月二十六日の午前七時十分のことだ。それから九月三十日までの五日間が、北海道巡幸となる。

当時の昭和天皇を迎える様子を知るために、室蘭上陸の折の描写を引用する。前掲『昭和一一年陸軍特別大演習並地方行幸北海道庁記録』の一節である。


今こそ目のあたりに仰ぎまつる大君の御英姿、雲集参拝する北辺の赤子は歓喜感激措く所を知らず、千載一遇の光栄に粛然襟を正し、斉しく熱涙を浮べ奉迎申し上げたり。十一州の山川草木為に栄光に輝き、瑞気四方に満ち満ち、朝来の薄雲も次第に晴れ渡り、旭光燦として麗かに、御盛事を寿ぐが如く絶好の日和となり、瀰が上にも御稜威の忝けなさと天佑とを感佩せしめたり。


十一州とは北海道の別名だ。この「北海道行幸初の玉歩」の一文を引用したのは、戦前の天皇中心の国家主義の尋常ならざる様子を示したいがためではない。これまでも触れたが、天皇主権の問題は、明治国家においては仮構として設定され、昭和期に肥大化していったという側面がある。容易に語れるものではない。

このくだりを引いたのは、丸山眞男が天皇制国家の解釈に援用した「距離のパトス」を思いおこすからである（『超国家主義の論理と心理』）。

距離のパトスとはニーチェが使った語で、他を引きはなし、自らを高めたい欲望を言う。帝国日本は天皇に神聖性を付与し、そこに生じる距離を国家統治の装置とした。神聖なるものの恵みが周辺に及び、時に、辺境をもうるおす時、格別のありがたさが生まれるのである。この文にはそのような天皇制国家の心性があらわれている。この地はかつての蝦夷地である。「北辺の赤子」にとっては、「大君の御英姿」を目にすることは、「歓喜感激措く所を知らず」ということとなるのである。

先の話となるが、昭和天皇の次なる来道は、その十八年後、一九五四（昭和二十九）年となる。それは、戦後巡幸の最後の地方行脚だった。その話は、本書の最後の章で述べることとなるが、比較のためにも、この昭和十一年の天皇の足取りを詳しく書きとどめておくこととする。

天皇は室蘭で日本製鋼の工場を視察した。室蘭は鉄鋼の街だ。その後に向かった先は、旭川だった。旭川到着は十四時二十九分、行在所となった偕行社へ。沿道には六万の「民草」が迎えたと記されている。偕行社は陸軍の将校の親睦団体で、その建物は、大倉喜八郎が寄贈したものであることは第四章で述べた。なお、行在所と大本営の違いは、行幸中の宿泊施設は行在所、演習の折、執務をふくめた御座所を大本営と呼ぶ。

旭川では第七師団を親閲、閲兵した部隊は在郷軍人をふくめてその数二万。司令部では陸軍大臣及び師団長が拝謁、その日の夜は、青年団、一般市民からなる提灯行列が挙行された。

翌日九月二十七日に旭川から釧路へ。釧路着が十六時二十八分。釧路駅での奉迎にも一万八千人があつまった。釧路の行在所は釧路市男子高等小学校だった。その晩、釧路市民の万歳奉唱をうける。

九月二十八日に釧路から根室へ、根室には昼に到着、「北千島ノ水産業ニ就イテ」という奏上を受け、それから展望所に向かったが、あいにく悪天候だったという。歯舞諸島は望見できたのであろうか。午後また釧路へ。釧路でも提灯行列がもよおされている。その数八千。

九月二十九日は釧路から帯広へ。十一時三十分に帯広着、行在所の帯広市明星尋常小学校に向かう。沿道では十万が迎えた。十勝農業学校（帯広畜産大学の前身）等を視察、さらに、帯広の緑ヶ丘飛行場を親閲した。飛行場には、帯広、釧路の部隊や近在の在郷軍人があつまった。九月三十日、帯広をたって大樹で下車、拓殖実習場、拓北部落を視察。それをもって北海道巡幸は終了した。

昭和天皇は九月二十六日に室蘭到着後、五日間で、室蘭→旭川→岩見沢→旭川→釧路→根室→釧路→帯広→大樹→帯広とまわった。ずいぶんな強行軍だ。その間、計三十一箇所を訪れた。私は、明治、大正、昭和の天皇にかかわる歴史に詳しいものではないが、この行幸を見ると「天皇職」というのは激務だと感ずる。前掲書の序で道庁長官が、「玉体御休養ノ御暇サヘモアラセラレズ」と書いているが、大仰な表現ではないのではないか、そのように思えてくる。

武勲輝かせる貔貅

「特別大演習」とは、大元帥（天皇）が統監し、二個師団が参加するものだ。この陸軍特別大演習は、第七師団を北軍、第八師団を南軍として石狩平野で展開された。奥羽地方を本拠とする南軍が室蘭に上陸し、旭川とその以北を根拠地とする北軍が迎え撃つというものだった。師団は「はしがき」に書いた通り万を超す部隊編成だ。むろん全軍が動員されるわけではないだろうが、その二個師団が石狩平野を舞台に白兵戦を演じるのである。壮大なもの、と言ってよいだろう。

陸軍特別大演習についても、天皇の行程を記しておこう。昭和天皇が行幸を終えて札幌駅に到着したのは十月一日十六時十三分のこと。ホームには閑院宮、朝香宮、東久邇宮といった皇族をはじめ、陸軍大臣・寺内寿一、北海道帝国大学総長・高岡熊雄が迎えた。札幌駅頭では、歩兵第二十五聯隊の将兵をはじめ多くの人々が、十重二十重に整列し到着を待った。

ただちに北海道帝国大学にしつらえられた大本営にはいった。その総長研究室に十月六日までは大本営として、その後再び、地方巡幸がはじまるので、それから十月九日までは行在所として宿泊することとなる。なおその建物は、前年に新築されたもので、その施工業者は明治初年以来の軍御用達・大倉組であった。

昭和十一年の特別大演習は第三十三回目を数える。しかし、大学が大本営となったのはこれがはじめてだった。当時の北大告諭は以下のように述べている。「帝国大学を以て大本営と定め給ひしことは、未だ曽て之れにあらず、然るに今回本大学が此の光栄に浴したるは、実に本大学関係者一同の恐懼感激する所なり」。構内に大本営（行在所）を設置するにあたって、「行幸準備事務規定」を制定するなど、総長の指揮の下に周到な準備がすすめられた。

では、演習はどのようにおこなわれたのか。明けて十月二日、南軍は室蘭に上陸、北軍は旭川に集結し、それぞれ前進する。その日、昭和天皇は現地統監せず、午後、参謀総長より作戦指導及び両軍の幕僚会議の奏上をうける。夜には三笠宮が札幌に到着した。十月三日の午後に、南軍と北軍の遭遇戦が予定されていたため、天皇は朝、札幌駅から室蘭本線の三川駅まで移動し、そこから御料馬・白雪号で由仁の野外統監部へと向かった。

北軍主力は鉄道で前進し、一部支隊が由仁付近にすすむ。南軍も室蘭から鉄道で移動し、千歳付近で北軍をまつ。両軍は由仁村の西、夕張川をはさんで攻防戦を繰り広げた。その日はしのつくような雨だったが、天幕の外で一時間半にわたって白兵戦を統裁した。十四時に統監部を発ち、札幌にもどる。

十月四日、両軍は千歳付近で遭遇し、北軍が島松演習場まで後退して陣形をととのえ、南軍が追撃することとなっていた。が、その日も豪雨だったために統裁はとりやめになり、大本営で戦況の報告をうけた。なお、島松演習場とは、歩兵第二十五聯隊の演習場である。

翌十月五日、天皇は朝五時に大本営を出発し、鉄道で恵庭まで行き、白雪号で現地へ。演習は七時五十五分の休戦ラッパをもって終了した。一旦、札幌にもどり、午後、月寒の歩兵第二十五聯隊で講評をおこなった。その席には、秩父宮、三笠宮、朝香宮、東久邇宮、閑院宮、さらに寺内陸軍大臣らが在席した。その折の記念写真が本書のカバー図版である。

昭和天皇は、「朕茲ニ親シク特別大演習ヲ統監シ将兵ノ志気旺盛ニシテ其成績概ネ良好ナルヲ認メ」と述べた。同夜、閑院宮参謀総長、第七師団師団長・三毛一夫、第八師団師団長・下元熊弥ら演習関係者と夕食をともにしている。

『昭和天皇実録』には、その夜八時過ぎに総理の広田弘毅が参営したと書かれている。広田総理はもともと大演習に立ち会う予定であったが、「日支関係の緊迫化」により、出発を延期した。華北をめぐる情勢が切迫していることをうかがわせる。

翌十月六日に札幌飛行場において観兵式がおこなわれた。観兵式に参加した将兵は計二万五千人。その周囲にも、式典のためにあつまった人がおり、その数十万にのぼった。

天皇は皇族をしたがえて将兵を閲兵した。分列式で先頭に立ったのは、郷土の聯隊・歩兵第二十五聯隊であった。前掲書には「軍靴の音、鉄蹄の響、砲車の轟は広袤《こうぼう》四十万坪の飛行場を圧して軍国日本の威容を示せり」とつづられている。十一機の戦闘機が天を翔けた。翌日、陸軍墓地に天皇の御使が差し遣わされている。それが六頁の写真である。

先に私は、石狩平野を華北に見たてて、と書いたが、それを伺わせる記述はない。あえて引くと、十月二日の以下のくだりだ。「陸軍大演習は愈《いよいよ》本日満洲事変に赫々たる武勲を輝かせる北海道及東北の貔貅《ひきゅう》を動員して、石狩南方の荒野に近代戦の精華を競い華々しく展開されんとす」。

貔貅とは伝説の猛獣のことで、勇敢な兵卒をあらわす言葉である。第七師団も第八師団も、北方の精鋭部隊だ。第七師団は満洲事変で「赫々たる武勲」を輝かせていた。

五味川純平原作の映画『戦争と人間』で、第七師団をノモンハンに投入するくだりで、第七師団を「精鋭部隊」と称している。第七師団が、精鋭部隊であったことは、戦後にも引き継がれる記憶だったのであろう。その精鋭部隊がノモンハンでいかなる戦いを演じたのかは次章で述べることとなる。

話を演習にもどすと、その貔貅は、華北平原においてもその実力を遺憾なく発揮するはずだ、陸軍中央はそのように意図したのではなかろうか。

では当時の昭和天皇の心模様はいかなるものだったのか。

戦後の回顧によれば、満洲事変後、国民政府との妥協を希望していたという。「満洲は田舎であるから事件が起こつても大したことはないが、北京天津で起ると必ず英米の干渉が非道くなり彼我衝突の虞がある」からである（『昭和天皇独白録』）。

陸軍特別大演習が終了した十月六日夜に札幌では提灯行列がおこなわれている。中島公園を起点に三万人が提灯をさげて街を練り歩いた。北海道帝国大学の学生は全員参加した（当時の学生数約二千二百人）。隊列は最後に北大へと向かった。参加者は行在所（現農学部）前に集合し、札幌市長の音頭で天皇陛下万歳を高らかに唱和した。昭和天皇は行在所に立ち、赤地に菊花の紋章をつけた提灯をもって市民と学生の熱誠にこたえた。

余談となるが、北海道帝国大学では、蓬髪が伝統としてあったが、行幸を機に、断髪令がだされた。のこる蓬髪のものは、盧溝橋事件前に停学処分となった。さらに話が飛ぶこととなるが、現在の北大応援部の出で立ちは、弊衣蓬髪である。伝統は現在も活きているのである。

ロボットになった傾向

北大構内にのこる聖蹟碑が建てられたのは、大本営が設置された翌年一九三七（昭和十二）年のこと、竣工は三月三十一日だった。四月二十九日の天長節に除幕式がおこなわれている。工事は同様に大倉組である。聖蹟碑は柘榴石《ざくろいし》が使われた。確かに、文字がきざまれている部分はくすんではいるが、ワインレッドにぶく光っている。柘榴石は日高の蓬莱山から切り出されたものだ。蓬莱山は低山だが、奇石からできた山で、かねてから信仰の対象とされていた。昭和天皇が理学部を行幸した際に、その柘榴石が天覧品として供せられ、目にとまったという。聖蹟碑には閑院宮参謀総長の揮毫があることは先に述べた。

一九三五（昭和十）年末に陸軍特別大演習の裁可を仰いだところから、一九三七（昭和十二）年の聖蹟碑の建立まで、この陸軍特別大演習を一貫して統括したのは参謀総長の閑院宮載仁であった。

親王は生粋の皇族軍人だ。一八六五（慶応元）年に伏見宮邦家《くにいえ》の十六王子として生まれ、閑院宮家をついだ。フランスのサン゠シール陸軍士官学校、ソミュール騎兵学校で学んだ。日露戦争で騎兵隊をひきいて活躍した秋山好古は、サン゠シールの後輩にあたる。

閑院宮が参謀総長に任命されたのは、一九三一（昭和六）年十二月のことである。前掲の『独白録』で、東條英機の組閣を語るところで「附言する」として参謀総長誕生の経緯を語っている。

閑院宮を参謀総長にしたのは［昭和六年十二月］、当時陸軍部内に派閥の争が非道くなつて誰も総長に出る者がなく、閑院宮に御立ちを願ふ外はないと云ふ事であつたが、尚慎重に期し、西園寺の意見を徴した上で、閑院宮に参謀総長になつて戴いた訳である。

閑院宮を軍令部門の長にすえたのは、陸軍を抑えるためであった。張作霖爆殺、柳条湖事件と軍の暴走は目に余るものがあった。非皇族ではそれを止めることはできない。だが閑院宮もできなかった。またその責務への自覚も希薄だったようだ。二・二六事件が発生した折、親王は体調を理由に熱海の別邸からなかなかもどってこなかったという。さらに『独白録』には以下の記述がある。

然し、この結果は、連絡会議等に御本人（閑院宮―引用者）は出席されず、次長のみが出席するといふ変なことになり近衛達が替へて欲しい（と）申出る様になつたこと、且「ロボット」になつた傾向も見えたので、先づ参謀総長は杉山に替つて貰ひ（昭和十五年十月）、伏見宮は病気になられたので、その機会に替つていただいた（昭和十六年四月）。

杉山は杉山元だ。伏見宮のくだりは、閑院宮が参謀総長に就任した翌年、海軍軍令部長は同じ皇族軍人の伏見宮博恭《ひろやす》がついたことを言っている。

この『独白録』で「ロボット」発言はもう一つあり、第一次近衛内閣で不拡大方針を徹底するために、板垣征四郎を陸軍大臣に就任させたが、板垣も軍内部を抑えることができず、ロボットとなり、支那事変は「のつ引きならぬ泥田に足を突込んで仕舞（つ）た」と述べているのである。

この発言は事変の拡大の責任という問題とからめて考えねばならないだろうが、少なくともここで言えることは、満洲事変後の陸軍参謀総長という職務が、いかに繊細なハンドリングを必要としていたか、ということだろう。しかし、閑院宮がその任にたえうる人材ではなかった、ということなのだろう。

この陸軍特別大演習の翌年、北京郊外盧溝橋での軍事衝突を経て、軍は華北へ、そして上海へ、さらに華中へと無節操に侵攻してゆく。それは「のっ引きならぬ泥田」だった。第七師団と第八師団が石狩平野で展開したような、事前に想定されたものではなかったのである。そしてこの陸軍特別大演習が、最後の大演習となった。

昭和十一年十月、昭和天皇はいかなる心持で一個師団の遭遇戦を「統監」していたのか。そしてその後、あの陸軍特別大演習をどのように回想していたのであろうか。

そのように考えると、あの柘榴石の聖蹟碑に、昭和前期の濃密な空気がつまっているように感じられるのである。そうであるがゆえに、戦後、クラーク像のように、きちんとした居場所をあたえることができなかった、そのように思えてならないのである。

第十二章　英霊と英雄

ノモンハンの須見新一郎（『実戦寸描』）

『静かなノモンハン』（伊藤桂一）で描かれている三人（鈴木上等兵、小野寺伍長、鳥居少尉）は第七師団の将兵だ。鈴木と鳥居が歩兵第二十八聯隊、小野寺が歩兵第二十六聯隊に所属していた。それは『旭川第七師団』の作者・示村貞夫が、伊藤桂一にその三人を紹介したからである。つまり『静かなノモンハン』は「第七師団のノモンハン」とも言えるのである。

一九三九（昭和十四）年五月から九月にかけて発生したノモンハン事件の日本軍主力は、第二十三師団だが、第二次ノモンハン事件からは第七師団の一部がくわわる。ノモンハン事件を先導したのは関東軍だが、実戦をになったのは第二十三師団（ハイラル）と第七師団（チチハル）であった。第七師団が、なぜその時にチチハルにいたのかは後述する。

その『静かなノモンハン』で、火炎瓶による対戦車戦の考案者として描かれているのが須見新一郎である。かれは第七師団歩兵第二十六聯隊の聯隊長だった。サイダーの空き瓶を使用してのソ連機械化部隊に対する肉迫攻撃は、須見の発案ではなかったが、その名は、ソ連の戦車をあまた擱座させた部隊長として、ノモンハン戦記で語られることとなる。

二冊の本

須見は陸軍幼年学校、陸軍士官学校、陸軍大学校を経て、一九三七（昭和十二）年に大佐に昇進、麻布聯隊区の司令官をつとめた。翌年、第二十六聯隊長となり、同聯隊をひきいてモンゴルの草原で死闘を演ずることとなるのである。

彼は二冊の回想録をのこしている。一冊は一九四四(昭和十九)年に出版した『実戦寸描』、もう一冊は死の翌年に出版された『須見新一郎遺稿抄』である。

二冊とも歩兵第二十六聯隊のノモンハン戦記だ。須見の語る戦闘は壮烈だが、ただその筆致は『静かなノモンハン』に比べるとはなはだ軽妙である。それは聯隊長という立場によるのかもしれないし、修羅を体験した人間は、自らの経験を相応の深刻さで語ることがはばかられる、という理由によるのかもしれない。

二冊は重なるところも多いが相違もある。大きな違いは、戦後だされた『遺稿抄』には、作戦の不備がつまびらかにされているのだ。責任の所在も実名で記されている。参謀本部の「お歴々」、関東軍司令官・植田謙吉、辻政信をはじめとする関東軍参謀、第六軍司令官・荻洲立兵、さらに第二十三師団長・小松原道太郎ら、ノモンハンの作戦立案にたずさわった上官を非難する語調はまことに厳しいものがある。彼らを十把一絡げに「御粗末なる作戦屋」と呼ぶ。

ノモンハン事件は、停戦後に責任をとって自決をせまられた現場指揮官もおり、その経緯もつづられている。須見自身も待命処分となり、予備役にされているが、それはずいぶんマシな扱いだったのだろう。

かれには、もう一つ広く知られたエピソードがある。司馬遼太郎に絶縁を告げた、というものだ。司馬は『坂の上の雲』を書き終えたあと、ノモンハン事件の執筆を準備し、須見のもとを訪れていた。しかし司馬が『文藝春秋』(一九七四年一月号)で瀬島龍三と対談すると、須見は取材拒否を申し出たのである(『朝日新聞』二〇一五年五月八日夕刊)。司馬の衣鉢をついだのが半藤一利であり、それが『ノモンハンの夏』として結実したことはご存じの通りだ。

戦後、須見がノモンハンを語ることを拒んでいたわけではない。アメリカの軍事史家アルヴィン・D・クックスが、一九六三（昭和三十八）年に須見のもとを訪れた際、自らの体験を詳細に述べている。クックスの大著『ノモンハン事件――草原の日ソ戦』のハルハ河西岸からの撤退のくだり（第十章）は、かなりの程度、須見の証言によってつづられている。

北海タイムスの記者であった三田真弘が、一九六三（昭和三十八）年五月から「七師団戦記・ノモンハンの死闘」を連載した際は、書名となった「ノモンハンの死闘」という題字も提供している。

須見は戦後、千曲川沿いの温泉宿を経営し、その名が世に出ることは少なかった。辻政信、さらに彼の上司で関東軍でノモンハンの作戦計画にたずさわった服部卓四郎、さらに瀬島龍三とは異なる戦後を生きたのである。なお付言しておくと、瀬島が参謀本部作戦課にいたのはノモンハン事件後であり、須見の言うノモンハン事件の「御粗末なる作戦屋」に連なるわけではない。

三田前掲書によれば、クックスは須見に、アメリカはソ連軍と戦った経験がないが、日本はソ連軍との近代戦を経験しているので、その研究が必要だ、それを政府の予算ですすめることはできないので、ロックフェラー財団の資金でやっている、と語った。米国への情報提供とわかった上で、取材に応じているのである。須見はノモンハン事件後、予備役にされ、非軍事部門に籍をおいた。よって米国への感情も、対英米蘭戦にくわわった他の軍人とは異なるものがあったのかもしれない。

クックスの前掲書には、取材先として瀬島龍三の名も載っている。クックスが瀬島と接触していたことを須見が知っていたかどうかはわからない。同書の原著が出版されたのは一九八五年、須見の他界後のことだ。

瀬島とクックス、瀬島と司馬との出会いにも十年のひらきがある。そうではあるが、司馬遼太郎を峻拒した須見の心持ちに、関心が向いてしまうのである。

人様の心根を推しはかることなど容易にできるものではない。ただ、その問題を考える一素材として、本章では「悲劇の須見部隊」の戦いと、彼がのこした文章を手がかりとして、第七師団、そして歩兵二十六聯隊から見たノモンハン事件を記しておくこととする。

応急派兵まで

チチハルに駐屯していた第七師団歩兵二十六聯隊に応急派兵の命令がくだったのは一九三九（昭和十四）年六月二十日のことだった。応急派兵とは、六時間以内に編成を終え、出発する緊急命令だ。ハイラルで、第二十三師団（師団長：小松原道太郎）の指揮下にはいるというものだった。本来この命令は、歩兵第二十五聯隊にくだされる予定だった。しかし当日、第二十五聯隊の将校は郊外に演習にでており、代わって二十六聯隊にその下命があったのである。

そもそもなぜ旭川と月寒を衛戍地とする第七師団が満蒙の地にいたのか。それは、北京郊外で二年前の七月七日夜半からはじまった日本軍と中国軍の衝突に起因する。

その盧溝橋での軍事衝突ののち、陸軍は、華北、さらに上海での戦線が拡大するも、年内は水面下で和平交渉がすすんでいた。しかし十二月の南京陥落を経て、翌年一月に総理の近衛文麿が「爾後国民政府を対手とせず」との声明を発し、対話の道を閉ざし、以後は持久戦へと突入する。

第七師団に動員命令がくだったのは、近衛声明の翌月のことだった。その任務は、華北から華中への戦線の拡大を見すえながら、北方、つまりソビエトへの防衛をかためることにあった。ここでも、第七師団の任務は北鎮にあった。

チチハルは、ロシアがハルビンを開発する以前の満洲の中心地で、ソ連軍が満洲の境界を犯して侵攻してきた場合、東にも西にも出動できる要地だった。つまり、満洲におけるチチハルは、北海道における旭川と相似形となる。

第七師団が、第一師団にかわって任務についたのは一九三八（昭和十三）年三月十日のことである。ついで、徐州会戦（一九三八［昭和十三］年五月）、張鼓峰事件（同年七月）に出兵することとなる。

ノモンハン事件の発端は満洲とモンゴルとの国境線の不確定によるものだった。日本は南北に走るハルハ河を国境とし、モンゴルはそこから二十キロほど東にはいった線を境界とみなしていた。モンゴル研究者の田中克彦によれば、モンゴル側の主張は清朝から継続する部族間の境となるオボー（塚）に由来するものであり、日本が言う境界線がそもそも根拠薄弱だったという（『ノモンハン戦争』）。そのモンゴル側が主張する境界線上にノモンハンがあった。

モンゴルと満洲の間には国境紛争が頻繁におこっていた。関東軍は一九三九（昭和十四）年四月に「満ソ国境紛争処理要綱」を発した。曰く、「敵ノ不法行為ニ対シテハ断乎徹底的ニ膺懲スル」とし、「右ノ目的ヲ達成スル為一時的ニ「ソ」領ニ進入シ又ハ「ソ」兵ヲ満領内ニ誘致滞留セシムルコトヲ得」と述べるのである。つまり、国境紛争を処理するためには、「「ソ」領」この場合は、モンゴル領内に侵攻してもよい、つまるところ、ハルハ河を越えてもよい、としたのである。

「満ソ」とされているのは、モンゴル人民共和国とソ連との間には軍事協定が結ばれており、蒙ソの関係は、満洲と日本のそれに近いものだった。つまり前者が後者に服属していると言えるのだ。日露戦争後に結ばれた第一次日露協約の秘密協定で、外蒙古はロシアの権益であることを日本は認めている。そして、モンゴルとソ連の関係は革命後もつづいていた。ゆえに国境紛争は、表面上は満洲とモンゴルとの間のものだが、その背後には日本とソ連がいたのである。

日本軍の主張によれば、一九三九年五月にモンゴル軍が国境侵犯したことによりノモンハン事件（第一次）がはじまったとする。しかし、モンゴル軍国境警備哨所長（P・チョグドン）によれば、日本の国境侵犯がノモンハン事件の原因とする。いずれにしてもその発端は局地的な紛争にすぎなかった。なお、いわゆる第一次ノモンハン事件は一旦五月末に終結することとなる。

六月半ばからは、陸空両方でソ連モンゴル軍の侵攻がはじまった。その指揮をとったのは、同月はじめに赴任してきたゲオルギー・ジューコフであった。先んじて述べると、ジューコフはこの戦いを勝利に導いたのちに、キエフ特別軍管区司令官を経て、ソ連軍の総参謀長となる。ドイツとの「大祖国戦争」では現場で指揮をとり、ベルリンを陥落させることに大きく貢献する。ジューコフの戦勲についてはこれから述べていくこととなる。

ジューコフの攻撃に対して日本軍は、六月二十七日にハルハ河西岸のモンゴル側基地・タムスクを空爆、その後も、東京の参謀本部の了解も曖昧なまま、関東軍と第二十三師団による「膺懲」がすすんでいく。

そして七月からの攻勢に向けて第二十三師団増援のために第七師団の一部がくわわることとなる。そこに歩兵第二十六聯隊がいたのだ。

ハルハ河西岸での死闘

須見新一郎ひきいる歩兵第二十六聯隊は千七百二十人からなっていた。その編成は、本部と三個大隊、くわえて歩兵砲中隊であった。一個大隊は、本部と四個中隊等から編成され、さらにその一個中隊は指揮班と三個小隊で構成されていた。歩兵砲中隊は、聯隊砲中隊と速射砲中隊に分けられ、大隊にはそれぞれその一個中隊が配属されていた。聯隊砲と速射砲は、戦車などの機械化部隊への対応である。

歩兵第二十六聯隊の第一大隊（大隊長：安達千賀夫）についたのが、歩兵二十五聯隊所属の聯隊砲中隊（中隊長：海辺政次郎）と速射砲中隊（中隊長：柿崎正一）だった。他の大隊にも、第二十六聯隊以外の砲兵の部隊が参加することとなるがここでは説明をはぶく。

海辺は八月のソ連モンゴル軍による大攻勢で戦死、柿崎は終戦後に樺太真岡で戦死するが、そのことはあらためて記すこととする。第七師団の多くの将兵と同様に二人とも北海道の産だ。

ソ連モンゴル軍は、歩兵こそ少ないものの機械化部隊が充実していることが想定されており、そのために速射砲と聯隊砲の部隊がくわわったのである。須見の配下の将兵は二千百にふくれあがった。

チチハルに駐屯していた歩兵第二十六聯隊はハイラルまで鉄道で移動し、そこから集合地となる将軍廟に急行した。その間二百十六キロ。その距離を五泊ですすんだ。日中四十度近くになる暑さのなかの行軍である。水筒の水が湯となった。野菜不足を野生のニラとユリでおぎなった。将軍廟にあつめられた部隊は、第二十三師団の指揮下にはいり、七月二日よりハルハ河渡河作戦についた。

戦いの場となったノモンハンとは、中国東北の屋根・興安嶺から発したハルハ河が西へと流れ、北へと流れを変えたところ、ホルステン河が東から流れ込む地域だ。二つの河が三叉するところを日本軍は「川又」

と呼び、モンゴルソ連側はそこに橋を築きハルハ河をわたることができた。日本軍は、それよりも北、東側のフイ高地から進軍し、対岸の白銀査干《バイン・ツァガン》オボーへ抜ける、そこに橋をつくり、進攻する作戦をとった。

ハルハ河両岸の地形を、須見の比喩を借りて説明すると、ハルハ河は中央線で多摩川をわたったあたりだという。日野以西八王子がモンゴル側、東岸のノモンハン側が国立駅周辺だ。将軍廟は国分寺になぞらえる。東京西郊の地理に明るくない方にはわかりにくい説明となったが、その意味するところは、ハルハ河西岸が高台になっており、東岸が低地ということである。だから西岸からは東岸の満洲側を見わたせるが、東からは、地平線の先に何があるのかわからない。戦闘において、東側つまり満洲側が不利な地形だった。

渡河作戦は、ハルハ河の川又を越えて侵攻してきた敵を、戦車と歩兵の連動で追い込み、歩兵第二十六聯隊をふくむ第二十三師団が、北方でハルハ河に橋をかけて西側にわたり、東側の戦車部隊と協力して、敵を川又まで後退させ殲滅する、というものだった。

ハルハ河渡河作戦は架橋からはじまった。川幅は平均五十メートル、水深は二メートルほどで、そこに舟艇と鉄舟をつないで橋をかけるのである。しかし工兵による架橋は予定よりも時間がかかり、第二十三師団の第七十一聯隊、第七十二聯隊が河をわたったのは七月三日の未明であった。第二十六聯隊はしんがりにまわされた。

実は第二十六聯隊の装備は他の部隊と異なっていた。自動車部隊だったのだ。歩兵が自動車に乗って移動するのである。そこには渡河作戦の主力であった第二十三師団の配慮があったという。しかし、その後の作戦の朝令暮改を見れば、第七師団の部隊に対して、第二十三師団の師団長も参謀も、配慮があったとは思えない。

第二十三師団長・小松原道太郎が命じた作戦は、歩兵二十六聯隊が車両を使って機動的に他の部隊の西に、つまりソ連モンゴル軍側を迂回して、敵を川又に追い込むというものだ。しかし、工兵聯隊によってかけられた仮設橋は、兵を載せた車両がわたれるほどの強度はなく、荷をおろさねば通れなかった。歩兵二十六聯隊は三大隊からなり、二百輌近い車両をともなっていた。先鋒の第一大隊がハルハ河をわたったのは七月三日の正午となっていた。すでに渡河した第二十二師団の部隊は、西岸でソ連モンゴル軍と戦闘をはじめていたのである。

小松原師団長は歩兵二十六聯隊に対して、第　大隊を先に進め、当初二十六聯隊にあたえた任務を第一大隊のみで実行させるという作戦変更をおこなった。結局その命令が第一大隊を壊滅させることとなる。後続する第二大隊、第三大隊は、車両をはなして、徒歩で西岸の戦場へと向かわざるをえなくなった。

第一大隊と第二大隊、第三大隊がはなればなれになった歩兵二十六聯隊は、ハルハ河西岸で、貧相な兵備で、戦車と機甲車からなるソ連の機械化部隊と対峙せねばならなくなったのだ。須見新一郎は敵戦車との遭遇を以下のように書く。


然るに見よ！／彼方の稜線上と言はんか、地平線と言はんか、前方二粁余りの距離に右に左に移動しつつある敵の戦車！／二十、三十、四十、五十！／見る見る中に、我に向い前進してくるではないか。／正面に七、八十。／左に四、五十。／右方に三、四十輌。／否、彼所にも此所にもと、其総数明かでない。固より数うる遑もない……。

（『須見新一郎遺稿抄』）

目の前に突如何十台もの戦車があらわれた時の恐怖は、想像を絶するものがある。ノモンハンの回想を読むと、多数の戦車が忽然と出現したこと、砲弾が無尽蔵に撃ち込まれたこと、が書かれている。対して日本軍は、サイダー瓶にガソリンをつめた火炎瓶で応戦するのである。まさに蟷螂の斧だ。

須見によれば、当初は火炎瓶に点火して投擲したが、途中から火をつけるいとまがなくなり、そのまま投げた。すると、戦車にあたると引火したという。猛暑で鉄が熱をおび、容易に着火したのである。戦車は時に数時間も燃えつづけた。

藤田嗣治の作戦記録画「哈爾哈河畔之戦闘」(国立近代美術館蔵)はまさにその七月三日のハルハ(哈爾哈)河畔の戦いを描いたものだが、中央の戦車の後ろで、歩兵が火炎瓶を投げる刹那がとらえられている。日本軍には速射砲と聯隊砲といった砲兵隊がいたが、しかしそれは、ソ連の戦車には有効な武器とはならなかった。相手の機甲を射抜く徹甲弾も十分ではなかったからである。

火炎瓶によるこの作戦は、すでに第一次ノモンハン事件でもおこなわれており、須見がそれを聞きつけ、事前に多量のサイダーを調達したのだ。サイダーはまず、兵の喉をうるおし、次に水を入れて水筒にし、最後にガソリンを入れて布でふたをして、火炎瓶として使った。

クックスによれば、この火炎瓶作戦はもともとスペイン内戦で、ワインボトルにガソリンをつめたのがはじまりであり、その知識を派遣武官が日本に持ち帰ったのだそうだ。のちに火炎瓶の使用法の冊子も作成された。第二十六聯隊は、事前の準備のもとに、この火炎瓶による肉迫攻撃を実践したのである。聯隊は八十三台の戦車を擱座させた。

七月三日午前は日本側の急襲によって、ソ連モンゴル軍は防戦に終始したが、午後からは敵の応戦が激しくなり、孤立した歩兵二十六聯隊第一大隊は各中隊が散開し、押し込まれる展開となった。劣勢は他の部隊も同様であり、後方との連絡はハルハ河にかかった一本の仮設橋しかない。それが破壊されると、西岸にわたった日本軍が壊滅しかねない。

当初の作戦計画が実行できないことを知った小松原師団長は関東軍との協議の上、その日の午後四時に、はやくも撤退命令をくだすのである。しかしその命令は当初須見にはとどかなかった。第一大隊も前線で孤立無援の戦いをつづけていた。結局須見部隊は西岸にとどまることとなる。

須見の二冊の本では、七月三日の戦闘を軽妙に描いているが、将兵とも、猛暑によって疲労は極度に達していた。防衛庁戦史室の資料は以下のように語る。

七月二日夜以来の戦闘行動のため、人馬の給水には合間をみて哈爾哈（ハルハ）河の水をくんでこなければならなかったが、戦況が激化するとその余裕はなかった。給養は炎熱下携帯口糧乙の使用であったが、口中も乾き切って声さえろくに出ない有様なので、既定の乾麵麭（カンパン）など到底のどに通らず、師団長以下まさに飲まず食わずの戦闘の連続であった。

さらに以下のようにつづける。

疲労の極にあった将兵も、一たび敵を見ると猛然これに襲いかかり、いささかも不覚をとることはなかった。しかし撃退し終わると我に帰る余裕もなく、既に限界以上に疲労した兵の中には、停止すれば当然掘らなければならない各個掩体（いわゆる「蛸つぼ」のごとき個人壕）を作る気力さえも失う者が出てくる状態であった　（『戦史叢書 関東軍〈一〉対ソ戦備・ノモンハン事件』）

須見新一郎が揮毫した書名の通り、渡河作戦はまさに「死闘」という様相を呈していたのである。

撤退、そして橋の爆破

小松原師団長の撤退命令では、歩兵第二十六聯隊が、第二十三師団の部隊の援護のもとで、最初に東岸へと引き返す予定であった。しかし須見は第一大隊を探してから撤退することを決断する。

七月四日、第二十六聯隊の将校も兵士も、前掲の防衛庁の資料にあるような状態であったのだろう。サイダー瓶は手元にわずかしかのこっていなかった。しかし、敵の戦車は、教訓を活かして近づいてこようとはしなかった。かわって、装甲部隊、モンゴル軍騎兵、さらに機関銃部隊が襲いかかってきた。

第一大隊は孤立し、安達大隊長は四日の夜半に敵軍に突進して絶命した。大隊は壊滅状態となった。聯隊本部は第一大隊を探すべく、日没後に捜索隊をだし、残存部隊を探しあてた。

第二十六聯隊はその深夜、遺体をともなって東岸の渡河点に向かった。須見はその折の感慨を以下のようにつづっている。「傷者の運搬は、比較的容易であるが、一度息を引き取った即ち戦死者の運搬は実に重い」。一人の死者に四人の運び手が必要だった（『須見新一郎遺稿抄』）。『ノモンハンの夏』でも引用されているくだりだ。須見は死者の重さなど、戦闘の前には考えもしなかったという。

架橋を担当した工兵聯隊の聯隊長・工藤勇は、七月五日の零時から橋のたもとで待っていた。当初は撤退が終了したら橋を解体し、資材を撤収する予定であったが、生きのこった兵が負傷者や死者をかかえて橋をわたらねばならず、予定していたよりも時間がかかった。七月三日の西岸への渡河と、五日未明の撤退は、全く異なるものとなったのである。

須見と工藤は同期で、十代半ばからのつきあいだった。工藤は、兵がもどるまでは、橋の撤収はおこなわないと須見に約束した。時間をはかり、工藤はもはや橋を爆破するしかないと決意する。夜が明けると、西岸のソ連モンゴル軍が東岸に進攻して来るからである。須見は幾度も橋をわたり、西岸を望見し、兵をさがした。

夏の朝将に明けやらんとする時、私は橋を渡った……。渡ってみると……、まだ何人かが残って居る様な気がする……。後に戻り、逆に橋を渡って前岸に立つ。最も遅れた戦傷死者の運び手は、未だ一、二渡河する者もあった。／もう終わりだろう。／決心して橋を渡る……。不安になる……。／復た後に戻る。／事実、何回繰り返したか……覚えて居ない。

聯隊の西山少尉が須見をうながした。「予は部隊全員の渡河を終り残兵のないのを認め、西山少尉の案内で部隊主力迄追った」（『須見新一郎遺稿抄』）。

七月五日午前六時、工藤の指示で橋は爆破された。「残兵のないのを認め」と須見は書くがクックスは、西岸には「日本兵が多数いたことは間違いなかった」と述べている。ハルハ河を泳いでわたろうとしたが、流された兵もいたという。

「徹底的な膺懲」を目的とした七月三日から五日にかけてのハルハ河渡河作戦により、歩兵第二十六聯隊は、戦死者百四十三名、負傷者二百八十七名をだした。聯隊の三分の一近くが犠牲になったのである。

偉大な学校

ソ連モンゴル軍の大攻勢に触れる前に、少し時間をもどして、ソ連側からノモンハンでの戦闘を見てみよう。

一九三九年六月一日、軍事演習のためにミンスク（現ベラルーシ）にいたゲオルギー・ジューコフに突然呼び出しがかかる。モスクワにもどったジューコフに告げられたのは、モンゴル国境付近で、日本軍が「重大な軍事冒険」を繰り返しており、直ちに現地に赴けという命令だった。ジューコフが将校団をひきつれてモンゴル領内の軍事拠点タムツァク・ブラクについたのは六月五日の朝だった。

それまで、満洲モンゴル国境線の紛争に対応していたのは兵団長のフェクレンコだった。しかし彼は戦場に足をはこぶこともなく、ハルハ河から遠くはなれたタムツァク・ブラクで指揮をとっていた。クレムリンはフェクレンコを解任し、ジューコフを兵団長に任命する。ここから、ハルハ河の戦い（ノモンハン事件）のソ連モンゴル軍の軍事作戦はジューコフが指揮することとなる。

ジューコフは、先に述べた日本軍のハルハ河渡河作戦（七月三日〜五日）への応戦、さらに、八月二十日からはじまる大攻勢を計画実行し、圧倒的勝利を導き出す。クックスは、その八月攻勢をして、「ジューコフの傑作」と呼び、「カンナエの戦い」になぞらえる。

カンナエの戦いとは、紀元前三世紀、カルタゴの名将ハンニバルが、兵力において倍するローマ軍を包囲殲滅したものである。その後、カルタゴ軍は壊滅するが、「ハンニバルきたる」の俚諺は長らくローマ人のなかで語りつがれ、その戦闘は、戦史上傑出した作戦として記憶されることとなる。

ここでの記述は、『ジューコフ元帥回想録 革命・大戦・平和』によっている。この回想記はソ連邦崩壊前のものであり、多分に疑わしい点もあるという（ジェフリー・ロバーツ『スターリンの将軍ジューコフ伝』）。

アントニー・ビーヴァーの大著『第二次世界大戦』の第一章「世界大戦のはじまり」は、このジューコフがクレムリンに呼び出されたくだりから書き起こされている。その召致を、ジューコフは自らも、「人民の敵」として裁かれる時が来た、と理解した。スターリンによる粛清はその二年前からはじまっていた。累はモンゴル共産党の幹部にもおよんでいた。

「膺懲」を豪語した関東軍は、そのようなソ連、モンゴルの内部事情を知る由もなく、また、理解しようともせず、日露戦争時の帝政ロシア軍の延長として、ソ連軍を仮定し、作戦計画を立案した。

前掲の『回想録』には疑問点もあろうが、ノモンハン事件の作戦の過程を、日本軍の将兵の回想と照合しながら跡付けてみることとする。

『回想録』のノモンハン事件の項で眼がとまった記述は、ノモンハン事件後、スターリンと面会したジューコフが以下のように語っていることだ。「わが軍の全部隊、兵団と部隊指揮官たち、そして直接私にとって、ハルハ川の戦闘は偉大な学校となりました。私は、いまや日本側も赤軍の力と能力について一層正しい結論をだしたと思います」。

このハルハ河の戦闘は、赤軍にとって内戦（ロシア革命）以来最大の戦いだった。ジューコフは、ノモンハン事件後、先述した通り、一九四一年からはじまるドイツとの「大祖国戦争」の作戦計画にくわわり、独ソ戦を勝利に導くことに大きく寄与する。ジューコフなかりせば、ベルリン陥落、つまりはナチス政権を崩壊させることはできなかった。ジューコフの言は、ノモンハンがその独ソ戦の予行演習であったと解することができるのである。

ソ連は一九四五年八月九日から、対日戦に転ずるが、「偉大な学校」という言葉から、ノモンハン事件→独ソ戦(大祖国戦争)→対日戦がつながって見えてくるのである。振り返ってみた時に、ノモンハンが「偉大な学校」としてとらえることができたというこの回想は、私たち日本人にとってはなんとも苦い言葉としてひびく。

日本が、ノモンハン事件の敗北が一つの契機となって、南進に転じたことは多くの歴史書で語られているが、ジューコフの言葉の後段は、その事実を端的にあらわすものとして読めるのである。

「偉大な学校」のその先については、改めて、歩兵第二十五聯隊の樺太での戦い、占守島の戦いなどを見ながら確認することとする。ここでは、「ジューコフの傑作」と言われる八月二十日からの攻撃作戦を、焦点をしぼって見てみることとしよう。

日本軍壊滅作戦

ジューコフは、日本軍のハルハ河渡河作戦を経験したあと、「日本軍壊滅作戦」を計画する。その開始を八月二十日日曜日とした。日本の将校は日曜日に休暇をとっていることをジューコフは知っていた。日本側は敵が大攻勢を計画している、などと全く想定していなかった。ことほどさように、八月二十日からのこの戦闘は、始まる前から結果が分かっていたのである。

ジューコフは圧倒的な量の軍需物資を準備した。五万五千トンの物資を、四千二百台もの車両を使ってハルハ河西岸へとはこんだ。陸上部隊も空軍も大幅に増強し、隷下で動かせる部隊は四個師団となっていた。後方との輸送距離は六百五十キロ、そのために道路も急造した。関東軍の参謀は、ソ連がそのような長い補給路を確保できるとは考えもしなかった。

さらにいくつかの偽装もほどこした。一つは上記の輸送だ。物資は夜間にはこばれた。昼間は空き車両が西へと向かった。日本軍はそれを撤退と錯誤した。さらに虚偽の電文や電話を発し、日本軍を攪乱した。司令部から兵士に発する指示もわざわざ偽物がつくられた。ソ連モンゴル軍による攻勢が準備されているとは到底考えられないような環境を作り上げたのである。

日本軍はハルハ河の東岸、モンゴル側が主張する国境線に南北に陣地をはっていた。第二十六聯隊もそこにいた。ソ連モンゴル軍は、三つの部隊にわかれて攻撃を開始した。日本軍の陣地を突き崩す中央軍と、北方へまわりこみ、日本軍からみた右翼側背をつく北方軍、さらに、日本軍の左翼側背をつく南方軍である。南北両軍はモンゴル側の主張する境界で、敵を包囲し、殲滅する作戦をとった。その作戦は八月二十日から数日間の戦闘で、見事に成功することとなる。

八月二十日の日曜日は、「暖かく、静かな天気だった」とジューコフは回想している。五時四十五分、「砲兵は敵の高射砲、高射機関銃に対して不意打ちの、強力な砲撃を開始した」。つづいて爆撃機百五十、戦闘機百機が飛翔した。八時十五分、すべての大砲が火をふいた。その三十分後に攻撃開始をつげる赤の信号弾があがった。陸上部隊が日本軍に向かって襲いかかったのである。

その後の戦闘の詳細に入る前に、少し時間をもどして、大攻勢を日本軍の視点から見てみよう。前述につづいて第二十六聯隊、その第一大隊からこの攻勢を眺めてみる。それは悲壮の一語につきる。結果を先に述べると、戦闘がはじまる前に八百五十名いた第一大隊の将卒は、将軍廟に撤退した折は三十六名になっていた。大隊長も戦死した。

記述は『静かなノモンハン』の「二の章・小指の持つ意味」と、『七師団戦記 ノモンハンの死闘』をつかう。前者の衛生兵・小野寺哲也の視点から描いてみたい。

道東厚岸出身の小野寺哲也が歩兵二十六聯隊第一大隊に配属されたのは、八月一日のことだった。七月三日からのハルハ河渡河作戦で、第一大隊は第二十六聯隊のうち唯一車両に乗り先行し戦った隊で、大隊長が戦死、兵員は半減していた。それは関東軍と第二十三師団の作戦、特にその小松原師団長の指示によるものであった。そのことはすでに述べた。

小野寺はその補充兵として送り込まれた。安達にかわって大隊長となったのは生田准三で、彼はもと第七師団の副官、その時すでに、陸大への進学も決まっていたという。

第一大隊は八月初旬に、第二十六聯隊から切りはなされて、第二十三師団の直轄となる。ソ連モンゴル軍の正面にある、日の丸高地から七三一高地の線を防衛する任務についた。南側には第二十三師団の山県部隊(第六十四聯隊)がおり、その部隊と連携して、ハルハ河東岸をまもることが任務だった。

歩兵第二十六聯隊はといえば、第一大隊をのぞかれ、他の部隊をともなって、予備隊として後方へと退くこととなる。人員を削がれた第二十六聯隊長の須見新一郎はその措置に不満をいだき、その後、小松原の命令を拒むこととなるのだが、それが、かれの待命につながっていく。その話はあらためてする。但し、指揮命令系統からははなれたが、須見は生田大隊長と連絡をとり、物資も送っていたという。

八月七日、ハルハ河東岸をまもる第一大隊の聯隊砲中隊が一発砲弾を発射したところ、敵から二百十発の重砲弾がかえってきたことがあった。大攻勢の八月二十日以前、午前八時と午後二時からの一時間ほど、定期的に重砲弾が撃ちこまれた。小野寺は、その時はものすごい数の砲弾だと思ったが、振り返ってみればそれは序の口であったと述べている。

第二十六聯隊第一大隊が陣取った日の丸高地は、第一次ノモンハン事件の際に、第二十三師団の東捜索隊が敵と交戦した場所だ。捜索隊は五月末に壊滅するが、部隊がいた場所に、日の丸一棹がたなびいていた。そこから、日の丸高地と名付けられた。

さて、八月二十日の大攻勢である。

攻撃は夜半からはじまった。その日は三日月夜だった。ジューコフは、大攻勢の開始を当日の朝と述べるが、小野寺によれば、夜半からはじまっていたという。「いつもの砲撃とは、あきらかに様子が違っていました」と回想する。

本格的な攻撃は二十日の未明からだ。ジューコフは「暖かく、静かな天気だった」と述べるが、小野寺は「朝霧が立ち込めていた」と言う、そんな朝だった。

敵の歩兵部隊の前面には白旗が一列にならんだ。同志撃ちを避けるためである。白旗の後ろには幾重にも歩兵がひかえた。重砲弾が白旗を越えて、自陣に撃ち込まれた。砲撃は数時間つづいた。

第一大隊は、大隊本部と三つの中隊、さらに聯隊砲中隊（中隊長：海辺政次郎）で構成されていた。その人員は八百五十名だった。以前述べたが、聯隊砲中隊のみ、原隊は歩兵第二十五聯隊だった。中隊長の海辺はもとは歩兵第二十五聯隊所属である。

第一大隊は日の丸高地から七三一高地の線で、散開して壕にかくれ、応戦した。最初に苦境にたったのが、第三中隊（鶴見中隊長）だった。第三中隊から本部へ、「重囲ニ陥チツツモ敢闘中」の交信がある。それを最後に交信が途絶える。

小野寺は第三中隊へ向かうよう命ぜられる。数時間かけて到着すると、第三中隊は、敵の歩兵と戦車に馬蹄形にとりかこまれて、攻撃をうけていた。敵が一つの方角のみあけていたのは、そこから敗走させ、その刹那に殲滅する作戦である。小野寺はどうにかそのひらかれた口から陣内にはいる。死傷者の多さに息をのんだ。治療のために派遣された小野寺であったが、到着するや否や、中隊長から命ぜられたことは、すぐに大隊本部にもどり、第三中隊の全滅を報告するようにとの指示だった。小野寺が再度本部に帰らなければ、第三中隊の現況を本部に知らせることはできない、というのだ。

小野寺は大隊本部で大隊長に報告、だが、大隊が捜索隊を派遣したときは、第三中隊は壊滅していたのである。攻撃がはじまった翌日（八月二十一日）十七時二十分、第三中隊鶴見中隊長は、先頭にたって最後の突撃をはかって戦死したと記録されている。

大隊本部は、一旦は第三中隊の陣地を奪回しに行く。ソ連軍と遭遇したが、その際、敵は近づいてこなかった。大隊長は七三一高地に陣取り、事後の戦闘にそなえることとなる。

敵はじわりじわりと七三一高地を包囲しはじめる。夜が明けると、猛烈な砲撃が大隊を襲った。ソ連モンゴル軍の攻撃開始時には上空を飛んでいた友軍機も、二十二日から消えた。連日、砲火があびせられ、部隊は孤塁をまもらざるをえなくなった。火器がなくなった。砲撃により、昼間は多くの死者が出、夜は遺体を回収する戦場掃除の日がつづいた。

では、第一大隊が抜けた後の歩兵第二十六聯隊はいかなる状況にあったのか。

八月二十三日に歩兵第二十六聯隊は、第七師団歩兵第十四旅団（旅団長・森田範正）の指揮下に入り、芦塚部隊（歩兵第二十八聯隊）とともに最左翼へとまわされる。その折に須見は第一大隊長の生田准三と電話で話をした。それが生田との最後の会話となった。

その前日に、須見は小松原に呼ばれ、第二十六聯隊が攻勢に転ずるよう命令をうけるが、須見は第一大隊をのぞかれ、余力がないと拒否する。それが抗命とされ、停戦後に待命を命ぜられることとなる。

話を第一大隊にもどす。七三一高地の第一大隊は敵の包囲網のなかで孤立し、後方との連絡は途絶えた。糧食もつき、水も満足に飲めなくなった。小野寺によれば、恐怖で発狂する者もあらわれ、わめきながら敵陣に向けて駆けだし、機銃弾でなぎ倒されるものもいた。言語に絶する惨状である。

追い詰められた大隊は、八月二十八日の夜に夜襲をかけることを決断した。生田大隊長は負傷していたので、先頭にたったのが聯隊砲中隊の中隊長・海辺政次郎だった。突撃の前、軍人勅諭を奉唱した。勅諭に背いた行動をとらなかったか、互いに確認したと小野寺は回想している。天皇陛下万歳を三唱後「突っ込め」の合図で切り込む、敵はひるみ、一時的に包囲網は後退する。何度も突貫し、遺棄死体から食料や水をうばった。突撃は三度おこなった。百二十名いた生存者は半分の六十名になった。海辺はそこで絶命した。

第一大隊の左翼にいた山県部隊を通じて、撤退命令が伝達されたのは、八月二十九日の夜中の一時だった。第一大隊の残存部隊は、山県部隊の陣地へ集結した。小野寺の記憶によれば、あわせて千人ほどいた。

負傷した第一大隊の生田大隊長は軍刀を杖にして歩いた。命令は将軍廟までもどり、他の部隊と交代する、というものだった。ハルハ河東岸の陣地から東北の将軍廟に向かった。二時間ほどで夜があけた。

その時、ソ連軍のトラックがあらわれた。輸送トラックで七台がつらなっていた。通り過ぎようとした時、日本兵がトラックを強襲した。うち六台を擱座させたが、一台が逃げた。トラックには弾薬、糧食、酒類が積載されていた。戦利品は確かにあった。しかし、その報復は苛烈をきわめるものだった。

夜があけたところで、五十台もの戦車が追撃してきた。吹きさらしのなかで、傷病兵をふくむ千人は丸腰同然だった。敵の戦車は戦車砲を撃ち、機関銃の掃射をあびせかけてくる。負傷者がキャタピラでひき殺された。小野寺は壕にかくれた。戦車は引き上げることなく、昼間も居すわった。敵は夜になって撤退、生きのこったものは壕から這い出した。生田准三はそこで戦死した。

撤退部隊の兵力千名は三百人に減った。将軍廟に到着したのは夜があけてからのことだった。第一大隊の生存者は、先に述べた通り三十六名となったと小野寺は述懐している。

停戦と「鬼畜の処置」

八月攻勢のあと、日ソ間に停戦協定が成立したのは九月十五日のことだった。そこに至る過程では、八月二十三日のソ連とドイツとの不可侵条約の締結が大きく左右している。不可侵条約をうけて、時の総理・平沼騏一郎は「欧州の天地は複雑怪奇」という言葉をのこして辞職する。ソ連にとって、このハルハ河での戦いは、この不可侵条約を見据えたものであったことは、多くの歴史書で述べられている通りだ。特に、『ノモンハン一九三九——第二次世界大戦の知られざる始点』（スチュアート・D・ゴールドマン）は副題の通り、ノモンハン事件が第二次世界大戦の導火線となったという視点を示している。先に触れたビーヴァーの『第二次世界大戦』も、ノモンハン事件を第一章に設けているので、同様の見方である。しかし、時の総理が「複雑怪奇」というぐらいだ。現場の部隊長は、そのような世界情勢を知る由もなかった。「御粗末なる作戦屋」とて同じである。

歩兵第二十六聯隊長の須見新一郎が、師団参謀長から電話をうけた時、彼はそれを総攻撃の指示だと思った。しかし、あにはからんや停戦合意の知らせであった。

停戦命令の翌日、須見は小松原師団長を訪ねた。小松原はウイスキーを飲みながら、眼を赤くはらしていた。須見はその涙を、将兵に対する無念の思い、と解釈したが、それは全く違ったものだった。すでに須見が言うところの「鬼畜の処置」がはじまっていたのである。その代表が井置栄一だった。

井置栄一は第二十三師団の捜索隊長だった。その井置部隊の中心は騎兵と歩兵それぞれ二個中隊であった。その他に砲兵もふくまれており、第二十五聯隊の速射砲中隊（中隊長：柿崎正一）もそこにいた。井置隊の兵力は八百、通常の聯隊の半分以下だ。

かれらがまもっていたのは日本軍の最右翼にあるフイ高地だった。フイ高地は、これまた須見の軽妙な形容を借りると、「銅鑼焼の皮」のような山だという。高地はたしかに平地よりも高くなっているが、登っても一番高いところがわからない。井置部隊はその高地に、幾多の壕を掘り、陣をはった。

八月二十日からの大攻勢で、井置部隊は自らの数倍もの兵を邀撃することとなる。数日戦ったが、兵は半減、防戦もかなわなくなる。八月二十四日に井置は独断でフイ高地からの撤退を決める。その判断が小松原師団長の逆鱗に触れ、撤退後自決をほのめかされ、ピストルで自死するのである。停戦合意の翌日のことだ。

鬼畜の処置はそれだけではなかった。それ以外にも自決したもの、馘首されたものがいた。その後、植田謙吉（関東軍司令官）、荻洲立兵（第六軍司令官）、小松原道太郎（第二十三師団長）以下も責任をとらされ予備役にされている。関東軍参謀の服部卓四郎と辻政信は同様にはずされるが、しばらくしてから、参謀本部に返り咲き、その後の大東亜戦争の作戦計画に関与していくこととなる。そして、服部が参謀本部作戦課長の折に同課にいたのが、瀬島龍三だった。

須見は戦前の書『実戦寸描』でも、その問題について、「我等の考へだに及ばない流言蜚語さへどうするか耳にする場合も決して尠くない」と控えめな筆致で述べている。「陸軍省報道部」の認可を経た書物では、それが書けるぎりぎりの線だったのであろう。

死者もの言わず

保田與重郎の戦前の大陸行記に以下のような一文がある。「戦争の悲劇は一番立派な人間が先に死ぬことである」（『蒙疆』）。保田はつづけて、「個人の価値が極端に闡明になる瞬間に個人が死ぬ」と述べている。この文には額面上受け取れる以上のものがふくまれているだろう。しかし、「戦場では、責任感の強い人間から死ぬ」という冷厳な事実は、戦記を読む際にしばしば感ずるものである。

ゆえに生きのこった人間は、かれらに尊崇の念をいだかねばならない。「英霊への尊崇」という言葉を聞くと、違和感をもつ向きもあるかもしれない。私も、そのような一人だったが、須見の書いたものに接して、考えがかわった。

小松原道太郎は、井置栄一を靖国神社にまつることにも反対した。だからこそ、須見にとっては、ノモンハンで死んだ人間は「軍神」となるのである。『実戦寸描』のなかで、以下のように書く。

哲人は知らず……偉人傑士は語り難い……／兎に角徴されて入隊した兵士は未だ年歯も行かない若者である……又格別の高等教育を受けたる人でもない……／而もこの戦況に於てもよくも自ら決心して、互いに手榴弾を頒ち合って最後の一弾を左カクシに入れて自己の心臓部をねらって自決の処置を講じ、誤っても捕虜の辱しめを受けない様に努め……／更に又死んでも後自己の名、部隊の名を知らせることすら極力之を避けんが為最後迄大切にして母人の手紙迄を捨て軍隊手蝶及認識票を廃棄して……／死後遺骨の故山に祭られる唯だ一つの心の慰めまでも、あきらめて終わったのである。／其の心情を考えると……何と申して宜しいやら……／……何と讃して然るべきや……／……神と申し……軍神と仰ぐ外に言葉はない。

（『実戦寸描』）

その後に「人は語らず……死者もの言わず……」と述べる。

ノモンハン事件後、ジューコフをふくめてその戦いで武勲をたてた三十一人に「ソ連邦英雄」の称号があたえられた。ジューコフは、大祖国戦争でも再度その称号を得ることとなる。しかし、井置栄一は、「御粗末なる作戦屋」によって自決を強要され、「英霊」となることさえ拒まれた。

須見新一郎は、かれらをまつることを戦後を生きるよすがとした。「何と讃して然るべきや、神と申し、軍神と仰ぐ外に言葉はない」からである。英霊の立場から見た時に、お粗末な作戦屋とそれに連なる人物、特に鬼畜の処置に手を染めた人間は、許すことができるものではなかった。

須見は戦後、漢籍に親しみ、茶道と謡曲を趣味として、「流外」と号していた。号は「濁流に押し流されない」という人生観からきていたという。居室に戦死者の霊位をおき、合掌をかかさなかった。

須見新一郎は司馬遼太郎に、ノモンハンでの日本軍は、「元亀・天正の装備」だったと語った。元亀・天正とは一五七〇年から一五九三年、信長の時代だ。それがソ連の機動部隊にサイダー瓶で立ち向かわねばならなかった日本軍の実像だった。

戦時に満洲で戦車隊にいた司馬遼太郎も、ソ連のＢＴ戦車と日本の戦車（八九式中戦車、九七式中戦車）の違いについて述べている。日本の戦車の砲弾はタドン玉ぐらいの威力しかなかったという。須見は司馬に、ノモンハンの作戦につらなった人間を「悪魔」と呼んだ（『この国のかたち』一）。

その悪魔は戦後、あるものは占領軍に徴用されて日本の再軍備の青写真を描き（服部卓四郎）、あるものは議員として国政をになった（辻政信）。瀬島龍三は、終戦後ソ連軍との停戦処理に立ち会い、シベリア抑留から帰国後は商社にはいり、戦後賠償ビジネスや米国産戦闘機の自衛隊への納入等で巨大な利益をあげた。司馬遼太郎と対談した頃、かれは伊藤忠副社長だった。世はオイルショック、トイレットペーパーの買占めに狂奔していた商社もいた頃だ。

すでに述べたが、瀬島龍三はノモンハンの作戦にかかわっていたわけではない。だがかれは、大東亜戦争の作戦計画にたずさわり、その後、関東軍参謀となり、敗戦後に満洲でソ連軍との交渉をおこない、さらにシベリアではソ連の当事者と抑留者との調整役をになっている。東京裁判では、ソ連の証人として法廷に立っている。瀬島がシベリアから引揚後、抑留者が、停戦交渉に立ち会った瀬島に、真相の公開を求めた。しかし、瀬島は語ることを避けた。昭和史の重要事案に、事件から外れた問題には饒舌になりながら、核心についてはロをひらくことはなかったのである（保阪正康『瀬島龍三　参謀の昭和史』）。

むろん、それぞれに拠って立つところがあったのであろう。一方的に須見の立場に立つのも歴史の見方としては穏当ではない。しかし、お粗末な作戦で、元亀・天正の装備で戦わされ、そのために部下の多くをうしない、その責任を前線の司令官に負わせた措置を体験したものにとって、そのような戦後のありようは、とても英霊に顔向けのできるものではなかっただろう。

ジューコフは、と言えば、偉大な学校を戦訓に独ソ戦を征し、その功により英雄となった。スターリンも、政治と軍事を巧みに統合し、ナチドイツを敗北に追い込んだあと、満洲、南樺太、千島列島に侵攻し、後ろ二つを、対日戦の見返りとして自国領とした。スターリンは、ローズヴェルトとチャーチルを手玉にとったのだ。そのソ連軍を、樺太で迎えたのが歩兵第一十五聯隊だった。それでは次章から、歩兵第二十五聯隊の戦いを見ていくこととする。

第十三章　樺太への移駐と関特演、ついで静謐

樺太国境標石、左がロシア、右が日本側（北海道大学附属図書館蔵）

以前、樺太にあった国境の標石を見たことがある。四つのうちの一つが根室の博物館に所蔵されており、それが北海道大学博物館で特別展示されていたのである。腰ぐらいの高さだったか。片面に「大日本帝国」の文字と菊の紋章が、もう片方にはロシア語の国名と双頭の鷲がきざまれていた。双頭鷲は帝政ロシアの国章で、ソ連邦解体後、ロシアも継承しているものだ。

樺太（＝サハリン）は、ポーツマス条約で北緯五十度線を南北に分かち、南樺太が日本領となり、この標石が建てられた。菊花章が南に、双頭鷲は北を向いておかれていた。北緯五十度線上の四つの標石の間にも、簡易な標石と標木があったそうだ。

この境界石を見た時に二つの史実を思いおこした。一つは、女優の岡田嘉子がこの国境線を越えて北へと向かったこと。もう一つは、一九四五年八月九日、ソ連軍はこの標石をぬけて日本領樺太に侵攻してきたことである。

岡田嘉子が演出家・杉本良吉と北樺太に逃避したのは、一九三八（昭和十三）年一月のことだった。社会主義国に希望をいだいて逃れた二人だったが、杉本はスパイ容疑で処刑され、岡田は十数年に及ぶ収容所生活を強いられることとなる。戦後、岡田は日本にもどるが、ゴルバチョフ時代にソ連に帰り、モスクワで没している。

歩兵第二十五聯隊が月寒の地をはなれて移駐した先は、その日本領樺太の上敷香《かみしすか》だった。一九四〇（昭和十五）年末のことだ。上敷香は、島の東側の多来加湾に面した敷香《しすか》から西北にある。上敷香から国境線の半田までは原生林の中を軍道が通っていた。杉本と岡田はその道を北へと行き、国境を越えたのである。

戦前の地図（樺太庁殖民課、昭和十五年発行〔『北東方面陸軍作戦〈一〉――アッツの玉砕――』所収〕）ではかると、上敷香から半田までは八十キロほどとなる。そこは、トド松やエゾ松など針葉樹の密林で、地図には九州帝国大学と京都帝国大学の演習林の名も見える。

敷香は大鵬が生まれた街としてその名を知られている。昭和十五年この地で、ウクライナ人の父と日本人の母のもとに出生した。街には王子製紙の工場があった。パルプは日本領樺太の主要産業で、一時は日本のパルプ産業の八割が樺太で生産されていた。

第二十五聯隊の樺太への移駐は、岡田事件の二年半後、後に昭和の不世出の横綱となる納谷幸喜（大鵬）が生まれた半年後のことだった。

第二十五聯隊が、札幌近郊の月寒から、日本領樺太（南樺太）の北辺・上敷香にうつった理由は、ひとえに国境防衛にあった。そして、歩兵第二十五聯隊はこの樺太の地で最期を迎えることとなる。

一九四五（昭和二十）年八月九日、国境線に散って警備にあたっていた軍、警察はソ連軍の攻撃をうけ、応戦する。それからいわゆる「樺太の戦い」がはじまり、八月二十五日の停戦までつづくのである。

樺太混成旅団創設の背景

歩兵第二十五聯隊が上敷香にうつった一九四〇（昭和十五）年年末は、複雑な背景をもつ時期である。開戦一年前にあたるが、一年後に真珠湾への奇襲攻撃により、対英米蘭戦がはじまると予想していた人はごくわずかだっただろう。

日本をとりまく世界情勢は解決のむずかしい問題が輻輳していた。ノモンハン事件の渦中にドイツとソ連は不可侵条約（一九三九年八月）を結び、翌月ドイツはポーランドに侵攻した。英仏はドイツに宣戦布告し、欧州を舞台に世界大戦がはじまっていた。日本は日独防共協定を足がかりに、一九四〇年九月に日独伊三国同盟を締結し、英仏と対抗する勢力となった。だがソ連邦とはノモンハン事件後、融和的な方向へと舵をきる。中立条約案も廟議にのぼる。

日本にとっての懸案は、長引く中国での戦いだった。英米は、南方から中国を支援していた。南（蘭印）には資源があった。国民党軍を援助する援蔣ルートの遮断と南方資源の確保として、南進論が選択肢として立ち現れてきたのである。

一九四〇（昭和十五）年七月に大本営政府連絡会議は、「世界情勢ノ推移ニ伴フ時局処理要綱」を決定し、「支那事変」解決のため南方問題の解決に触れた。前者は重慶政府の転覆であり、後者は援蔣ルートの遮断と南方資源の獲得である。その九月に日本は北部仏印に進駐する。対して米国は、屑鉄を輸出禁止とする。

第七師団長・国崎登は、十月十四日に参謀総長・杉山元から、南方作戦のための上陸訓練を指示される。北鎮を主要任務とする第七師団にも、南進の可能性があらわれてきたのである。その後、第七師団は北海道の海岸で訓練をおこなっている。第十一章で述べた通り、参謀総長は十月初めに閑院宮が退き、杉山元に代わっていた。

南への誘惑は強かったが、いまだ北か、南か、国策はさだまっていなかった。南北双方への準備陣を整える必要があったのである。歩兵第二十五聯隊が樺太に移駐した昭和十五年とはそのような時期だった。

ここで樺太（サハリン）をめぐる日露関係史もあらためて概観しておこう。むろん、この地も北海道同様に、先住民（ギリヤーク、ウィルタなどの北方諸民族）が暮らしていたので、かれらから見える景色はそれぞれ異なったものとなるであろう。

日露間の初の条約日露和親条約では、樺太は国境が敷かれず混住地とされた。新政府によって結ばれた樺太・千島交換条約で日本は、樺太の主権を放棄し、千島全島を得ることとなった。ロシアはサハリン領有後、炭鉱開発に着手するが、さほど成果はあがらず、同島は主に流刑を目的とする地となった。「流刑植民地」「広大な監獄」となったのである（高倉新一郎『歴史的重要性から見た北海道』）。囚人は一時二万五千人を数えた。

一八九〇年にこの地を訪れたアントン・チェーホフは、囚人や出所者の生活を取材し、『サハリン島』をあらわした。チェーホフは同年七月五日にニコラエフスク（尼港）に到着し、そこから、サハリンの西岸アレクサンドロフスク（亜港）へとわたる。同地に着いたのは七月十日のことだ。モスクワを出発したのが四月二十一日なので、五十日間かけてのシベリア横断だった。シベリア鉄道はできていない。かの地で最も多く聞かれた脅し文句は、「拘禁室にぶちこむぞ！」だったと記している。刑務所の内外を問わず、全島が流刑地だったのである。

杉本、岡田が通った樺太縦断道路は、もともとは囚人の労働によってひらかれたものである。札幌から旭川へ抜ける国道十二号線と同様の出自だ。

『サハリン島』は、極東の流刑事情のノンフィクションであると同時に、「祖国」の辺境を訪ねる若き作家の精神の彷徨の記録でもある。サハリン取材のためにのこしたカードは一万枚に及んだ。流刑地を生きる人々の姿が、後のチェーホフ作品の糧となったのであろう。

日露戦争の最終局面の一九〇五（明治三十八）年七月に、日本軍は樺太へ侵攻した。ポーツマス条約で南樺太を得ることとなる。だが講和条約で、樺太とその付近の島嶼には軍事施設を設けないことが決められていた。くわえて、宗谷海峡と間宮海峡は自由航海とされた。その上で、北洋における漁業権を日本にあたえることが約定されたのである。それが北洋漁業であることはすでに述べた。

但し、日露戦後は当面、樺太守備隊が駐留し軍政が敷かれることとなった。尼港事件の賠償として日本は北樺太を保障占領した。そして、チェーホフが上陸したアレクサンドロフスク（亜港）に駐留したのがサガレン州派遣軍だった。そこに、歩兵第二十五聯隊がおり、有末精三が駐留し、久世光彦の父の久世彌三吉が派遣されていたことは以前紹介した。さらに日本は、北樺太のオハ油田の採掘権も得ることとなる。派遣軍の亜港駐留は一九二五（大正十四）年までつづいた。軍撤退後の南樺太の警備は、警察と在郷軍人がになった。

ソビエト連邦の側からも見ておこう。ソ連は革命の混乱を経て、一九二八年からはじまった第一次五カ年計画により経済が復興、世界経済と接続していなかったため世界恐慌の影響をうけなかった。柳条湖事件、盧溝橋事件により、日本への警戒心を強め、極東への軍備を増強していく。一九三九（昭和十四）年におこったノモンハン事件で日本軍が、ジューコフの軍略とその機械化部隊により大敗北を喫したことは前章で見た通りだ。

ソ連はサハリンの軍備を増強しはじめる。陸軍中央は、北樺太に駐留するソ連軍を一個師団と想定していた。ポーツマス条約はソ連邦も継承しているので、日ソ両国とも表向き樺太（サハリン）に軍事施設はつくれない。しかし、ソ連側の樺太での軍駐留に対抗し、第七師団は陸軍大臣に部隊派遣を進言する。その目的は、情報収拾と北樺太（サガレン）に対する基地建設だった。

北樺太のオハ油田は、尼港事件後、日本によって採掘がおこなわれていたが、さまざまな圧力もくわえられていた。部隊派遣の目的の一つは油田の確保であり、有事の際の沿海州への攻撃拠点の確保であった。

その第七師団の提言にそって編成されたのが樺太混成旅団だった。一九三九（昭和十四）年に新設が発令され、翌年、月寒の歩兵第二十五聯隊が同旅団に編入されることとなるのである。樺太混成旅団は、第二十五聯隊を核として、そこに砲兵、工兵等がくわわった。

歩兵第二十五聯隊はノモンハン停戦後、ソ満国境の守備につき、一九四〇（昭和十五）年八月に帰還命令がおり、十月二日に月寒にもどっていた。それから一か月もたたないうちに、樺太の地に旅立つこととなる。十月二十七日には最後となる軍旗祭が札幌の中島公園で開催されている。

私は樺太に行ったことがない。この本を書くにあたって、かつての樺太や現在のサハリンの写真を眺め、地図を参照し、史料を読みながら、かの地を想像してみた。

『絵で見る樺太史』（高橋是清）は、樺太の南の港街・大泊を函館に、その北の樺太庁のおかれた豊原を札幌になぞらえる。地図を見ると確かに、道南の渡島半島と樺太の南方は地形が似ている。魚の尾ひれのような恰好をしているのである。東西に二つの半島（岬）が南へと垂れ下がり、その二つの突起を抱くように湾が形成され、湾の中央に港町（函館と大泊）がある。

司馬遼太郎は最後となった対談で、日露戦争の仲介にたった米国大統領セオドア・ローズヴェルトが樺太をシャケに例えた逸話を紹介している。ポーツマス講和会議で、ローズヴェルトがロシアの首席全権ウィッテに、「北のシャケ一尾を差し出したらどうか」と提案し、ウィッテが大統領の顔をたてて、南樺太割譲が決まったという(「日本人への遺言」『司馬遼太郎対話集』六(戦争と国土))。シャケは、贈物の比喩であり、サハリンが魚の形をしていたから、でもあるのだろう。

その「豊原＝札幌」、「大泊＝函館」説を借用させていただくと、上敷香は旭川ということとなる。似ているところは他にもある。上川(旭川)がアイヌの地であったように、敷香にもニヴフやウィルタなどの北方民族が多数住んでおり、現在も多く暮らしているという点だ。

樺太には北海道からも多くの人が渡り住んだが、かの地の寒さは、北海道よりもはるかに厳しいものであった。上敷香はツンドラ地帯だ。地面の下には永久凍土がある。表土は柔らかいが、一、二メートル下は夏でも溶けず、ツルハシが役にたたなかった。

上敷香は、豊原や真岡、恵須取《えすとる》という日本人が多く暮らす街の北、針葉樹の密林地帯にあり、当時の人口はわずか二千、料理屋が数件ある程度だった。無聊の慰めは、スキーぐらいしかなかったと回想されている。

歩兵第二十五聯隊の任務は対ソの護りであり、開戦のあかつきには、北緯五十度を越えて侵攻することにあった。聯隊は来る日も来る日も密林突破作戦の訓練にあけくれた。国境監視も任務だった。一個大隊が交代で、国境の半田から少し南に下った古屯《ことん》で監視にあたった。国境監視の際は、警察の制服を着た。軍の駐留が認められていなかったからだ。原生林の夜は漆黒、古屯警備はまことに困難な作業だったという。

なお樺太防衛の担当地区は、樺太混成旅団が恵須取から内路を結ぶ線の北、それより南は第七師団が担当した。恵須取は南樺太の西岸にあり、炭鉱と製紙が主な産業で、樺太最多の人口(約四万人)を擁していた。ほぼ北緯四十九度にあたる。つまり、樺太混成旅団は北緯四十九度から五十度の間をまもり、有事の際はそこでソ連軍を押しとどめ、旭川から第七師団の出動を待つのである。豊原も真岡もその四十九度線のはるか南にある。そこは第七師団の防衛地区だった。

補足となるが、樺太開拓は北海道のそれを模したものである。「道樺」という言葉もしばしば使われた。北海道と樺太は一体のものと考えられていた。

北部軍司令部と第七師団の改変

もう一つ歩兵第二十五聯隊の樺太移駐を語る際に述べておかねばならないことがある。それは、聯隊が上敷香に駐屯した翌月の一九四〇（昭和十五）年十二月に、北部軍司令部が誕生したということだ。司令部は月寒の地に生まれた。司令官官邸が、いまも月寒にのこっていることは以前述べた。戦後、占領軍に接収され、独立後に北海道大学の学生寮となり、現在は「つきさっぷ郷土資料館」として使われている。

すでに東部、西部、南部の司令部が誕生していた。北部軍司令部はそれから半年遅れて生まれたのである。各地域の司令部設立の目的は防空にあった。すでに一九三五（昭和十）年には防衛司令部が各地域にできていた。それは防空を管理する地方組織だった。その防衛司令部が五年後に軍司令部にかわったのである。軍司令部は、地方の師団をも統率した。旭川の第七師団も北部軍司令部の管理下にはいった。司令部の誕生と前後して、師団編制も変更となった。一個師団がこれまでの歩兵四個聯隊から三個聯隊となったのである。

軍司令部の設立と師団編制の改変を「昭和軍制改革」と呼ぶ。軍制改革では、作戦要務令や歩兵操典も改定され、軍装も変わる。陸軍は外見的には一新した。

当時防空は最重要課題だった。樺太でも領空侵犯が幾度かおきていた。一九三九（昭和十四）年一月にソ連機が国境線の西岸である安別を越境した。同年三月にも、ソ連機が半田を越えた。米国の動きを見ると、同年七月、日本の中国侵攻を理由に、日米通商航海条約の破棄を通告、翌年六月からアラスカのアンカレッジに陸軍航空基地の建設がはじまっていた。また、北部軍司令部設立後の一九四一（昭和十六）年二月から、アラスカの航空部隊が増強されている。北の空に暗雲が垂れこめてきたのである。

ここで一つだけことわっておかねばならないことがある。歩兵第二十五聯隊が、その師団編制の改変にともなって、第七師団からはなれた、ということである。つまり第七師団の歩兵聯隊は、二十六、二十七、二十八の三個聯隊となったのだ。三個聯隊制の意図は、一個師団の兵員を少なくし、その分、機械化をすすめ、師団増設を容易にするためであった。

昭和十五年の改変をあらためて整理すると、北部軍司令部が月寒に誕生し、その指揮下に第七師団（旭川）や樺太混成旅団（上敷香）等がはいった。その樺太混成旅団の中軸として、歩兵第二十五聯隊がくわわった。その後の、北東方面の戦いとなるアッツ、キスカ、さらには、ソ連対日参戦後の樺太の戦い、千島列島の初戦となる占守島の戦いも、この北部軍司令部（当時の名称は、後身の第五方面軍司令部）が指揮することとなる。南樺太の戦いは、この歩兵第二十五聯隊が拡大した第八十八師団（師団長：峯木十一郎）がになうこととなるのである。

つまりソ連の対日参戦において、満蒙の地でソ連軍を迎え撃つのは関東軍だが、千島、樺太においては、月寒の地が司令塔（第五方面軍司令部）の一つとなり、樺太では歩兵第二十五聯隊の後継の第八十八師団が対峙することとなるのである。

関特演から対ソ静謐へ

関特演についても触れておかねばならないだろう。関特演の正式名称は「関東軍特種演習」だ。関特演はソ連侵攻を想定した戦争準備である。一九四一（昭和十六）年七月に動員がおこなわれた。関東軍の平時三十五万に、新たに五十万の兵がくわわった大がかりなものだった。軍馬も十五万が動員されている。樺太混成旅団も、上敷香の地で関特演に参加する。

関特演を理解するためには、二つの史実を確認しておく必要がある。一つはその直前の六月二十二日に起こったドイツのソ連侵攻だ。もう一つが、その二か月前に締結された日ソ中立条約（四月十三日）である。後者は当然のこと日ソ関係の安定を求めるものだ。しかし前者は対ソ戦への誘因となる。しかしそれは独ソ戦の展開如何にかかっていた。そしてそのような微妙な日ソ関係の周辺に、これまた複雑機微な世界情勢があった。それゆえに関特演は秘密裏に準備された。先に、「動員」という語を使ったが、関特演では「臨時編成」と呼称された。臨時編成にあっては、歓送は禁止され、兵は私服で任地にむかった。

なお先んじて、ソ連の対日参戦に触れておくと、ソ連は一九四五（昭和二十）年四月に中立条約の破棄を通告した。しかし同条約は破棄後も一年有効であり、対日宣戦布告の八月八日はその期間内だったので、条約違反となる。戦後ソ連はこの関特演がすでに戦争準備にあたり、中立条約が失効していた、という見解を示している。ここでは日ソ中立条約の国際法上の当否には立ち入らないが、関特演が日ソ関係において、さらに、その後の日本の南進と対英米蘭戦において、極めて重要な意味をもっていたことを確認しておく。

以下簡単に、関特演へ至る過程をふりかえっておこう。日ソ中立条約の調印後、スターリンが特使の松岡洋右をモスクワ駅まで送った逸話はつとに有名だ。ことほどさようにスターリンはこの条約の締結に喜んだ。

これで当面、二正面（ドイツと日本）からの攻撃を回避できる。ドイツがソ連に侵攻したのは、先に述べた通り、その二か月後のことだった。

ドイツの「対ソ戦近し」という情報は、世界中をかけめぐっていた。リヒャルト・ゾルゲは、進攻の日時も正確に報告していた。ジューコフも進言していた。しかしスターリンは耳を貸さなかった。それがドイツの電撃戦を許すことになる。

さて日本である。昭和十五年春以来、「南へ」と傾きかけた気持ちに、ドイツの急襲により、「北へ」という誘惑がわく。ドイツがソ連に侵攻した旬日後の七月二日に御前会議は「情勢ノ推移ニ伴フ帝国国策要綱」を採択する。前年の「世界情勢ノ推移ニ伴フ時局処理要綱」では、南方問題が提起されていたが、「帝国国策要綱」では、南方への武力進出とともに対ソ戦の準備がうたわれていた。

方針の第二項では、「帝国ハ依然支那事変処理ニ邁進シ且自存自衛ノ基礎ヲ確立スル為南方進出ノ歩ヲ進メ又情勢ノ推移ニ応シ北方問題ヲ解決ス」とされていた。その上で、要綱第三項では以下のように記されていた。

> 独「ソ」戦ニ対シテハ三国枢軸ノ精神ヲ基調トスルモ暫ク之ニ介入スルコトナク密カニ対「ソ」武力的準備ヲ整ヘ自主的ニ対処ス此ノ間固ヨリ周密ナル用意ヲ以テ外交交渉ヲ行フ独「ソ」戦争ノ推移帝国ノ為有利ニ進展セハ武力ヲ行使シテ北方問題ヲ解決シ北辺ノ安定ヲ確保ス。
>
> （強調―引用者）

臨時編成という語や、歓送禁止はこの「密カニ」という文言の反映である。ソ連極東（東ソ）には百万になんなんとする兵力と近代化された軍備があった。それは、二十個師団、戦車千三百、飛行機千五百からなると想定されていた。満洲にあった十二個師団が出動しても太刀打ちできるものではない。しかし、独ソ戦で極東にいるソ連軍が西へととられれば、互角に戦えるかもしれない。

一九三二（昭和七）年に満洲国が生まれた。その誕生によって、日本とソ連は境界を接する「接壌国家」となった。先にも述べたが、モンゴル人民共和国とソ連との関係は、日本と満洲国に近いものだった。ロシア、ソ連は一貫して外蒙の利益を主張しており、日本はそれを承認していた。つまり、ノモンハン事件は接壌防衛によって起こった軍事衝突であり、関特演は、接壌国家ゆえに起こった準備陣であった。日本は、ソ連軍の縦深能力が極めて高いことを了解していた。正攻法では勝てる相手ではないのだ。

そして、北辺への意識を喚起した帝国国策要綱が天皇の裁可を受け、関特演の動員が下命されたのである。上敷香にあった歩兵第二十五聯隊長・加納営造がその命令を受領したのは七月二十二日のことだった。八月七日には出陣式も終えている。しかしその二日後に陸軍中央は、年内の北方武力行使を断念する。なぜか。ソ連極東にいる東ソ軍の西送は想定していたほどすすんでいなかった。さらに、仮に極東での戦闘がはじまると、それは数か月を要し、冬の到来までに決着をつけねばならない。ナポレオン遠征から、ロシアとの戦闘では、まず「冬将軍」を考慮せねばならない。よって、年内の北方武力行使は断念するしかない。年明けに持ち越さざるをえなくなったのだ。

七月七日の関特演の下命から、八月九日の北方武力行使断念に至るまでに、もう一つ日本の将来を決する重大な政策決定があった。南部仏印進駐である。南部仏印（ベトナム南部）への進駐は、先の帝国国策要綱にもふくまれていた。日本はフランスのヴィシー政権に進駐を受諾させた。ヴィシー政権とはパリ陥落後、ペタン元帥によって設立された親ナチス政権だ。日本は、南部仏印進駐で英米を大きく刺激することはないと想定していたが、あにはからんや米国は態度を硬化させ、在米日本資産を凍結し、禁油に踏み切るのである。日本は原油の多くを米国に依存していた。

『昭和天皇実録』によれば、七月三十日午前、陸軍参謀総長・杉山元が天皇に拝謁した折、天皇は南部仏印進駐が「経済的圧迫」を誘導するのではないかと指摘したという。同日午後に海軍軍令部総長・永野修身が対英米作戦について奏上したのちに、天皇は「捨て鉢的」な「成算なき開戦」に疑問を呈していた（『昭和天皇実録』第八巻）。むろん、関特演も南部仏印進駐も天皇の裁可を得ている。帝国国策要綱には「対英米戦ヲ辞セズ」という文言も入っていた。その先に何がありうるのか想定の範囲だった。

同年九月六日の御前会議で、十月上旬までに日米交渉で日本の要求が通らない場合は、開戦を決定するとの「帝国国策遂行要領」が決まる。会議終了間際、天皇が懐中より紙片を取り出し、明治天皇の「よもの海みなはらかと思ふ世になど波風のたちさわぐらむ」の歌を読み上げたことは、人口に膾炙したエピソードである。

だが、波風はおさまることはなかった。日米交渉は進展せず、十一月末に米国の国務長官コーデル・ハルが在米日本大使にわたしたメモでは、これまでの日本の対外政策を大きく後退させる要求がなされていた。それを受けて十二月一日の御前会議で開戦が決定するのである。

その間、欧州では何がおこっていたか。ドイツ国防軍は東へと進軍するが、ゾルゲの情報により（それは尾崎秀実の情報であろうが）、日本が年内のソ連侵攻を断念したことが明らかになると、極東にあった師団をシベリア鉄道で西に送り、態勢の立て直しがはかられるのである。さらに冬将軍がソ連に加勢する。そして、ドイツ軍のモスクワ侵攻をはばんだのはゲオルギー・ジューコフだった。

ビーヴァーは以下のように書く。「ノモンハンにおけるジューコフ将軍の勝利は、日本の大きな戦略転換にかくも重要な役割を果たした」（『第二次世界大戦』上）。ノモンハン事件を第二次世界大戦の嚆矢とする所以である。

もし日本軍が関特演から一気に対ソ戦へと踏み出していたら。ソ連は東西二正面での戦いを強いられることとなった。陸軍を踏みとどまらせたのは、ノモンハンにおける「ジューコフの傑作」の記憶だったのだろう。

その後の歴史は、南部仏印進駐が対英米蘭戦を導き、関特演がソ連参戦の口実とされた。近世以来の北鎮、そこから発した北進は、昭和十五年以降に南進へと転じ、複雑機微な国際情勢のなかで、近代の日本の破局を引き寄せることとなった。

さて北鎮部隊である。昭和十六年十二月八日の真珠湾攻撃後、北辺に求められたものはなによりも「静謐維持」だった（防衛庁防衛研修所戦史室『北東方面陸軍作戦〈二〉千島・樺太・北海道の防衛』）。二正面の攻撃を回避するために、ソ連を刺激してはならないのである。ゆえに、その後、第七師団の主力は北海道から、そして、樺太混成旅団は樺太から、動くことはなかった。そのようにして道樺の部隊は、一九四五（昭和二十）年八月八日を迎えることとなるのである。

第十四章　「解放」の論拠

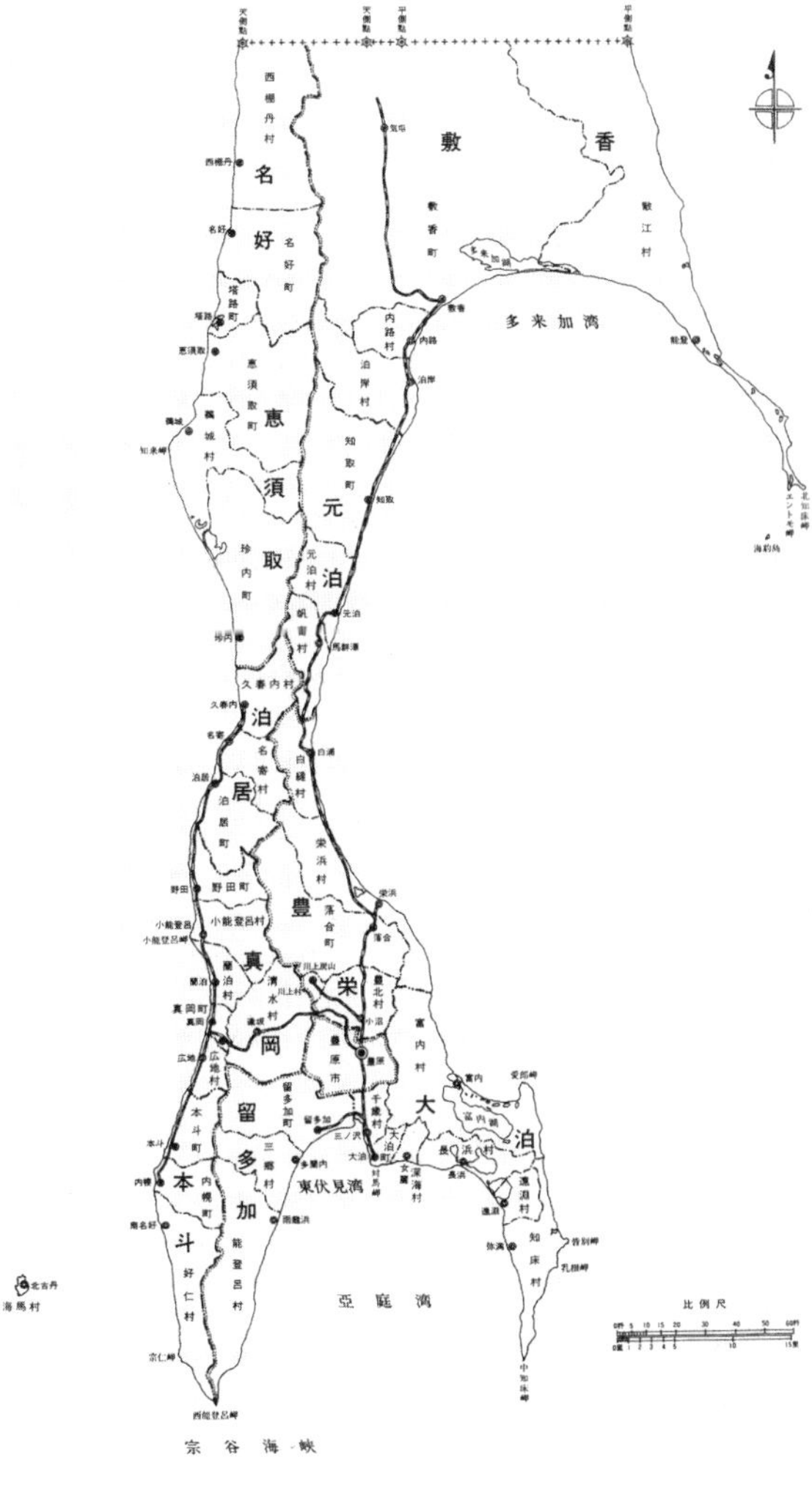

樺太略図（全国樺太連盟『樺太を生きる』）

『日ソ戦争への道』（ボリス・スラヴィンスキー）は、ソ連からみた終戦までの日ソ関係史だ。盧溝橋事件から対日参戦までがあつかわれている。同書はペレストロイカで公開された外交史料を用い、これまでの公式の歴史に修正をせまっている。

スラヴィンスキーによれば、ソ連では「でたらめな数字の入った何十という証明書や文書、地図を作成し、都合のよい事実だけが集められ、日ソ関係史が偽造された」という。そのような「虚偽情報の大がかりなキャンペーン」がおこなわれたのはなぜか。ソ連は一九四五年八月八日に日ソ中立条約に違反し参戦した。それを正当化するために、かねてから日本がソ連への攻撃を準備してきたことを証明せねばならなかったからだ。

他方、日本政府にも厳しい眼を向けている。その宣伝もまた、「歴史上の「ロシアの背信」、戦前と戦時期のソ連の侵略性、「赤の危険性」等のイメージに貢献した」とする。

その主張の特筆すべき点は、北方領土（歯舞、色丹、国後、択捉）のあつかいにある。北方領土が日本領であること、つまり、ソ連はその占領にいたるまで、四島は千島列島（クリル諸島）にふくまれない、と認識していた、そのことを明らかにしているのである。

同じ著者による『千島占領――一九四五年夏』では、対日参戦の経緯からはじめ、南樺太の占領、占守島の戦い、さらに、北方領土占拠までが描かれている。『千島占領』と『日ソ戦争への道』の訳者は外務省職員

（加藤幸廣氏）であり、スラヴィンスキーの主張は、現在の日本政府の立場を補強する材料となっている。

『日ソ戦争への道』の序文で著者は、「私の学術的著作のなかでも最も複雑で最も重要なものとなる」と述べている。その言の通り、同書は、日ソ間の入り組んだ歴史を明らかにした読みごたえのある一冊だ。その目的は、日本とロシアが相互理解の道を見いだすためにある、という。行間からも、そのような作者の熱情が伝わってくる。

ただ、記述に一瞬立ち止まるところもあった。その最たるものは、ソ連の南サハリン（南樺太）への侵攻を、「解放」と表現していることだ。それがいまなおロシアの正史なのだろう。

もとより私は、かつての日本領樺太（南樺太）を現在も日本の領土である、と主張しているわけではない。日本が受諾したポツダム宣言に、樺太（＝サハリン）はふくまれていない。よって樺太を、どの国が領有するかは、日本人の関知するところではないのだ。しかし、一九四五（昭和二十）年八月九日から二十五日までのかの地での出来事を、解放という言葉で表現することには違和感を禁じえないのである。これまで帝国日本の北の記憶をたどってきたものとしては、解放の論拠をただしておく必要を感ずるのである。

この問題は、カイロ、テヘラン、ヤルタ、ポツダムとつづく、連合国首脳による大戦終結交渉と戦後構想に深く関わっている。第二次世界大戦史に詳しい向きには、説明の必要のないことなのかもしれないが、近世以来の北鎮の終焉を見る前に、ソ連による南樺太の解放と、千島列島の占領が、いかなる歴史的経緯によって根拠づけられたのかを確認しておかねばならないだろう。

カイロからテヘランへ

ヨシフ・スターリンにはオオカミを描くという性癖があった。重要な会議の席でも、メモ帳に落書きをした。帝政崩壊前、彼は幾度も逮捕されており、一度、シベリアの北方のクレイカに流刑されていたことがあった。一九一四年のことだ。クレイカはオオカミにかこまれた北極圏の街である。

当時三十四歳だったスターリンは、十三歳の少女を連れて、ダンスと飲酒にうち興じ、関係をもつ。少女はスターリンの子を身籠るが、生後まもなく死亡する。少女はもう一子を出産したが、スターリンは二人をおいてクレイカを去る。流刑された年、サラエボではハプスブルク家の王位継承者が暗殺され、第一次世界大戦がはじまっていた。「短い二〇世紀」がはじまろうとしていたのである。

スターリンはシベリアの話がでると、オオカミのいたずら書きをすることが習い性となっていた。テヘラン会談で対日参戦を提案した時も、オオカミを描いていた。そして、「何気ない様子で」、ドイツ敗北後、シベリアへ部隊を送り、日本を打ち破る、と語ったというのだ（スーザン・バトラー『ローズヴェルトとスターリン』上）。オオカミとその鳴き声は、十三歳の愛人、二人の子の記憶とともに、スターリンの心にのこっていたのだろう。

テヘランは、スターリンが米国大統領フランクリン・ローズヴェルトと会うはじめての場だった。スターリンにとって最も重要な議題は、連合国の首脳に、ドイツとの間に第二戦線をひらかせることにあった。一九四一年六月二十二日、ドイツ国防軍はソ連に侵攻し、一旦はモスクワ近郊にまで近づくが、ソ連軍は巻き返しに転じていた。テヘラン会談二か月前の一九四三年九月に、独軍はスターリングラードを包囲して市街戦となるも、激しい攻防戦の末にソ連軍は反攻にうつっていた。ドイツの西方で新たな戦線がひらかれることを、スターリンはなによりも望んでいたのである。その会談で、翌年春に、連合国によるノルマンディーへの上陸作戦が決まった。

他方、米国大統領にとって会談の目的の一つは、スターリンの対日参戦の言質だった。その見返りが領土であった。スターリンは、条件として旅順と大連を示した。英米の首脳は即答を避けた。会談には、イギリスの総理ウィンストン・チャーチルも参加していた。英米が回答を留保したのは、旅順と大連は、同盟国・中国の権益がからむからである。

スターリンは日米開戦後にいつかは日本と戦わざるをえないと考えていた。しかし、ドイツとの大祖国戦争の渦中にあっては、新たな戦争をはじめるわけにはいかないのである。

英米の首脳は幾度か、大戦と戦後のあり方について話し合いをもっていたが、多国間での正式な協議は、テヘラン会談に先駆けておこなわれたカイロ会談がはじめてだった。そこで、ローズヴェルト、チャーチル、蔣介石によって、日本への軍事行動の合意がなされたのである。そこでは、「野蛮ナル敵国ニ対シテ仮借ナキ弾圧ヲ加フルノ決意ヲ表明セリ」とうたわれていた。しかし三国は、「自国ノ為ニ何等ノ利得ヲモ欲求スルモノニ非ズ、又領土拡張ノ何等ノ念ヲモ有スルモノニ非ズ」とも述べていた。

この文言は、一九四一年八月に英米が調印した大西洋憲章を継承したものだ。憲章では、「両国ハ領土的其ノ他ノ増大ヲ求メス」「領土的変更ノ行ハルルコトヲ欲セズ」とされていた。その翌月にソ連は大西洋憲章への参加を表明、憲章は翌年一月の連合国共同宣言へと引き継がれることとなる。

カイロ会談にもどる。ではその場で野蛮なる敵国・日本について、何が決められたのか。


右同盟国ノ目的ハ日本国ヨリ千九百十四年ノ第一次世界戦争ノ開始以後ニ於テ日本国カ奪取シ又ハ占領

シタル太平洋ニ於ケル一切ノ島嶼ヲ剝奪スルコト並ニ満洲、台湾及澎湖島ノ如キ日本国カ清国人ヨリ盗取シタル一切ノ地域ヲ中華民国ニ返還スルコトニ在リ、日本国ハ又暴力及貪慾ニ依リ日本国ノ略取シタル他ノ一切ノ地域ヨリ駆逐セラルヘシ、前記三大国ハ朝鮮ノ人民ノ奴隷状態ニ留意シ軈《やが》テ朝鮮ヲ自由且独立ノモノタラシムルノ決意ヲ有ス。

つまり、日清戦争において得た台湾、澎湖諸島、さらに満洲を中国に返還し、日露戦争後に併合した朝鮮を独立させること、さらに、第一次世界大戦後に獲得した旧ドイツ権益である山東省や南洋諸島を返還することがうたわれたのである。しかしカイロ宣言では、樺太や千島列島については言及されていない。

スターリンは、カイロ会談の参加を避けた。ソ連は日本と中立条約を結んでいる、対日政策に関与することはできないのである。カイロ会談と踵を接してひらかれたのがテヘラン会談であり、そこにスターリンは出席する。

ローズヴェルトはかねてから、スターリンに書簡を送り、彼の歓心を買うことに余念がなかった。テヘランでは盗聴がなされていることを承知の上で、ソ連大使館に宿泊した。テヘランにはドイツの工作員がおり、また、ソ連大使館とイギリス大使館の敷地は接しており、会議は両大使館で開催されるからである。ローズヴェルトはスターリンの懐に飛び込んだのである。その目的はひとえに、スターリンを対日戦に誘いこむこと、枢軸国敗戦後の戦後構想の枠組みへ、ソ連を引き込むことにあった。テヘラン会談でローズヴェルトは、スターリンに、「日本軍の打倒に関してあなたの約束が聞ければ、自分はどれほどうれしいことか」と述べた（『ローズヴェルトとスターリン』上）。

ローズヴェルトにとって、カイロ会談、そしてテヘラン会談でソ連の対日参戦が決まり、そして、戦後の国際連合の枠組みの合意がなされたこと、そこにおいて、アメリカ、イギリス、ソ連、中国の四か国が、「世界の警察官」となることが決まったことが、なによりの喜びだった。

かれの戦後構想は、第一次世界大戦の講和会議で、最終的にそれが、領土の奪い合いと化し、そのことによりナチの台頭をまねいたという苦い体験が根元にあった。「恒久平和」の実現は、大統領にのこされた大きな仕事だった。そのためには、日本からの条件なしの降伏を得る必要があった。そうでなければ、戦後構想を白いキャンバスに描けないからである。だが、その意思が、スターリンへの譲歩を生み、カイロ、テヘランからはじまるヤルタ・ポツダム体制が、禍根をのこすこととなるのである。

背信的攻撃

さて、ヤルタである。ヤルタはクリミア半島の東岸にある保養地だ。軍港セヴァストポリの東にあるソ連領である。会談はニコライ二世の夏の離宮リヴァディア宮殿でひらかれた。若き日にサハリンを旅したチェーホフが没した地でもある。その会談は、場所の選定からしてソ連の主導ですすんだ。

樺太と千島のソ連領有が決まったのは、会談四日後の一九四五年二月八日木曜日の午後だった。大統領執務室に、ローズヴェルトとスターリン、さらに、ソ連の外務人民委員モロトフ、米国のソ連大使ハリマンらがすわった。

太平洋戦線においては、すでにマニラが陥落、米軍は台湾と小笠原諸島にせまっていた。日本本土への上陸が近づいていたが、その実現のためには、米兵の多数の犠牲が予想された。それを避けるためには、ソ連の対日参戦が必要だったのである。

その席で、ドイツの敗北から二、三か月後に、ソ連が日本への宣戦を布告することが決まった。米軍は、後方のカムチャツカ、さらにシベリアで支援することとなった。その後、実際に、ソ連軍への指導が、アラスカのコールドベイ基地でおこなわれている。樺太、千島の上陸作戦には、米国が貸与した艦船が使われた(『北海道新聞』二〇一七年十二月三十日朝刊)。

ヤルタ協定を引く。


三大国即チ「ソヴィエト」連邦、「アメリカ」合衆国及英国ノ指揮者ハ「ドイツ」国カ降伏シ且「ヨーロッパ」ニ於ケル戦争カ終結シタル後二月又ハ三月ヲ経テ「ソヴィエト」連邦カ左ノ条件ニ依リ連合国ニ与シテ日本ニ対スル戦争ニ参加スヘキコトヲ協定セリ

一、外蒙古(蒙古人民共和国)ノ現状ハ維持セラルヘシ
二、千九百四年ノ日本国ノ背信的攻撃ニ依リ侵害セラレタル「ロシア」国ノ旧権利ハ左ノ如ク回復セラルヘシ
(イ)樺太ノ南部及之ニ隣接スル一切ノ島嶼ハ「ソヴィエト」連邦ニ返還セラルヘシ
(ロ)大連商港ニ於ケル「ソヴィエト」連邦ノ優先的利益ハ之ヲ擁護シ該港ハ国際化セラルヘク又「ソヴィエト」社会主義共和国連邦ノ海軍基地トシテノ旅順口ノ租借権ハ回復セラルヘシ
(ハ)東清鉄道及大連ニ出口ヲ供与スル南満洲鉄道ハ中「ソ」合弁会社ノ設立ニ依リ共同ニ運営セ

ラルヘシ但シ「ソヴィエト」連邦ノ優先的利益ハ保障セラレ又中華民国ハ満洲ニ於ケル完全ナル主権ヲ保有スルモノトス

三、千島列島ハ「ソヴィエト」連邦ニ引渡サルヘシ

前記ノ外蒙古並ニ港湾及鉄道ニ関スル協定ハ蔣介石総帥ノ同意ヲ要スルモノトス大統領ハ「スターリン」元帥ヨリノ通知ニ依リ右同意ヲ得ル為措置ヲ執ルモノトス

三大国ノ首班ハ「ソヴィエト」連邦ノ右要求カ日本国ノ敗北シタル後ニ於テ確実ニ満足セシメラルヘキコトヲ協定セリ

「ソヴィエト」連邦ハ中華民国ヲ日本国ノ羈絆ヨリ解放スル目的ヲ以テ自己ノ軍隊ニ依リ之ニ援助ヲ与フル為「ソヴィエト」社会主義共和国連邦中華民国間友好同盟条約ヲ中華民国国民政府ト締結スル用意アルコトヲ表明ス

これまで見てきた通り、(イ)、(ロ)、(ハ)どれも、北鎮、つまり、第七師団とかかわっている。ヤルタ秘密協定の文言で立ち止まらざるをえないのは、日露戦争の開戦を「背信的攻撃(the treacherous attack)」と述べているくだりである。確かに、日本海軍による旅順港への攻撃は宣戦布告なきものだった。しかし、開戦布告が国際条約として義務付けられたのは、日露戦後のことである。当時のロシアが、シベリア鉄道の敷設に見られる通り、極東に勢力を拡大していたことは紛れもない事実だ。英米はロシアの膨張に不安をいだいていた。英国が日本と同盟を結んだのは、そのような背景もあった。米国大統領セオドア・ローズヴェルトは、日露の講和の仲介の労をとった。旅順で戦った桜井忠温に対して、『肉弾』に賛辞をおくったこと

は以前書いた。

フランクリンとセオドアは異なるローズヴェルト家だが、フランクリンの夫人は、セオドアの姪にあたる。二人は遠縁だった。フランクリン・ローズヴェルトが、日露開戦が本当に「背信的攻撃」だと考えていたのか。それは、多分に真珠湾攻撃が影響していたのではなかろうか。

かれはヤルタに至る船の中に、多くの関係書類をもちこんだが、道中、切手のコレクションを眺め、推理小説を読むことに時間をついやした。ヤルタでも会談以外はベッドで過ごしていた。ローズヴェルトはヤルタ会談の二か月後に急死する。体調も万全とはいえなかったのだろう。船中の関係書類には、日露に関わる外交文書もあったのではないか。

アメリカは米西戦争の勝利で、一八九八年にグアム、フィリピン諸島を領有、同年にハワイも合衆国領となった。十九世紀末に米国の権益は太平洋の西側にまで及んでいた。第一次世界大戦後、勢力を拡大した日本に警戒心をいだくのは当然のことだろう。日本は満洲事変後、華北にも手を伸ばし、列強が強固な権益をもつ上海にまで土足で踏み込んでいた。日本は米国にとって脅威となった。

ローズヴェルトは一九四〇年に三選を果たし、翌年三月、武器貸与法を提出し同盟国への支援をおこなえるようにし、八月にチャーチルとの間で大西洋憲章を結んだ。その前の月、日本の南部仏印進駐に激しく反応し、在日資産を凍結、禁油に踏み出している。ローズヴェルトは、日本の対米開戦を確信した一九四一年十二月六日に、核兵器開発チームにゴーサインを出している（『第二次世界大戦』中）。日本の真珠湾攻撃の報に接したローズヴェルトが快哉を叫んだことを、ソ連の駐米大使が証言している。米国は日本の宣戦布告を受動的にとらえていたわけではない。

むろん、責められるべきは、米国の動向を読めなかった当時の日本の指導層の感度の低さ、政策決定の過誤にある。スラヴィンスキーは『日ソ戦争への道』で、「日本が唯一「違反」したのは、世界の植民地宗主国の利益を考慮することなく、独断専行で行動したことである」と述べている。帝国日本は近代国家を建設しわずか半世紀あまりで、夜郎自大におちいり、軽挙妄動に走ったのである。

ヤルタの秘密協定にイギリスの名はあるが、その席にチャーチルはいなかった。チャーチルは、二大国の間にあって、自国の利益に関係のない問題には口をはさまない姿勢をとった。かれは占守島までの千島列島が、平和裏に日本の領土となったことは承知していたが、しかしそれに異を唱えることはしなかったのだ。大英帝国の権益と無関係だからである。イギリスの外務大臣アンソニー・イーデンは、秘密協定へ調印することに反対したという。ローズヴェルトに対しても不信感をいだいた。秘密協定は明らかに、それまでの外交交渉に反する内容だったからだ（『ローズヴェルトとスターリン』下）。

日本のポツダム宣言受諾後、ローズヴェルトの後継者ハリー・トルーマンがマッカーサーに出した一般命令第一号で、日本がソ連に降伏する地域として、千島列島を入れなかったのは、かれがそのことを忘れていたわけではないのではないか。その地域が、明らかにカイロ宣言で述べるような、「奪取」でも「盗取」でも「略取」でもない地であることを知っていたからではなかろうか。

最後にポツダム宣言を見てみよう。

「カイロ」宣言ノ条項ハ履行セラルヘク又日本国ノ主権ハ本州、北海道、九州及四国並ニ吾等ノ決定スル諸小島ニ局限セラルヘシ。

そのようにして敗戦後の日本の境界が確定したのである。

控えめな提案

先行して戦後につらなる話をする。十二年の長きにわたって大統領をつとめたフランクリン・ローズヴェルトが他界したのは、一九四五年四月十二日のことだった。それをもって米ソの蜜月時代は終わった。新たに大統領についたのは、副大統領のトルーマンだ。ローズヴェルトはヤルタでなされた秘密協定の文書を執務室の金庫にしまっていたので、トルーマンがその存在を知るのは、ローズヴェルトの死後のことだった。トルーマンはローズヴェルトと異なり、スターリンを特別にあつかうことはなかった。東欧での相次ぐ親ソ政権の誕生など、スターリンの行動は規を越えていたからだ。

ポツダムで、トルーマンはスターリンに新型爆弾開発の成功をささやいた。八月六日、米国はその新型爆弾を広島へとはなった。八日にソ連が対日参戦を布告、翌日に米国は第二発を長崎に投下した。トルーマンは、ソ連の参戦前に日本の降伏を引き出したかった。スターリンは「原爆による脅迫」は自らにつきつけられたものと確信した、とスターリンの伝記作者は記している（『スターリン——赤い皇帝と廷臣たち』下）。

八月十四日に日本はポツダム宣言を受諾、米国政府は連合国軍最高司令官マッカーサーに対して、日本の占領する地域がそれぞれ、連合国のどの国に降伏すべきかを記した一般命令第一号を発した。満洲、北緯三十八度線以北の朝鮮、さらに樺太の日本軍はソ連軍指揮官に降伏する、と書かれていた。この文書はモスクワに転送された。「ただちにむずかしいことが起こってきた」とトルーマンは回想する。スターリンはその命令に以下の修正をくわえるよう求めた（八月十六日付）。

一、ヤルタ会談で決定した通り、ソ連領土として千島列島を加えること。

二、日本軍がソ連軍に降伏する地域に北海道の北半分、それは北海道の釧路から留萌までの線を含めること。

スターリンは、二の提案について、ソ連国民にとって特別な意味があるとした。「ご承知の通り、日本軍は一九一九年から一九二一年にかけてソ連の全極東地域を占領していました。もしソ連軍が日本本土の一部に占領地帯をもたなかったならば、ソ連国民の世論は著しく傷つけられるでありましょう。私の控え目な提案が反対を受けないことを切に願います」と述べた（『トルーマン回想録』一）。

一の要求をトルーマンはのんだ。スラヴィンスキーによれば、参戦前、ソ連国民は日本に対して悪感情をもっていなかったという。スターリンが、日本を「侵略国」と呼んだのは、一九四四年の十月革命記念日で、そこでかれの対日観が変わったことが明らかになったが、大祖国戦争の後に、なぜ、日本と戦わねばならないのか多くの国民は理解できなかった、というのだ。

一方、トルーマンは、ソ連のドイツ降伏後の欧州政策やポツダムでの対応で、ソ連に信をおかなくなっていた。すでに「ソ連に日本の管理に参加させない決意を固めていた」のだ。

トルーマンは、北海道はすでにマッカーサーの治下にあるとして、二の提案を拒否した。対するスターリンの返事は、「閣下からそのような返事がくるとは期待していませんでした」というものだった（八月二十二日付)。ここでの「期待」は想定という意味であろう。このスターリンの北北海道占領の提案は、先に示した一九五五年に公表されたトルーマンの回想録で広く知られるようになった。ペレストロイカ後、ソ連の研究者からもこの事実が確認されている。

なお、イワン・コワレンコによれば、ソ連による北北海道領有をローズヴェルトは承知しており、それを反故にしたのはトルーマンだという。その目的は、太平洋の出口となる宗谷海峡の確保だったとする(「イワン・コワレンコ　インタビュー(一九九四年十二月モスクワ)」共同通信社『沈黙のファイル』)。コワレンコはソ連の日本兵のシベリア抑留の責任者で、抑留者向けの日本語新聞の編集長だった。

トルーマンとスターリンとのやりとりにおいて、千島列島の領有について一つ書きとどめておかねばならない史実がある。トルーマンがソ連の千島領有を認めた折に、米国が千島列島に航空基地をもつ権利を主張した。スターリンは「強い反目に満ちた返答」でそれを拒否、トルーマンは返信でソ連が千島列島を得ることに前任者(ローズヴェルト)が同意したのに、どうして、その島々の一つに着陸の権利を得ることを不快に思わねばならないのか、と問いかけている。対してスターリンは、その要求を認めるかわりに、アリューシャン列島の一つにソ連の民間機の着陸を認めるようせまった。その後、話は立ち消えとなった。そこから想像できることは、トルーマンは千島列島のソ連の占領を、主権の回復と考えていなかった、という点だ。

もしトルーマンが、一のみならず二も諒としていたら、北海道は南北で二分されることとなった。釧路はほぼ北緯四十三度、留萌は四十四度にあたるが、戦後はそれが共産圏と自由主義圏を分かつ境界線となったのである。旭川はそのラインの北に位置する。かつて第七師団司令部のあった軍都は、共産圏の前線基地となったことだろう。そして月寒はその逆となる。

先のトルーマン回想録によれば、朝鮮半島の三十八度線を境に、北をソ連に、南を米国に降伏するように定めたのは、単に三十八度線の南に、朝鮮総督府のある「京城」があったからだという。京城（ソウル）を米軍が占拠することにより、日本は降伏を受け入れざるをえなくなる、そのような理由であった。

本章の最後に、先の「解放」の異なる側面にも触れておく必要があろう。南樺太へのソ連軍の侵攻を、解放ととらえた人々もいた。当時四十万人を数えた樺太の「日本人」には朝鮮半島出身者がいた。故地から徴用され炭鉱などではたらいていた人々、北海道や本州などの内地から移住してきた人もいた。その数は「日本人」の一割、四万人を数えた。それらの人々にとって、ソ連の対日参戦は、植民地のくびきからの解放であった。カイロ宣言にうたわれている通り、「奴隷状態」から「朝鮮ヲ自由且独立ノモノタラシムル」ものであった。

作家の李恢成は一九三五（昭和十）年に真岡で生まれた。父は、日本内地からの移住者だった。かれは故郷サハリンへの訪問記で、「樺太の解放」という語を使っている（『サハリンへの旅』）。朝鮮民族の李恢成にとって、樺太の戦いで民間人がソ連軍によって多数殺されているが（真岡の防空壕から外に出て、累累とした死体を見た、と書いている）、民族の歴史から見れば、それは解放であったのだ。

李恢成は一九四七年に、日本人にまじって内地に「引揚」、高校まで札幌で過ごした。他方、サハリンに残らざるをえなくなった人々もいた。

第十五章　北鎮の終焉

樺太真岡市街（北海道大学附属図書館蔵）

独ソ戦から関特演へ、北進から南進へ、ついで真珠湾攻撃へ。そこで北方の軍隊に求められたものは、何よりも静謐だった。中国、さらに南方にくわえて、北で戦線をひらくわけにはいかない。ソ連は米英と同じ陣営にあり、日本が同盟関係にあるドイツと交戦中だ。だが、ソ連とは中立条約を結んでいる。波風をたてるわけにはいかないのだ。

日本は太平洋の北でも、米軍に戦いを挑んでいた。一九四二（昭和十七）年六月初頭のミッドウェー海戦直後、アリューシャン列島の西端にあるアッツ島を占領するが、翌年五月、守備隊が全員戦死する。大本営はそれをはじめて玉砕と呼んだ。アッツ島の東にあるキスカ島も日本軍が占領していたが、米軍の反攻により撤兵することとなる。北方軍（北部軍の後身）司令官・樋口季一郎は、アッツにつづいてキスカでの壊滅は避けるよう進言し、撤退が実現した。樋口は、北部軍司令部の初代司令官・浜本喜一郎の後任として一九四二（昭和十七）年八月に司令官についていた。

そのキスカにあった北海守備隊の司令官が峯木十一郎で、のちに第八十八師団の師団長となる。第八十八師団は一九四五（昭和二十）年三月に樺太混成旅団が拡大したもので、歩兵第二十五聯隊はその下に属することとなるのである。

北の第百二十五聯隊、南の第二十五聯隊

時間を少しもどす。北部軍とともに誕生した樺太混成旅団は、関特演までは対ソの護りが主任務だった。が、英米蘭との戦いがはじまると、軸足が対米へとうつっていく。上敷香に駐屯していた歩兵第二十五聯隊も、対米防衛が主となり、飛行場の建設や、北東方面に向いた東岸の陣地設営を急ぐこととなるのだ。

樺太はその南に、魚の尾ひれのような二つの岬をもち、その突起が交差するところに港街・大泊がある。宗谷海峡を越えれば稚内だ。大泊は樺太の玄関口だった。その樺太の足下から北に上がっていくと陸地が一旦細くなる。その島の最もくびれたところの西が久春内《くしゅんない》、東は真縫《まぬい》である。その間わずか三十キロ。その二つの街を結ぶ線の北を、日本領樺太の北地区、その南を南地区と呼んでいた。

南地区には、豊原があり、その西に港街・真岡があった。南地区には開発がすすんだ街が多かった。比べて北地区は、針葉樹林が生い茂る原生林がひろがっていた。北海道帝国大学、京都帝国大学、九州帝国大学の演習林があることでわかる通り、未開拓の原野からなっていた。

北地区の大きな街は、西岸の恵須取、その北の塔路《とうろ》だった。前者は製紙業と炭鉱、後者も炭鉱を主要産業としていた。恵須取は樺太で人口最多をほこったが、鉄道は敷設されておらず、真岡から北上する線路は久春内を終点としていた。

北地区の東側に眼を向けると、豊原から北上する鉄道は、東岸を北へあがり、敷香で内陸へはいり、国境線の手前の古屯まで伸びていた。

歩兵第二十五聯隊は一九四五（昭和二十）年三月にその北地区から、南地区へと移駐した。来るべき米軍の進攻にそなえた措置であった。ついで第八十八師団が誕生し、第二十五聯隊が属する樺太混成旅団は、そ

の指揮下にはいるのである。

では、第二十五聯隊なきあと北地区をまもったのは誰か。それは警察と歩兵第百二十五聯隊であった。歩兵第百二十五聯隊は第二十五聯隊の後備隊として、一九四〇（昭和十五）年に月寒に誕生した。「百」は昭和の十年代にはいって新設された部隊につく隊号だ。第百二十五聯隊が樺太混成旅団に編入されたのは一九四三（昭和十八）年のことだった。国境線の半田の南、気屯《けとん》に駐屯をすることとなったのである。

半田は国境の街だ。その位置は、国境線の東岸・遠内《えんない》、西岸・安別《あんべつ》の間にあった。そこから南に中央軍道とよばれる道路が伸びており、敷香の南の街・内路に至ると道路は東海岸に達し、そこから大泊までつづいている。距離にして約四百四十キロ。半田からはじまる軍道は南樺太を縦断していた。

半田のすぐ南の街が古屯で、鉄道の最北端だった。一般人は古屯から北にははいれなかった。

サガレン（北樺太）のソ連軍が国境を越えて侵攻する際は、半田を攻撃してくることが予想された。そこから道路は一直線に樺太庁のある豊原までつづいているからだ。

一九四五（昭和二十）年の樺太における日本軍の布陣は、北地区を歩兵第百二十五聯隊がまもり、南地区の主力が歩兵第二十五聯隊だった。どちらも札幌月寒を出自とする。

歩兵第百二十五聯隊の任務は、有事の際に、警察と共同してソ連軍の突破をはばむことだった。第百二十五聯隊は、南地区の部隊と、さらに宗谷海峡の向こうにある第七師団（旭川）からの援軍が到着するまで、その地を固守せねばならない。しかし、ポツダム宣言受諾後、救援部隊が宗谷海峡を越えて来ることはなかった。ベルリン陥落後、大本営はソ連参戦を想定していたが、来るべき本土決戦に向けて、北方に割ける陣容、軍備は限られたものだったからだ。

国境線は警察が警備にあたり、その後方に歩兵第百二十五聯隊が分散して配置されていた。繰り返しとなるが、その上部機関に第八十八師団があった。そして、昭和二十年三月に誕生するその第八十八師団の師団長が、北海守備隊の司令官であった峯木十一郎だったのだ。

第百二十五聯隊の武装解除

一九四五（昭和二十）年八月九日午前七時前、豊原にある第八十八師団参謀長・鈴木康生の宿舎に伝令が駆け込んできた。月寒にある第五方面軍（北方軍の後身）からの緊急電話だった。昨日ソ連が日本に宣戦布告したとの知らせだった。

在モスクワ大使・佐藤尚武は、前夜にソ連の外交人民委員モロトフから宣戦を布告されたが、佐藤の電報は東京にとどくことはなかった。ソ連の電信部門が送信を遮断したのである。

満洲の国境線で、ソ連軍の侵攻がはじまったのは八月九日未明だった。ソ連軍は三つに分かれて、満洲になだれこんだ。西のモンゴルからはマリノフスキー指揮するザバイカル方面軍が奉天と新京を目指して進軍した。北からはプルカーエフ麾下の第二極東方面軍がアムール川をわたった。東からはメレツコフを司令官とする第一極東方面軍が国境線を突破した。全軍を指揮するのは極東ソ連軍司令官のワシレフスキーだった。兵力は百七十五万だ。

かたや日本軍百二十万、彼我の差は明らかだった。それゆえに、前年一九四四（昭和十九）年九月に出された対ソ作戦計画では、広大な満洲をまもることはあきらめ、新京から東は豆満江まで、南は大連を結ぶ三角地帯と、その後背地たる朝鮮半島を死守し、それ以外の地域の放棄もやむなしとした。

実際のソ連参戦をうけ、その時に打ち出された指令はさらに後退し、朝鮮半島の固守のみが指示された。圧倒的な規模のソ連軍を前に、関東軍は潰走するしか術がなかった。関東軍の壊滅、開拓民の惨事については多くの記録があるのでこれ以上は触れない。

ここで簡単に北部軍司令部の名称について書いておくと、昭和十五年に創設された北部軍司令部は、昭和十八年に北方軍となり、さらに、翌年昭和十九年に第五方面軍に改組される。その司令官はずっと樋口季一郎がつとめた。

さて豊原である。ソ連参戦の報に接して、第八十八師団参謀長・鈴木康生は直ちに歩兵第百二十五聯隊長・小林與喜三と連絡をとり、八方山に進出するよう指示した。八方山は、国境の街・半田の南約七キロにあり、標高二百から三百メートルほどの山がつらなっていた。中央軍道はその東を通っていた。歩兵第百二十五聯隊の任務は、その主力を八方山におき、軍道上にいくつかの部隊を配置して、ソ連軍を要扼《ようやく》することにあった。

第八十八師団司令部は、かねてから第五方面軍に対ソ戦略の策定を上申していたが、月寒の司令部からはなしのつぶてで、八月三日になってようやく「対ソ戦への転換」が下達された。第八十八師団は八月六日、七日両日に豊原で団隊長会議を開催し、作戦要領を指示した。だがその席においてもなお、ソ連の侵攻は八月末から九月初旬と想定されていたのである。

団隊長会議終了後に鈴木康生は、第百二十五聯隊長の小林に、今後は「格別御苦労を掛ける」と夕食を誘ったが、小林は「何となく気がせく」と誘いをことわり、夜行列車で聯隊にもどった。かれは翌日の昼に気屯の聯隊司令部に到着し、即座に各隊長へ命令を発出した(鈴木康生『樺太防衛の思い出』)。

聯隊長からの命令下達は、モロトフが佐藤に宣戦布告を告げた同日昼のことであった。第八十八師団長・

峯木十一郎と参謀長・鈴木康生が、広島への原爆投下を機密文書で知るのも、八月八日の夕刻のことだ。そして、その原子爆弾投下がソ連の対日参戦に、さらに八月九日の長崎の原爆投下へとつながっていくのである。

八月九日にソ連軍は満洲に怒涛のように侵攻したが、樺太の国境突破は一呼吸遅れたものだった。異変が確認されたのは九日の早朝である。武意加《むいか》の派出所の巡査が、電話線が切断されていることに気づいた。モスクワの佐藤大使がうけた同じ奇襲である。

武意加派出所の巡査が銃声を耳にしたのは九日朝七時半頃である。北に散開するソ連兵が見えた。ソ連軍は銃砲撃の後、北へと逃走した。武意加には八人の警官と五人の家族がいたが、家族はすみやかに南へと避難する。

「日の丸」という名の監視哨には、歩兵第百二十五聯隊の兵士がつめていた。日の丸監視哨は、標高三百五十メートルの高地にある。ソ連軍はその哨戒所に砲弾と手榴弾を投下した。だが、ソ連軍の攻撃はその後、散発的にしかなされなかった。

それはなぜか。極東ソ連軍は対日戦当初、兵力を満洲での戦いに集中し、戦況によっては、サハリン（北樺太）の部隊を満洲へと移送させる計画をたてていた。ところが、かつては精強を誇った関東軍もソ連軍の圧倒的な物量にいともと簡単に潰走していくこととなる。満洲制圧にはさほどの時間がかからなかったのだ。

極東ソ連軍総司令部が満洲での戦況を確認し、樺太進攻を指示したのは、八月十日二十二時のことだった。プルカーエフひきいる第二極東方面軍に対して、北太平洋艦隊と共同して、国境を越え、南サハリンに侵攻するよう命令がくだされたのである。

八月十一日朝、第五十六軍団第七十九狙撃兵団、第二百十四戦車旅団を主力とする部隊が攻撃を開始した。

戦車五両、砲三門、兵三百からなる先遣隊が半田にせまった。

その時半田には、二個小隊（泉澤小隊と大國小隊）と警察百二十人ほどがいた。本来、半田の守備は一個小隊にまかされていたが、ちょうど交代時にあった。二個小隊は連携し、応戦にあたった。泉澤少尉は部下をひきいて西側を北進し、敵の右側背を攻撃するも、そこで泉澤以下七名が戦死する。

半田にはソ連軍の戦車のみならず戦闘機もあらわれ、機銃弾がはなたれた。樺太戦には、陸海軍のみならず、空軍（第二百五十五混成航空師団の約百機）にも出動命令がでていたのである。

ソ連軍の装備に比べれば、徒手とも言える二個小隊と警察は、空からの攻撃で死傷者が続出し、後退を強いられることとなる。一個小隊をひきいた大國少尉も戦死する。八月十二日の明け方には勝敗が決した。一日で半田は落ちた。というよりも、無勢でよくも終日防戦したといったほうが良いだろう。

ソ連軍は八月十二日朝から中央軍道を南下した。半田の次は古屯だった。古屯は国境線から十七キロのところにあった。古屯までは列車が通っており、そこが落城すれば南地区までは、道路も鉄道も一直線である。

歩兵第百二十五聯隊が、軍道の西にある八方山に陣地をおいていたことはすでに述べた。半田から古屯の間の軍道には、東西に亜界川と師走川という河が流れていた。そこに防塁が築かれた。速射砲中隊を主力とした部隊が、師走川の南に陣取った。軍道でソ連軍を阻止し、八方山にいる部隊が側方からたたくという要撃作戦だった。

ソ連参戦後、北地区の民間人は陸続と南へと逃げていた。さらに、南地区の高齢者と女性、子供は、真岡、そして大泊から北海道へと避難した。歩兵第百二十五聯隊の使命は、ソ連の南下を押しとどめ、救援を待つことにあった。

原爆投下、ソ連の参戦を受けて、八月十日朝、鈴木貫太郎内閣は国体護持という条件付きでポツダム宣言の受諾を通知していた。もとよりそのようなことを、樺太の軍民は知る由もない。

古屯にせまるソ連軍には、戦車もまた戦闘機もある。力の差は明らかだった。ソ連軍は歩兵第百二十五聯隊の将兵に「日本は負けた！」と叫んだという。

師走川の南で速射砲中隊をひきいていたのが柿崎正一だった。ノモンハン事件で須見聯隊に所属し、生きのこった中隊長だ。ノモンハン同様に、速射砲も歩兵砲も、その徹甲弾がソ連の戦車の鋼板を射抜くことはなかった。砲弾は役にたたず、爆雷をかかえて戦車のキャタピラに飛び込む兵もいた。ノモンハンと同じ肉攻作戦である。

八月十三日も戦闘はつづいた。その夜、残存兵は突撃をかける。そこに柿崎正一もいた。ノモンハンで辛くも命をひろった中隊長は、樺太の国境線で戦死することとなる。この間、八方山陣地の部隊は沈黙をまもったという。陣地秘匿がその理由だったとされている。軍道では軍の将兵のみならず、警官隊も多数死んでいる。

中央軍道の東でもソ連軍は国境線を越え、古屯へとすすんだ。日本軍は鉄道で古屯に兵を送りこんだが、数日の攻防の後に、古屯もまた敵の手にわたる。古屯は紅蓮《ぐれん》の焔につつまれた。兵舎には多くの負傷兵もいたが、彼らは担架にのせられたまま焼け死んだ。

八方山にいた百二十五聯隊主力に、終戦の詔勅が伝えられたのは八月十七日のことだった。すでに聯隊長は、八月十五日に無線で日本の敗戦を聞いていた。が、その後もソ連軍の攻撃は止むことはなかった。停戦の軍使を派遣したのは八月十八日午後だ。翌日、歩兵第百二十五聯隊は武装解除される。すでにその二日前

（八月十七日）に満洲では、日本軍は武器をはなしていた。

塔路、恵須取への侵攻

ソ連軍が半田へ進撃した八月十一日、北地区の他地域への攻撃もはじまっていた。先に半田を空爆した第二百五十五混成航空師団が、空から、西海岸の塔路、恵須取、さらに、東岸の内路、そして、かつて歩兵第二十五聯隊が駐屯していた上敷香を襲ったのである。翌日ソ連軍は、西海岸の国境線の街・安別を砲撃する。八月十三日に塔路、さらに恵須取の市街が、空爆と艦砲射撃により炎上した。

塔路、恵須取の住民は、東岸・内路《ないろ》に至る内恵道路と、西岸の南の街・珍内《ちんない》へ至る珍内道路へと殺到する。西海岸にも部隊はいたが、それはソ連軍の上陸をはばむほどの戦力ではなかった。軍の他に特設警備隊や民間からあつめられた義勇隊もいたが、猟銃や竹やりといった武装で、壮年と若年の男性、さらに女性から構成されていた。義勇隊は十三日に戦闘態勢にはいるが、八月十五日の敗戦により解散される。

八月十一日から十八日までの中央軍道での戦いは、戦史や生存した将兵の回想記が史料となるが、塔路、恵須取には多くの民間人がいたので、住民の手記も後世に史実を伝えるものとなる。一九七〇年代から八〇年代にかけて、創価学会青年部が編んだ「戦争を知らない世代へ」という戦争体験者の証言集がある。その十八巻と二十六巻は樺太、千島からの引揚者の回想だ。その十八巻『北の海を渡って』の三章のうちの一章が、北地区西海岸に住んでいた人々の手記により編集されている。そこから、塔路、恵須取の状況を見てみよう。

恵須取高等女学校に通い、塔路に家族がいた内田啓子（当時十五歳）によれば、ソ連参戦後、多くの住民が山奥へと逃れたという。しかし、塔路をはなれることができたのは、老人や子供だけで、それ以外の男性や女性、年長の子供は現地で防衛任務についた。
八月十六日に交渉のため、ソ連軍のもとに赴いた塔路町長をはじめとした街の有力者が、翌日、射殺体となって発見された。前後して、塔路の街では、「辱めをうけるより」と自決する人が多数でた。塔路と恵須取の間には太平という炭鉱街があり、病院の看護婦二十三名が集団自決を試み、六名が死んでいる。生存した鳴海寿美（当時二十七歳）が手記を寄せている。
戦火がおさまった八月十五日以降、恵須取に多くの住民がもどってくるが、帰りの道路の惨状も記されている。樺太食料営団のエストル事務所に勤務していた藤田繁太郎（当時二十六歳）の文を引く。

行きもひどかったけれども帰る恵須取までの悲惨なことといったらどうだろう。機銃の犠牲になった人たちが道路いっぱいに所せましと丸太のように倒れふしているのである。なかにはまだ死にきれずいる人もあり、「水をくれ！」とうめいているではないか。あわてて駆けより、水をあげると、そのまま次々に息をひきとっていくのだ。道ばたの側溝に落ちこんだ人はなほひどく、水のために か身体が二倍にもふくれあがり巨人のようになって死んでいた。そして、時は八月の真夏。ことあろうにウジ虫どもが寄ってたかって蠢めいている…

修羅は人を魔物にする。老人を家に閉じ込める家族、我が子を崖から突き落とす親、そのような話も記録されている。

玉音放送後、樺太庁は全島に白旗をかかげるよう指示するが、西岸では、その後も多くの民間人が死んでいる。ソ連軍は白旗にも容赦はなかった。

では、塔路、恵須取への侵攻はいかなる目的のためになされたのか。スラヴィンスキーによれば、それは「サハリン西岸の日本軍の連絡通路を切断し、サハリン奥地への攻勢とサハリン沿岸に沿った攻勢を展開させる準備」であったという（『千島占領』）。

恵須取の南、久春内（久春内＝真縫線の久春内）から真岡、その南の内幌《ないほろ》まで鉄道が通っていた。古屯は大泊からの鉄道の最北端だった。中央軍道そして西岸が破られたことにより、ソ連軍の南地区への侵攻の布石が打たれたのだ。

しかし樺太に投入された軍は、国境線を突破した部隊と北地区の西岸に上陸した部隊だけではなかった。歩兵第百二十五聯隊が停戦の軍使を派遣した八月十八日の夜、沿海州のポストヴァヤ湾とワニノ湾では、狙撃兵（歩兵）が北太平洋艦隊の軍艦に乗船しはじめていたのである。その数おおよそ三千五百。混成海兵大隊と第百十三狙撃旅団からなる部隊である。その部隊が、真岡を「地獄絵図」（金子敏男）に変える。その目的は何か。翌日の朝、極東ソ連軍総司令官のワシレフスキーはある命令を発出するのだ。

第一極東方面軍は、八月十九日から九月一日までの間に、留萌から釧路に至る線より北の北海道の北半分及び千島列島の南部諸島を占領すること。そのために、太平洋艦隊はウラジオストクにある第八十七狙撃兵団の二個師団を、八月二十二日から二十六日の間に移動させること。その後、同兵団の二個師団を北海道に、そして、一個師団を千島列島南部に上陸させること、である。「このため極めて短い期間にサハリン南部を日本軍から解放し、真岡と大泊に上陸部隊と兵器を集中させせなければならなかった」（『千島占領』）。真岡への上陸作戦は、ウラジオストクにいる狙撃兵団にいち早く（つまり米軍が来る前に）、北海道と千島列島南部（北方領土）への上陸準備をさせるためだったのである。

そこで歩兵第二十五聯隊は終焉を迎えることとなるのだが、その話をする前に、千島列島の北端にも眼を向けておかねばならないであろう。本書の第一章で、樺太・千島交換条約によりカムチャツカ半島のロポトカ岬と占守島の間の占守海峡が、日露の国境線となったことは述べた。沿海州で真岡へと侵攻する部隊が、軍艦に乗船しはじめた八月十八日、ソ連軍はその占守海峡を越えて、上陸をはたすのである。以下、その話を記しておく。

国の端

占守島で生まれ育った別所二郎蔵の手記も、前掲の「戦争を知らない世代へ」二十六巻（『望郷の島々――千島・樺太引揚げ者の記録』）に掲載されている。まず二郎蔵の回想から、ソ連軍が上陸する前の占守島を見ておきたい。

別所二郎蔵は故郷・占守島を「平和な島」だったという。ことほどさように、同島をふくむ北千島（占守、幌筵《ほろむしろ》、阿頼度《あらいど》）に戦火があがるのは八月十五日以降のことである。

幾度か述べたが占守島が日本領となったのは、一八七五（明治八）年の樺太・千島交換条約でのことだ。その後、同島にいた先住民クリル人は色丹島に移住させられている。

占守島に日本から民間人が住むようになったのは、一八九三（明治二十六）年の報効義会の来島を先鞭とする。報効義会は海軍軍人・郡司成忠が千島開拓のためにつくった組織で、朝野から資金をあつめて、占守島に上陸、越年を試みたのである。郡司は作家・幸田露伴の兄である。

報効義会の開拓事業として占守島に入植したのが、二郎蔵の父・佐吉だった。佐吉一家はサケマス漁等で糊口をしのいだ。その後、一家は北海道にうつり、佐吉は夏場のみ島にわたった。二郎蔵は結婚後に帰島した。

二郎蔵によれば、日露戦争後に一旦さびれた島が活気をとりもどすのは、一九三三（昭和八）年頃だった。近海でサケ、マスの大きな魚道が発見され、万を超す漁師が来島するようになった。北千島だけで北海道の漁獲高を超えた。しかし定住者は、別所家のほか数家族しかいなかった。

占守島に陸軍の部隊が駐留するのは、一九四〇（昭和十五）年だ。その前から、海軍は飛行場と重油タンクを建設していた。

占守島と幌筵島の間には、幌筵海峡がある。西岸（幌筵島側）に片岡湾があり、そこに陸軍司令部が、東岸（占守島側）の柏原に海軍がおかれた。平和な島に少しずつ、戦争が近づいてきたのである。その三年後にアッツ島が陥落する。キスカから撤退した部隊は幌筵島に駐留した。一九四三（昭和十八）年七月のことである。それにともなって、島の要塞化がすすんだ。二郎蔵も、漁師をやめて軍の嘱託となった。

なお、これから述べる「占守島の戦い」は、主に防衛庁戦史室の資料（『北東方面陸軍作戦〈二〉千島・樺太・北海道の防衛』）による。

月寒の第五方面軍が、第九十一師団の任務を「幌筵海峡周辺地区及び占守島の要塞確保」としたのは一九四五（昭和二十）年春のことだった。第九十一師団（師団長：堤不夾貴《ふさき》）とは北千島に配置された師団である。

陸軍は歩兵第七十三旅団主力が峡東地区（占守島）を、歩兵第七十四旅団主力が峡西地区（幌筵島）を担当することとなった。両旅団とも、第七師団から編成されたもので、歩兵第七十三旅団は、杉野巌が旅団長を、歩兵第七十四旅団は佐藤政治が長をつとめた。

敵は米軍、幌筵海峡から上陸するという想定であった。占守島の北辺の国端崎は、独立歩兵第二百八十二大隊（村上大隊）が守備にあたり、その陣地は、岬から少し内陸部に入った四嶺山《よつみねやま》にはった。それぞれの部隊は第九十一師団に属していた。

言い忘れたが、占守島は当時の日本における最北の地だった。およそ北緯五十一度にあり、樺太の国境線の五十度より北にある。国端崎は、まさに日本という「国の端」にあったのである。その対岸がカムチャツカ半島のロポトカ岬である。

キスカ撤退以降、幌筵海峡には連日のように米機が来襲していた。一九四四（昭和十九）年春頃は主に夜間の偵察だったが、翌年になると爆撃をしかけてきた。つけくわえると、関東軍、さらに第七師団からは、かなりの兵力が割かれていた。しかし、第九十一師団の兵力は二万を越え、戦車隊（戦車第十一聯隊）もおり、さらに、残存機は少なかったが航空隊もいた。

北千島では八月十五日昼より、米軍の機影が消えた。かわって、国籍不明の飛行機が確認されるようになる。だが、濃霧のために機種を識別することはできない。電探によれば、カムチャツカ方面からの飛来だという。八月十七日、堤師団長は部隊長をあつめて、終戦の命令をくだした。その団隊長会議でなされた報告が、「ロポトカ岬から砲撃を受く」というものだった。

第五方面軍からは、「一切の戦闘行動停止、ただし止むを得ない自衛行動は妨げず、その完全徹底の時期を十八日十六時とする」という命令をうけていた。第九十一師団は、それを大本営と連合国との協定であると理解した。よって、砲撃は何かの間違えと考えた。

兵は終戦気分にひたっていた。戦時、食事は貧相を極めていた。離島ゆえに二年分の食糧が備蓄されていたが、戦況が読めない中、島では昆布が主食となり、消化不良で胃を壊すものが多数でた。米飯は、一口百回嚙むことが励行されていた。かつてあった水産物の缶詰工場も閉鎖されていた。

それが敗戦により、備蓄の米飯が供出され、甘味まで配給されたのである。復員にそなえて、新品の被服までくばられた。当時十七歳の兵・工藤千代穂によれば、その日の夜、基地では酒宴がおこなわれていたという。みな「戦争は終わった」と信じていた。そこに、「ドカーンという銃砲を合図にソ連兵がなだれのごとく攻め込ん」できたのである。前掲の「戦争を知らない世代へ」二十六巻によせた回想である。

ここで、その後の戦闘の詳細に入る前に、視点をかえて、ソ連側から前夜の様子を見ておくこととしよう。

ソ連軍司令官ワシレフスキーが、第二極東方面軍司令官プルカーエフと太平洋艦隊司令官ユマシェフに、千島上陸作戦を命令したのは八月十五日のことだった。作戦はまず占守島と、そのとなりの幌筵島を占領することとした。

占守島上陸作戦の指揮をとったのは、カムチャツカ防衛区司令官グネチコだった。

カムチャツカ東岸にあるペトロパヴロフスク海軍基地の兵力は十分なものではなかった。カムチャツカのソ連軍の戦力は、北千島の日本軍に及ばないと考えられていた。しかし司令部は、増援部隊をまたずに現有戦力のみで作戦を実行することを決めた。

ではなぜ、終戦後に上陸をはたさねばならなかったのか。まずはヤルタの秘密協定の履行がある。もうひとつは米国との関係だ。米国も千島列島に食指を動かしていた。というよりも、米軍のほうが、北千島上陸に先行していたのである。北千島にはアメリカの偵察機が頻繁に飛来していた。第九十一師団もソ連の上陸は想定しておらず、八月十五日以降、米国の軍使を待ち、武器の廃棄など、終戦準備をはじめていた。ソ連軍の焦慮はそこにあった。作戦準備は二日間でなされた。ペトロパヴロフスクの日本領事館の無線は遮断され、日本領事は拘禁された。

八月十六日十八時にソ連軍は部隊の乗船と物資の積み込みを終える。満洲における勝利と、樺太においては、西岸の恵須取が占領されたことが知らされる。太平洋艦隊司令部は、作戦計画の指示をだす。艦船が錨をあげたのは、翌日十七日朝だった。その日の夜に艦船は占守島沖に集結する。

あらためて、日本側からこの戦いを見てみよう。堤師団長のもとに、国籍不明の部隊が上陸したという知らせが届いたのは、八月十八日未明の二時頃のこと。上陸地点は、国端崎とその南・小泊崎の間の竹田浜だった。師団長は全軍に攻撃を指示、国端崎と小泊崎から砲撃が開始された。ソ連軍の上陸部隊は、村上大隊が陣取る四嶺山にすすんだ。

堤師団長は、島の西南にいた歩兵第七十三旅団と戦車第十一聯隊に出動を命ずる。上陸したソ連軍は、自動小銃と手榴弾しか装備していなかったが、ロポトカ岬からは援護の砲撃があった。戦局は多勢の日本軍優勢で推移した。

しかしその日の昼、第五方面軍司令部は第九十一師団に対し、「戦闘を停止し、自衛戦闘に移行」という命令をくだす。あわせて第五方面軍は陸軍中央に、連合軍へ停戦調整をおこなうよう要請する。

第九十一師団は白旗をたてた軍使を派遣するが、ソ連軍は攻撃をやめなかった。戦闘を停止した日本軍をソ連軍は追撃し、その日のうちに四嶺山が占領され、さらに、二つの岬もソ連軍の手に落ちた。翌日から、ソ連軍は軍需物資の上陸を開始し、攻撃もつづけられた。ソ連軍の要求は停戦と同時に、武器の引き渡しだった。師団長はそれに応じなかった。

八月二十日、軍艦が幌筵海峡にはいると、日本軍は応戦、その後、第五方面軍からのいかなる軍事行動も停止し、武器の引き渡しに応ぜよ、という命令により、師団長は攻撃を停止した。八月二十二日十四時から日本軍の降伏がはじまる。

この占守島の戦いで、ソ連軍は千五百六十七人の死傷者を出した。日本軍の損害は千十八人（『千島占領』、なお防衛庁資料によれば死者百七十余名）となった。この占守島の戦いは、対日戦において、ソ連軍の被害が上回った唯一のケースとなった。八月二十四日十二時、ソ連軍は幌筵島北西部と西部を占領した。

占守島における日本軍の兵力は八千強だった。ソ連軍もほぼ同数である。要塞攻撃の定石は、攻撃側の兵力は敵の三倍必要だ。なぜ、ソ連は増援をまたずに、このような作戦を展開したのであろうか。

スラヴィンスキーは書く。「八月一四日、日本が無条件降伏をしたあと、ソ連政府は、当てにしていた領土をいまだに占領していなかった。さらに、ソ連軍と米軍の対日作戦の接点が、事実上、千島列島に集中していたため、総司令部は米国自身が千島列島占領に踏み切るのではないかと危惧していた」（『千島占領』）。

米国は北千島の利用を意図していた。将来の世界一周飛行の着陸場として、幌筵島に飛行場の建設を計画していた。米機の飛来はその偵察も目的だった。そして米機は、アリューシャン列島に戻る前に、カムチャツカのソ連軍の基地により、第九十一師団の動向の情報を提供した。対日参戦に向けた、米ソの軍事協力の一環であった
ではなぜ米国は、八月十八日のソ連の侵攻以前に進駐してこなかったのか。ソ連軍との接触を避けたのであろうか。それとも、トルーマンの千島での飛行場の権利要求を、スターリンがのむと思ったのか。八月

十五日のソ連による戦闘継続を、英米が黙認したのは、ヤルタの密約によるとする、そのような見方もある（富田武『日ソ戦争』）。

いずれにしても、第九十一師団の降伏が八月二十四日となったことにより、ソ連軍の北千島侵攻が遅れることとなった。占守島の戦いが北海道の分断を救った、と言われる所以である。その後、第九十一師団の将兵の一部は、シベリアの極北の地・マガダンに送られることとなる。マガダンの話は『知られざるシベリア抑留の悲劇』（長瀬了治）に詳しい。

ここで別所二郎蔵について追記しておく。かれは二年間島に抑留され、のちに北海道にうつり、根室で酪農をいとなんだ。晩年は、占守島の生活記をのこすことに尽力した。二郎蔵は学校教育をほとんどうけなかったが、内地にいる折に自学で専門学校資格試験を受験している。昭和十六年、学術調査隊に同行し島を訪れた扇谷正造（朝日新聞記者）が、二郎蔵の家の書棚に、岩波新書がズラリとならんでいたことを書きのこしている。二郎蔵は文庫や新書の目録で本を探し、調査に訪れた研究者に次回の来島の際に持ってきてくれるよう所望した。遺著『わが北千島記』は、生まれ育った「国の端」の自然や人々の暮らしが、豊かな表現で描かれている。

軍旗焼却後の「自衛戦闘」

話を樺太にもどそう。歩兵第二十五聯隊は、南地区にうつったあと、東岸を中心とした対米戦の防備についていた。ソ連参戦を迎えてようやく、対ソ戦に方針が転換され、同聯隊は真岡を中心とした西海岸沿岸へと派遣されるのである。歩兵第二十五聯隊の本部は逢坂におかれた。逢坂は真岡から東へ二十数キロほど内陸にある。

真岡港は不凍港だった。真岡は豊原に近く、海上交通の拠点だった。先に述べた、札幌＝豊原説を援用すると、真岡は小樽、と言ったところか。

西海岸を南北に走る鉄道は、北の久春内から真岡を通り、内幌まで敷かれていたことはすでに書いた。さらに、真岡から樺太の首府・豊原まで豊真鉄道がはしっていた。その途中に逢坂があった。鉄道に並行して、豊原へと抜ける山道が通っていた。

ソ連軍は西海岸から上陸すると想定されていた。だが、ソ連参戦当初の戦闘は、北の国境線で展開された。そのようななか、歩兵第二十五聯隊は、西海岸を南北に散開し、守備を固めるよう命ぜられたのである。陣地の構築もおぼつかず、終戦の詔勅がおりる。各部隊に「現態勢のまま後命を待つべし」との命令があった。

歩兵第二十五聯隊に「軍旗奉焼」の下命がなされたのは八月十七日のことだった。聯隊旗は聯隊長室に安置されていた。聯隊長室は逢坂の国民学校におかれていた。旗は白布がかけられ、そこから逢坂神社の土俵にはこばれた。聯隊の将兵約二百名が見まもるなか、君が代が吹奏され、捧げ銃のもと火がつけられた。「聯隊長以下のほおに涙と汗が流れ、ささげ銃の、兵の間からすすり泣きが聞こえた」（金子敏男『樺太一九四五年夏』）。防衛庁の戦史は、「日露戦争以来、数々の武勲を秘めた由緒ある軍旗はここに灰燼と帰した」と述べる。

その「武勲を秘めた由緒ある軍旗」が歩兵第二十五聯隊の手にわたったのは、一九〇〇（明治三十三）年十二月二十二日のことだった。そのことは、第三章で述べたのでここでは繰り返さない。

一つだけ、以前の記述をあらためて記す。対露の護りとして、屯田兵を育て、第七師団を創設した永山武四郎が、かねてから自らの遺体を「北へ向けて葬れ」と語っていたことは前述したが、その「北へ」の敵手・ロシア（ソ連）との戦いで、その聯隊旗を焼却せねばならなくなったのは、皮肉な歴史のめぐりあわせ、と言えるだろう。

八月十七日の下命は、軍旗の焼却以外に、樺太出身の古年次兵の除隊だった。軍旗焼却と一部兵の離脱で、歩兵第二十五聯隊の部隊としての歴史は終わったと言えるだろう。だがその後に、第八十八師団に、ソ連軍の輸送船団が北上中という知らせがとどけられるのである。

真岡では八月十七日から女性と子供の緊急疎開がはじまり、十九日までで延べ六千人が出港していた。行き先は北海道だった。

軍旗焼却後、真岡周辺を守備する歩兵第二十五聯隊第一大隊は、大隊旗や機密文書の処分を急いでいた。ソ連軍との終戦処理を準備していたのである。

しかし、平和裏の終戦処理はおこなわれることはなかった。そこから、真岡での悲劇がはじまる。ここでの記述も、「戦争を知らない世代へ」十八巻（『北の海を渡って』）を使う。同書では「真岡の惨事」に一章を割いている。

八月二十日朝、濃霧につつまれていた真岡港では、多くの人々が船を待っていた。そこに突如、砲撃がはじまった。柴田三枝子（当時十歳）は以下のように回想している。「いきなりバリッバリッと異様な音が伝わってきたと思うより早く、ドーン、ドーンとつづけざまに大砲の轟音がした」。それが攻撃の合図だった。「耳をつんざくような激しくけたたましい大小の音。そして流れ弾がひっきりなしに雨あられと飛んでくる。道路にいるあちこちの人からは悲鳴があがり、あれよあれよという間にこの美しい港町は修羅場とかしていった」。
突然の大砲音は、生存者が異口同音に語る言葉だ。空砲だったという人、日本側の攻撃にソ連軍が応戦した、という証言もある。しかし、時間がないなかでの北北海道の制圧を考えれば、ソ連にとって武力をともなわない進駐は想定されていなかっただろう。

上陸したソ連軍は、民間人にも機銃掃射をあびせた。第八十八師団の生存者によれば、それはソ連軍のなかで「最も悪辣な」部隊だったという（新潟県偕行会『北海に捧げて』）。警防服や国民服を着た男たちは埠頭にあつめられ、一列にならばされて射殺された。壕にかくれたもの、豊原に至る山道へと殺到したものと、阿鼻叫喚の巷と化した。

その日の朝、真岡郵便局の交換手の女性九名が、服毒自殺した。郵便局にはソ連参戦以降、北地区からの情報がよせられていた。もし真岡にソ連軍が上陸したら……、自らの身に何が起こるかは想像がついた。

多くの住民が山道を豊原方面へと逃げた。真岡にいた軍は、管理要員だけだったと言われている。歩兵第二十五聯隊の各部隊は、真岡の内陸部の荒貝澤から奥地にいた。歩兵第二十五聯隊第一大隊の仲川大隊長は、その朝、ソ連艦船が真岡沖に停泊していることは漁師からの情報で知っていたが、詔勅後のことゆえ、平和進駐だろうと考えていた。よもや、民間人に発砲するとは思ってもいなかった。

第一大隊は軍師の派遣を決定、朝、村田徳兵衛ほか十七名からなる一行が、白旗をもって、荒貝澤の出口を出た。そこでソ連軍の歩哨に制止され、武器をはなしたところで突然、銃弾をあびた。生きのこった兵が大隊本部にもどり報告、軍使射殺の知らせはすぐに、歩兵第二十五聯隊の本部に伝えられ、「自衛戦闘」の指示がなされることとなる。

すでに、軍としての機能をうしなっていた歩兵第二十五聯隊の各部隊は、真岡から豊原に至る山道や、豊真鉄道の沿線で、ソ連軍に立ち向かうが、防戦もままならず続々と敗退していく。

二十日の真岡での惨状の知らせをうけて、第五方面軍は陸軍中央経由で、ワシレフスキーにソ連軍の不法行為を抗議するが、攻撃は止むことはなかった。二十一日、二十二日と真岡の内陸部である荒貝澤、熊笹峠、豊真鉄道宝台付近で、歩兵第二十五聯隊の自衛戦闘はつづくのだ。

八月二十二日夕刻になって、歩兵第二十五聯隊長の山澤饒に、第八十八師団司令部から、「俘虜となるも停戦せよ」という命令がおりる。聯隊長は村田康男以下五名の軍使を派遣する。しかし、その軍使も銃殺される。聯隊は石黒粂吉を派遣、その後、聯隊長が直接交渉にあたり、八月二十三日朝にようやく戦闘が停止されることとなる。

前日の八月二十二日に、第八十八師団参謀長・鈴木康生とアリモフとの間で停戦協定が成立していた。同夜、ソ連軍は豊原の樺太庁舎を制圧した。これをもって豊原は陥落した。

ソ連軍が南進し、大泊に上陸したのは、八月二十五日のことだった。そこでも、海軍武官府の軍使が殺害されている。大泊でも暴行、略奪がおこなわれた。当時三十八歳だった山本友太は、大泊でソ連兵が家さがしをし、つぎつぎに金品を盗んでゆき、逃げ出す住民が銃殺され、さらに、岸壁では兵が殺されていく光景を書きのこしている。

スラヴィンスキーの言を借りれば、この八月二十五日の大泊の制圧をもって、樺太の解放は終了したのである。

「北方領土」と「抑留」の端緒

ではなぜソ連軍はこのようなことをしたのであろうか。ソ連の正史では対日参戦をドイツとの大祖国戦争の継続であるとし、以下のように述べる。「社会主義祖国の名誉、自由、独立をめざし、日本侵略者に抗する、ソビエト国民の正義の解放戦争であった」(ソ連共産党中央委員会附属マルクス・レーニン主義研究所『第二次世界大戦史』十)。同書によれば、日本にポツダム宣言を受諾せしめたのは原子爆弾ではなく、ソ連の参戦によるものとする。そのことにより、アジアは解放され、ソ連の極東における安全は保たれることとなった。

しかし、真岡でソ連軍がしたことは民間人の虐殺であり、占領後は、その財産の強奪であり、女性への暴行だった。当時十八歳の大矢キサエは目の前で女性が暴行をうけたことを書きとどめている。ソ連兵は占領後、武器をもって「酒ダワイ」「娘ダワイ」と家々をまわった(金谷哲次郎証言)。

これまで原爆投下、対日参戦という米ソによる民間人の殺害に触れたが、そのような連合軍側の残虐行為に先立って、戦時に日本軍が同様の行為をおこなっていたことにも言及しておかねば偏向のそしりをうけるであろう。盧溝橋事件後の記述で、一九三七(昭和十二)年十二月の南京陥落に触れたが、上海から南京への進撃とその陥落後に不法行為があったことは広く知られたことである。むろん、非常時のことゆえ、その規模については認識に差があるにせよ、松井石根麾下の中支那方面軍のいくつかの部隊が軍紀を大きく逸脱したことは事実だ。

一例をあげると、当時外務省東亜局長であった石射猪太郎は、上海、さらに、南京の外務省職員から「掠奪、強姦、目もあてられぬ惨状」「あまりに大量の暴行」「同胞の鬼畜行為」の報告が多数寄せられたことを回想している。かれは南京でおこったことを、「わが民族史上、千古の汚点」と書きのこしている（『外交官の一生』）。

話をもどす。ローズヴェルトがスターリンに融和的に接した意図は、「悪魔に勝てなければ、悪魔と組め」というものだった（『ローズヴェエルトとスターリン』上）。ドイツや日本という「悪魔」に打ち勝つためには、スターリンという悪魔を味方につけるしか仕様がないのだ。ただ、その意味するところは、中国の成句にある、「夷を以って夷を制す（以夷制夷）」という古くからの軍略であり、米国大統領という立場にあれば、選択しうる最良の策であったのだろう。

他方、スターリンが欲したのは、北海道だった。前章ですでに述べたが、終戦時にトルーマンが発した一般命令第一号には、千島列島のソ連への分割は触れられてはいなかった。スターリンは、八月十六日付のトルーマンへの手紙で、ヤルタ会談での協定の履行と同時に、北北海道の占有を主張したのだ。

八月二十日のモスクワからワシレフスキーへの電報では、「北海道及び南クリール列島作戦準備のこと、ただし、この作戦は、本部の特別指令によってのみ開始すること」という指示がなされていた（『シベリア抑留秘史』）。北海道に上陸する予定の第八十七狙撃兵団は、ウラジオストクを発して、八月二十二日から逐次真岡に到着し、豊原に向かった。

八月二十二日とは、スターリンがトルーマンの北海道侵攻の拒否に対して、「閣下からそのような返事がくるとは期待していませんでした」という書簡をしたためた日だ。結局、八月二十日付の北海道侵攻に対する「本部の特別指令」はおりることはなかった（『読売新聞』一九九〇年十二月二十五日夕刊）。

もう一つのこるのが「抑留」である。

抑留についての指示は、八月二十三日にだされている。スターリンから内務人民委員ベリヤに、五十万人の日本人を収容所に送ることが命じられている。

なぜ日本兵はシベリアに連れていかれたのか。この問題についても、おびただしい研究がある。関東軍との密約説、労働力としての移送説、米国への牽制、北海道を獲得できなかった腹いせ……、だがどれも確たる証拠はない。

シベリア抑留は、さまざまな問題がからみあったものなのだろう。『シベリア抑留』(小林昭菜)は労働力説をとる。同書が主張するように、抑留は事前に準備されていたものであろう。そうでなければ、二十二日にトルーマンからの拒否にあって、その翌日に抑留についての詳細な指示がだせるわけがない。

八月十六日付のベリヤからワレシフスキーにあてた指示電文では、「日満軍の捕虜のソ連領の移送は行わない」と記されていた。その後、八月二十日付の電報で、北北海道及南クリル(北方領土)への作戦準備の指示がだされた。前述したが、豊原、大泊の占領を急ぐ理由はそこにあった。そして北海道領有についてのトルーマンからの拒絶があり、ついで八月二十三日、「健康な日本人捕虜五〇万人をシベリアに移送せよ」という命令が、国防委員会議長スターリンの名でくだされるのである。

終戦後の樺太で多くの民間人が死んだ。歩兵第二十五聯隊をふくめて生きのこった将兵はシベリアへと連れて行かれた。その経緯は以上の通りである。

第十六章　星条旗と旭日旗

真駒内種畜場（北海道大学附属図書館蔵）

終戦間近の七月十四日、真夏の太陽が照りつける札幌に空襲警報がなった。北海道新聞の記者・奥田二郎は、どうせ、本州の空襲のつきあい警報だろうと防空地下室にもぐった。手持無沙汰に吸い殻をほどいて再生タバコをつくる作業をはじめた。だが、時がたつと戦慄がはしる。米軍機が飛来してきたのである（『北海道米軍太平記』）。それまで北海道の空に敵機があらわれることはなかったのだ。

一九四二（昭和十七）年六月のミッドウェー海戦で戦局が転換、ガダルカナル攻防戦では一木支隊が全滅した。一木清直は第七師団第二十八聯隊長で、部隊をひきいて太平洋戦線へと転用されていた。一年以上つづいたガダルカナル戦から日本軍が撤退するのは翌年二月のこと。その翌年の一九四四（昭和十九）年七月にサイパンが占領され、同年末には本土空襲の危険がせまる。翌年三月十日、東京が空襲をうけ、十万人超が犠牲となった。四月に米軍は沖縄上陸、六月下旬に沖縄の日本軍はほぼ全滅することとなる。

沖縄戦では十万の軍人と、十五万の民間人が命を落としている。軍のうち一万が北海道から出征した将兵だった。その生存者は、わずか百数十人と伝えられている。沖縄戦で北海道の将士の死は少なくなかったのだ。しかし北海道を敵機が襲うことは、一九四五（昭和二十）年七月までなかった。

北海道を攻撃したのは米海軍第三十八高速空母機動部隊だった。空母十三隻からなり、道の南に展開、そこから爆撃機をはなった。

七月十四日、十五日両日の空襲では、三十八市町村が被害をうけた。室蘭の兵器工場は火をふき、青函連絡船も八隻が沈没、四隻が大破した。これにより本州との交通が遮断され、石炭輸送が断たれることとなる。根室、釧路、室蘭、函館が大きな被害をうけ、その死者は千五百人とも二千人ともいわれている。

北海道にのこった日本軍は地上から対空砲火をはなったが、命中率は低かった。本土決戦に向けて突貫工事でつくった苫小牧の沼ノ端飛行場などに戦闘機が保有されていたが、出撃命令がくだされることはなかった。来るべき本土決戦のため温存されたという。「本道の空は全く敵機の跳梁に任されていた」のである（『第七師団史』）。それが、千を超える民間人の死にあらわれている。では、第七師団はどこにいたのか。

師団通が平和通に

米軍はアッツ、キスカにつづいて、千島列島沿いに南下し、道東へ侵攻する。それが日本軍の想定だった。旭川にあった第七師団司令部に帯広への移駐が命ぜられたのは一九四四（昭和十九）年三月のことだった。司令部は帯広へ、歩兵第二十六聯隊は近郊の音更《おとふけ》へ、第二十七聯隊は釧路に、第二十八聯隊は北見へとうつった。第七師団の任務は、道東の沿岸部に防塁を築くことである。決戦は中標津の計根別平野等が想定されていた。

すでに第七師団からは多くの将兵が、南へとまわされ、残存の第七師団の実戦力は著しく低下していた。一九四五（昭和二十）年四月十日、師団に対して御真影、勅諭の返還が命ぜられる。米軍侵攻で師団が壊滅することも想定されていた。

振り返ってみれば、七月十四、十五日両日の北海道空襲は、軍事上不要なものだったのではなかろうか。七月十二日に東郷茂徳外相はソ連に戦争終結の意をつたえている。

日本がすでに終戦に向け準備をはじめていることを米国は知っていた。ポツダム会談は、北海道空襲二日後の七月十七日からひらかれる。

トルーマンがスターリンに原爆実験の成功をささやいたのは、その翌日のことである。北海道への攻撃は、石炭輸送をふくめた日本の軍需産業の命脈を断つことと、さらに戦後処理に向けたメッセージでもあったのではないか。

北海道初の空襲で、第七師団以下、北海道に展開する部隊は応戦したが、さしたる戦果はあがらなかった。第五方面軍も動かなかった。そして、北海道空襲の一か月後にポツダム宣言が受諾されるのだ。八月十七日には大本営より一切の戦闘行為禁止の命令がおりる。第七師団主力は、終戦まで北海道の地をはなれることはなかった。

第七師団歩兵第二十七聯隊が軍旗を焼却したのは八月二十八日、東釧路地方の天寧高原だった。歩兵二十八聯隊の軍旗は北見で焼かれた。しかしそれは、明治天皇の親筆のあるものではなく、新たに下賜されたものだった。一木支隊が捧持し、ガダルカナルでうしなわれていたからだ。

道東にあった歩兵第二十六聯隊は、終戦間近、第五方面軍司令部から緊急の召集をうける。ソ連軍の上陸を想定し小樽への出動が命ぜられた。列車で札幌に向かい、月寒の兵舎にはいった。が、出動命令はおりることはなかった。第二十六聯隊の聯隊旗は月寒神社の境内で焼却されることとなる。それをもって、第七師団の旧四聯隊の軍旗はすべてうしなわれた。屯田兵を出自とする師団は、その歴史を閉じることとなったのである。

占領軍の先遣隊が旭川に進駐したのは十月五日のことだった。翌日、本隊の米軍第七十七師団第三百五聯隊の四千名が旭川にはいり、第七師団司令部に星条旗があがった。「師団通」は、商店街や市議会議員などの議を経て、「平和通」と名をあらためた。

その道路は、第七師団から旭川駅へとつらなるもので、師団創設以来、出征の時も、凱旋の折も、部隊はそこを通った。途中には、旭日章がかかげられた堅牢な橋がかかっていた。

地元の時局への対応は早かった。軍都旭川はそれをもってその歴史を終えることとなる。

占領軍進駐後の札幌

八・一五後の札幌の街は、本州同様、いやそれ以上に混乱をきたした。「ソ連軍が上陸した」「北海道庁の屋上にソ連旗がはためいている」。デマがとんだ。新聞の広告欄には、「売家」の文字がならんだ。狸小路商店街の多くの商店が店を閉じた。私財を売り払う人が絶えなかった。札幌財務局は家庭用の酒を放出した。ソ連兵に飲まれる前に、処分しておこうという算段である。赤軍が侵攻してくるのではないか、その恐怖はぬぐいきれなかったのだ。

だが、ソ連軍が北海道に上陸することはなかった。それは、トルーマンのスターリンへの拒否があり、占守島で、さらに樺太での「自衛戦闘」があったからだ。九月二日に米艦ミズーリ号で降伏調印式がおこなわれ、ソ連侵攻の不安は消えた。が、その後も、南千島（北方領土）ではソ連の占領がつづくこととなる。

占領軍の北海道進駐は、降伏調印式の一週間後、九月九日からはじまった。陸奥湾に入港した米第九艦隊プナミスト号で、北部日本地域の降伏調印がなされた。北部日本とは秋田県能代以北を言う。

札幌市内の道標は英語に書きかえられた。進駐の第一陣到着は十月四日だった。バーネル（代将）ひきいる第九軍団第七十七師団六千名が函館に上陸した。北海道進駐の米軍最高司令官をつとめるライダー（少将）及び第七十七師団のブルース（少将）が八十名をしたがえて小樽港へはいった。小樽に上陸した部隊が札幌に向かったのは翌日早朝のことだった。

第九軍団と日本側との会見はただちにひらかれた。十月五日午後三時、ライダー司令官に対して、北海道庁長官兼北海地方総監・熊谷憲一、北海地方総監海軍部長・菊池鶴治、そして、第五方面軍司令官・樋口季一郎がすわった。菊池、樋口は軍人ゆえに、敗残の哀れは隠しえぬ様子だったという。樋口は帯剣していなかった。第七十七師団は北海道拓殖銀行ビルに司令部をおき、そこにも星条旗がかかげられた。

第七十七師団長ブルースとの会見は十一月二日におこなわれ、日本側から復員や軍需品の引き渡し状況が報告され、それをもって移管作業が終了し、北部軍を出自とする司令部は解散する。樋口季一郎も解任され小樽のそばの朝里に移り住む。

北海道米軍最高司令官ライダーは、第九軍団長という立場にあり、北海道の第七十七師団と、東北に進駐した第八十一師団を統括した。彼は三井合名会社の別邸に住んだ。現在の知事公館である。東北と北海道を所管する第九軍団長が札幌に居を構えたのは、北海道がソ連と接しているからだ。

札幌の主な建物はほとんどが米軍によって接収される。その屋上には星条旗がはためいた。札幌の老舗ホテル・グランドホテルは高級将校用の宿舎になった。月寒の陸軍施設にも米軍は駐屯した。月寒兵舎には第三百五混成師団がはいり、衛戍病院は米軍の医療部隊が使用することとなる。月寒はキャンプ・シーデンバーグと名付けられた。

第七十七師団は、グアム、レイテ、慶良間、伊江島をへて、沖縄戦を歴戦してきた部隊だった。古参から順次帰国し、本隊は一九四六（昭和二十一）年二月をもって帰還する。新たにやって来たのは第十一空挺師団だった。兵員は一万名。師団長はジョセフ・スイング（少将）だった。第十一空挺師団はレイテ、ルソンを戦ってきた部隊だ。

種畜場にできた「アメリカ新天地」

スイング少将は、「ヤンキー気質まる出しの派手さ」を持っていたという（関秀志他『新版北海道の歴史』下）。派手さは、二つのことにあらわれていた。一つが大規模キャンプの設置であり、もう一つが競馬の開催だ。前者が月寒と関係がある。

第十一空挺師団が札幌に進駐するや、新たな駐屯地を求めた。日本側は月寒を提案したが、スイングは蹴った。ほかにも、札幌の西の発寒《はっさむ》周辺の未開拓地も提案されたが、その案も却下された。水量が足りない、というのが理由だった。

師団が目をつけたのが、札幌の南郊の真駒内にひろがる種畜場だった。種畜場は開拓使時代の牧牛場を祖とするもので、畜産業の普及をになった。同地は米国人エドウィン・ダンがひらいた地だ。ダンは一八七三（明治六）年に来日した。琴似に屯田兵が入植した翌年である。北海道に牧畜という産業を根付かせたのはダンの功績が大きい。その後、種畜場は道の施設として運営されていた。

第十一空挺師団長はその地を見そめた。スイングはニュージャージーの出身、部隊はノースカロライナだ。同胞がつくった牧場に、祖国の風景を見たのであろう。奥田二郎は、真駒内に米軍がキャンプをおいた理由を、和風の「山紫水明」にあったと述べているが、それは、米国風の山紫水明だったのだ。

以前書いたが、月寒は坂の上の街だ。「つきさっぷ」というアイヌ語も、坂に由来する、という説がある。占領軍は駐屯地を高台ではなく、祖国を髣髴させる風景に求めたのである。

その種畜場に、司令部、兵舎（三百四十六棟）、家族用住宅（二百五十三棟）のみならず、劇場、体育館、図書館、教会、ゴルフ場（約七十万平米）等が建設された。日本人立ち入り禁止である。その「アメリカ新天地」（奥田二郎）が、キャンプ・クロフォードである。芝生がしきつめられ、教会堂が建つ風景は、これまで札幌の人々が見たこともないものだった。

クロフォードという名は、エドウィン・ダンと同じく、開拓使によって招聘された米国人ユーリー・クロフォードに由来する。かれが北海道の鉄道敷設を指揮したことは第八章で述べた。北海道の鉄道の歴史を展示する小樽の総合博物館本館前にクロフォード像が立っていることも、その折に触れた。なぜ真駒内の地に、ダンではなく、クロフォードの名を付したのか。同胞のダンが礎をつくった施設を反故にしたので、その名を冠することに憚するものがあったのだろうか。

キャンプ・クロフォードの建設は、一九四六（昭和二十一）年五月から翌年十月の一年半でおこなわれた。突貫工事である。動員された日本人労働者はのべ五千人を数えた。総工費三十億円、言うまでもなく、それは日本側の支出である。工事には、米国から運び込まれた建設機器や工作機械が使われた。が、開拓の歴史を引き継ぐ部分もあった。タコ労働の使用だ。

北海道の囚人労働を祖型とするタコ部屋（監獄部屋）は、明治、大正、昭和を通じて脈々と継承され、それは、北海道と樺太の開拓をになう重要な労働源だった。北海道に進駐した占領軍は、一九四六（昭和二十一）年八月に、タコ部屋解散令をだしたが、その後ものこり、皮肉にも、米軍キャンプの建設にも利用されていたのだ。キャンプ建設のために、工事建設局が設置され、その下に多くの建設業者が参加していた。その業者がタコ労働者を使っていたのだ。解散令がでた翌年に、タコ労働者が札幌の占領軍事務所に駆け込み、事実が発覚した（『戦後も続いたタコ部屋労働』）。

真駒内に駐屯していた第十一空挺師団は、一九四九（昭和二十四）年一月に米国にもどり、翌年、朝鮮戦争が勃発、同師団も半島へと出征した。後に北海道のキャンプは朝鮮戦争への供給基地となっていく。

キャンプのその後も記しておくこととする。その広大なキャンプは、駐留軍撤退後、敷地の北は自衛隊駐屯地となり、南では集合住宅の建設がすすみ、冬季五輪のための宿舎や競技場がつくられた。ゴルフ場の跡地は公園（真駒内公園）となった。

もし駐留軍が月寒に新たな駐屯地を建設していたら、おそらくは、陸軍墓地（平和公園）の忠魂納骨塔も、北部軍司令官官邸（つきさっぷ郷土資料館）ものこることはなかっただろう。

月寒の兵舎には、樺太や千島から引き揚げてきた人々が住んだ。北海道に、「外地」から多くの人々が引揚げてきた。市の資料によれば、最も多かったのが樺太で、北海道に親族のいない無縁故者は一万人を超えた。札幌市は無縁故家族のための引き揚げ住宅を準備した。終戦直後の段階でその数四千戸、うち三千あまりが、月寒の歩兵第二十五聯隊、第五方面軍司令部と、周囲に新たに建てられた施設に住んだ。戦後月寒は、引揚者の街となった。聯隊跡地には、樺太から逃れた寺、その名も豊原寺が建てられ、今ものこる。

一度、樺太の泊居《とまりおる》から一九四七年に引き揚げ、月寒に移り住んだお二方にお話を聞いたことがある。お二人は姉妹で、お姉さんが昭和十四年生、妹さんが二歳下とのことだった。

泊居は樺太西岸で、真岡と恵須取との間にある街だ。渡道後、一家五人で月寒に越してきたのが翌年一月のことだった。すでにそこには引揚者が聯隊兵舎に住んでいた。その頃はもう米軍はいなかった。二人は月寒小学校に入学するが、児童の八割は引揚者だった。月寒小学校はかつて聯隊関係者の子弟が通っていた小学校である。

お姉様の記憶では、兵舎の屋根は瓦ぶき、柱もしっかりし、外面は堅牢なものだった。だが、その内部を薄い板で仕切って、引揚家族が住んだ。厨房も洗面所も共同で、風呂はかつて兵士が使っていた共同浴場に通った。軍司令部の建物（現つきさっぷ郷土資料館）は近寄りがたい威厳をただよわせていた。

一九五一（昭和二十六）年に一家は月寒の新築の引揚住宅に越したが、その屋根は柾葺きだった。屯田兵屋に使われたものと同じ、板で葺いた屋根である。引揚者住宅は普請の悪いものだったようだ。月寒は米軍が去った後、そのように引揚者が多く住む街となり、軍の街としての歴史を終えることとなるのだ。

小さいアメリカ軍

数年前、佐藤守男さんに話を聞いたことがあった。佐藤さんは、警察予備隊の第一期の隊員だ。それから定年を迎えるまで自衛官として過ごされた。入隊と同時に、認識番号《シリアルナンバー》をわたされたという。それは米軍と同種のもので、戦死の際、所属と人物を識別するためのものである。アメリカの戦争映画で、戦死者の首から認識票を引きちぎるシーンがあるが、あれである。警察予備隊の教範類もすべて米軍のもので、それを和訳して使用した。それは、ジョン・ダワーが述べるところの、警察予備隊が「小さいアメリカ軍」であったことを裏付ける証言だった。

佐藤さんは、各務原、善通寺など旧軍衛戍地を接収してできた米軍キャンプを経て、一九五四（昭和二十九）

年に真駒内にあった北部方面総監総隊に配属され、そこを拠点に自衛隊生活をまっとうされた。

自衛隊では英語とロシア語を習得され、長年、ソ連情報の情報官をつとめ、一九九二（平成四）年に退官されてから、学問を志し北海道大学で博士号を取得されている。向学心にあふれた方だった。この本を書いている折にご家族から訃報をうけた。あらためて東京近郊のご自宅にお邪魔して、お話をお聞きしたいと思っていたが、コロナ禍でのびのびとなっていた。

その「小さいアメリカ軍」が誕生するきっかけは朝鮮戦争である。一九五〇（昭和二十五）年六月二十五日、北朝鮮軍が南へと侵攻した。朝鮮半島は三十八度線をもってソ連と米国の管理地域とされていた。

冷戦の淵源は大戦終結前にさかのぼることができるが、それが誰の目にも明らかになるのは、戦後になってからのことだ。一九四六年二月に、米国の外交官ジョージ・ケナンは、ソ連の「封じ込め」を主張し、翌月チャーチルは、「鉄のカーテン」という語を使った。

トルーマンが「トルーマン・ドクトリン」で、ソ連への対決姿勢を鮮明にしたのは一九四七年三月のことである。対してソ連は同年九月、コミンフォルム（共産党・労働者党情報局）を結成する。コミンテルンは戦時期、連合国に配慮し解散されたが、ソ連はあらたな社会主義国の統一組織をつくったのである。一九四八年、朝鮮半島では大韓民国、朝鮮民主主義人民共和国が誕生する。中国大陸では共産党の勝利が決定的となり、国民党は台湾に敗走した。欧州同様に東アジアでも、鉄のカーテンが引かれるかもしれない、アメリカは危機感をつのらせた。

米国が対日政策を転換したのはそのような時期だった。一九四八年十月に国家安全保障会議は「対日政策に関する勧告」を発表、占領軍の権限を徐々に日本政府にうつし、日本を友好国として育て、復興を加速させる、という方針をたてた。占領直後の民主化政策からの転換、いわゆる「逆コース」もはじまった。

そのようななか、金日成はスターリンと毛沢東の了解をとりつけて、三十八度線を越えた。大韓民国には韓国軍と米軍がいたが、国境会戦で韓国軍は後退、米軍は、日本に駐留する四個師団のうち三個師団を派兵する。のこった一個師団が、さきのキャンプ・クロフォードの部隊、米軍第七師団だった。キャンプ・クロフォードに駐屯していた第十一空挺師団が去ったあと、歩兵第七師団が真駒内に移駐していたのだ。奇しくもかつての北海道の部隊と同名の「第七師団」である。

朝鮮戦争が勃発し、国連軍の司令官に任命されたのがマッカーサーだった。ソ連は国連安全保障理事会を欠席し、米国の主導により大韓民国支援が決定する。マッカーサーは吉田茂に警察予備隊の設立を指示する。その数七万五千。米軍が不在となった日本の治安維持が目的だった。同時に日本の再軍備をも見すえた措置であった。

一九五〇（昭和二十五）年七月十四日、占領軍に民事課別室が設置される。トップがシェパード（少将）、幕僚長がコワルスキー（大佐）だった。その組織が、米軍事顧問団として警察予備隊を指導した。翌月八月十日には警察予備隊令が発出され、八月十三日に警察予備隊員の募集が開始されるのだ。先に触れた佐藤さんは、その時に応募した。佐藤さんによれば、入隊後、キャンプを移動する時には行き先を告げられることはなかった。朝鮮半島に派兵されるのではないか、同僚と不安を語りあった。

日本人共産主義者によって編成された二個師団

民事課別室幕僚長フランク・コワルスキーによれば、朝鮮戦争開戦時の日本防衛の焦点は北海道だったという。日本に駐留していた三個師団が、ただちに半島へと出征したことは述べたが、キャンプ・クロフォードにあった第七師団を出動させなかったのは、ソ連軍による北海道侵攻の危険性があったからだ。さらに、北海道に侵攻してくると想定された部隊の中には、「日本人共産主義者によって編成された二個師団」がふくまれているかもしれない、と考えた(『日本再軍備』)。

米国の統合参謀本部はソ連の日本侵攻の可能性を想定していた。ソ連の極東軍の兵力は米国よりも圧倒的に多く、さらにそこに日本人によって構成された部隊を使うのではないか、そのような予想を排除しきれなかったのだ。

朝鮮戦争開始前、六十五万の抑留者のうちすでに五十万強は帰国していたが、十万を超える日本軍人はいまだシベリアの地にいた。日本兵は命を惜しまない。かれらがソ連に「洗脳」され、北海道に侵攻するかもしれない。それは悪夢以外の何物でもなかった。コワルスキーは「うわさ」について以下のように述べる。

これらのうわさの真偽のほどは、今になっても明らかにされてはいないが、当時はいろいろな報告がさかんに入ってきており、それによると、アジア大陸には、第二次世界大戦中の日本人捕虜を交えた数個師団のソ連軍が、配置されているということであった。樺太に配置されている部隊は装備もよく整い、完全に共産主義の洗脳をうけており、彼らの任務は、第七師団(米軍—引用者)が朝鮮に向け出発した直後、北海道に侵入しこれを攻略することにあった。/これらのうわさを額面通り受け取らない人も一部にはあったが、相手がソ連のことではあるし、やろうと思えば北海道くらいは簡単に攻略する能力を持っていることを十分知っているので、われわれはうわさだからと言って、むげにこれを無視することはできなかった。

日本に駐留していた四個師団のうち最後の一個師団・第七師団が朝鮮半島へと出征したのは一九五〇（昭和二十五）年九月十日。仁川上陸作戦（九月十五日）の直前のことだ。

第七師団がキャンプ・クロフォードから去った後、新たに入ってきたのが一万人の警察予備隊であった。かれらは、移動の汽車のなかで、カービン銃の操作をおぼえた。当時、札幌市内から、温泉地・定山渓まで鉄道が敷設されており、その線路が途中でキャンプに引き込み線として敷かれていた。コワルスキーによれば、ソ連の侵攻に備えるために、第七師団が去るや否や、間髪を入れずに、警察予備隊一万人を入営させたという。それが、戦後のあらたな北方防衛の誕生となった。

十八年後の巡幸

昭和天皇は一九四六（昭和二十一）年一月の「人間宣言」を経て、翌月から神奈川を皮切りに巡幸をはじめる。八年に及ぶこの地方巡幸の最後の地が北海道だった。

天皇は皇后と連れ立って、一九五四（昭和二十九）年八月七日に津軽海峡をわたる。二人をのせた青函連絡船には天皇旗がかかげられ、発足したばかりの海上自衛隊のフリーゲート艦や海上保安庁の巡視艦が護衛にあたった。黒磯の御用邸からはじまった北海道巡幸は、十七泊十八日。昭和天皇の来道は一九三六（昭和十一）年の陸軍特別大演習以来であった。

では、昭和十一年と昭和二十九年では何が違ったのか。そのことを述べる前に、昭和二十九年までの歴史をごく簡単に振り返っておくこととしよう。
一九五一（昭和二十六）年九月に米国のサンフランシスコで対日講和会議が開催され、日本は独立を回復する。だがその会議には、ソ連など共産圏の国々や、中国（中華人民共和国と中華民国）、インド、ビルマは参加することなく、「全面講和」となることはなかった。会議の最後の演説で総理の吉田茂は、南樺太、千島について以下の言葉をのこしている。

千島列島及び南樺太の地域は日本が侵略によつて奪取したものだとのソ連全権の主張に対しては抗議いたします。日本開国の当時、千島南部の二島、択捉、国後両島が日本領であることについては、帝政ロシアも何ら異議を挿さまなかつたのであります。ただ得撫以北の北千島諸島と樺太南部は、当時日露両国人の混住の地でありました。一八七五年五月七日日露両国政府は、平和的な外交交渉を通じて樺太南部は露領とし、その代償として北千島諸島は日本領とすることに話合をつけたのであります。名は代償でありますが、事実は樺太南部を譲渡して交渉の妥結を計つたのであります。その後樺太南部は一九〇五年九月五日ルーズヴェルトアメリカ合衆国大統領の仲介によつて結ばれたポーツマス平和条約で日本領となつたのであります。

吉田はそのような抗議やいくつかの懸念を述べつつも、平和条約は公平寛大なものであり、欣然受諾するとする。そのようにして、樺太と千島列島は正式に放棄されたのだ。
この講和条約とともに誕生したのが、日米安全保障条約だった。駐留軍はそのまま日本に残留することとなった。また、講和会議の前、米国のダレス国務長官による日本再軍備の要求に対して、吉田が了承したのが、保安隊の設置だった。

講和条約と一対となる日米安全保障条約は、講和会議の翌年四月に発効するが、同年八月一日に警察予備隊と海上保安庁をあわせて、保安庁も発足する。日米行政協定によって日本は米軍に基地を提供し、駐留経費を分担、保安隊が駐留米軍を補助するという現在に至る日本の安全保障体制ができあがったのである。

そのような米軍の駐留は、占領の継続というとらえ方もできる。また、日米同盟によって、「日本は米国の軍事衛星国―属国―に成り下がった」という見方も成り立ちうるだろう（ケネス・B・パイル『アメリカの世紀と日本』）。が、ここでは、この問題にこれ以上は立ち入らない。

他方ソ連に目を向けると、一九五三年にスターリンが死去し、朝鮮戦争休戦協定が結ばれた。講和条約締結当時、朝鮮半島では戦火はおさまっていなかったのだ。フルシチョフが平和共存路線を打ち出すのはさらに先、一九五六年のことだ。先に述べた、「ソ連が侵攻してくる」という恐怖は、当時、故無きことではなかったのである。

一九五四（昭和二十九）年三月に日米総合防衛援助協定が結ばれ、防衛体制はさらに強まり、七月一日に防衛庁が発足する。そして、防衛庁が誕生した折にあるものが復活するのである。それは「旭日旗」である。

復活というのは正確さを欠くだろう。陸上自衛隊の「自衛隊旗」は、かつての聯隊旗と同じ旭日の意匠だが、細部が少し異なっていた。が、海上自衛隊の「自衛艦旗」は、海軍の旭日旗と全く同じものだった。防衛庁の資料によれば、旗の検討は前年からはじまり、識者への意見募集を経て、「旭日」以外はありえないとの結論に達したという。

さらに、自衛隊旗、自衛艦旗誕生の際に、もう一つ復活したものがある。「天皇旗」である。赤地の錦に金で菊花が刺繍されている。天皇旗等の皇室の旗は占領軍によって使用が禁止されていたのだ。

昭和天皇の来道は、戦後はじめてその天皇旗がかかげられる巡幸となった。津軽海峡をわたる青函連絡船には、その天皇旗が掲揚された。事前の報道では、海上自衛艦には復活したばかりの自衛艦旗もかかげられるとあった（なお、当日の報道にはその文言は見えない）。

朝鮮戦争開戦以降、津軽海峡にはソ連の機雷が流れつき、しばしば、連絡船が止まった。それゆえ天皇の北海道巡幸はのびのびになっていた。護衛艦のなかには、機雷を除去する掃海艇もふくまれていた。

昭和天皇は八月六日に黒磯を出発したあと、七日に盛岡、八日に函館、九日に大沼、洞爺湖を経て室蘭、十日は登別、苫小牧、夕張、十一日岩見沢、砂川を経て旭川、十二日北見に行き、十三日網走、十四日釧路から摩周湖を経て阿寒、十六日釧路、十七日帯広、十八日富良野、札幌を経て小樽、十九日は小樽からニセコ、二十一日に余市を経て札幌に到着し、翌二十二日に札幌で第九回国民体育大会に出席している。千歳空港から帰路につくのが八月二十三日のことだ。道北の稚内以外、主要都市をほぼまわった。

先の巡幸の目的は、陸軍特別大演習にあった。それから、十八年後の来道の最大のイベントは、国民体育大会だった。昭和天皇は旅を終えたあと、疲れをかくせない様子だった。

本書の冒頭で、軍が「天皇の軍隊」となった経緯を述べた。戦後、軍は解体され、その後、警察予備隊、保安隊を経て自衛隊となった。新憲法のもと、自衛隊は天皇の軍隊ではなくなった。

では、戦後まもない頃の天皇と自衛隊との関係はいかなるものだったのか。海上自衛隊と海上保安庁は、天皇と皇后が、連絡船・洞爺丸で津軽海峡をわたる時に、登舷礼をおこなった。登舷礼とは、艦艇礼式の一つで、貴賓の送迎や遠航の軍艦に対して、乗員が艦の両舷に整列し敬意をあらわすものだ。二十四隻ある護衛艦が登舷礼を挙行する景色はさぞや圧巻だったであろう。上空ではヘリコプターや飛行機がまった。当時の新聞には、艦上で皇后とならぶ昭和天皇が帽子をとって挨拶する写真が掲載されている。

北海道の奉迎場では、陸上自衛隊による歓迎もうけている。旭川では三千五百人の自衛官が市民にまじって昭和天皇を迎えた。自衛隊は捧げ銃をし、ラッパが奏でられた（『朝日新聞』一九五四年八月十二日、二十一日朝刊）。記事には記載がないが、陸上自衛隊はおそらく、復活したばかりの自衛隊旗（旭日旗）をかかげていたのではないか。しかし、その旗には、かつてあった天皇の親筆はない。歴戦の証となる弾の跡もない。昭和十一年の行幸では、室蘭上陸後ただちに軍都・旭川に向かい、第七師団を親閲したことは十一章で書いた。しかし、戦後、天皇は部隊を視察することはなくなった。

巡幸後、自衛隊の奉迎について記者が水を向けると、昭和天皇は口をつぐんだ（『読売新聞』一九五四年八月二十三日朝刊）。宮内庁長官が質問を制し、会見は打ち切られた。

旧軍の軍人は、戦後、公職追放処分となっていたが、保安隊ができる直前、大佐級の幹部は追放解除となり、うち十一名が保安隊にはいっている。占領軍参謀本部第二部長のチャールズ・ウィロビーが服部卓四郎を予備隊の「参謀総長」にすえようとした話はご存じの方も多いだろう。服部とそのグループは、占領軍に働きかけていた。服部の入隊は実現しなかったが、高級将校の復活はその後もつづくこととなる。小さなアメリカ軍に旧軍の血が注入されるのである。

警察予備隊第一期の佐藤守男さんは、旧軍将校が入隊してきた際、強い違和感を覚えたという。隊内には、旧軍将校の苗字をとって、××会といった親睦会もできたそうだが、そのような場に参加することはなかった。そこでは時に、旧軍の思い出も語られたことであろう。そのようにして、戦前と戦後が接続していくこととなる。

北海道巡幸にもどる。『昭和天皇実録』を読む限り、北海道巡幸で戦争犠牲者に対する追悼は読みとれない。遺族との正式な場での対面の記載もない。昭和天皇は、旭川で小学校（東五条小学校）を訪問した際、校門を出たところで戦没者遺族代表に声をかけている。旧軍第七師団の関係者なのだろう。遺族との交流はその校門前での遭遇しか記されていない。同校は文部省指定の「耐寒モデルスクール」であり、それゆえの訪問だった。

陸軍特別大演習十八年後の北海道巡幸は、このようにして終わるのである。

最後に、抑留者の引き揚げについて触れておく。平和共存路線により、日ソ共同宣言が結ばれたのは一九五六（昭和三十一）年十月のことだった。それをうけ、のこされた抑留者のほとんどが帰国することとなる。第八十八師団長の峯木十一郎がナホトカを出発したのは同年十二月二十四日、故郷の新潟県村上には三十日に到着している。第八十八師団参謀長・鈴木康生も同時期に帰国している。関東軍参謀だった瀬島龍三が舞鶴に降り立ったのはそれに先立つ同年八月のことだった。その年をもって抑留者のほとんどの引き揚げが完了した。しかし、亡くなった人々の骨は、かの地にのこされたままとなった。

あとがき

この本を書こうと思ったきっかけは、月寒の忠魂納骨塔だった。

最初に「つきさっぷ郷土資料館」を訪れた帰り、車のナビで「平和公園」という名に目がとまった。平和公園は、月寒公園の手前にあった。月寒公園は、かつての歩兵第二十五聯隊の演習場で、そこは歩いたことがあった。

はじめて目にした忠魂納骨塔の威容は、いまも記憶にのこっている。公園の奥に、五芒星をいただく塔が建っていた。アウラを発していた。あまたの遺骨がおさめられている建物である。霊気を帯びざるをえない。

「平和」、という名に反応したのには訳がある。NHKのドラマ『戦艦大和のカレイライス』を見ていたからだ。NHK広島放送局制作の地方ドラマだ。元AKBの秋元才加演じる広島出身の女性が、東京での華やかな生活（モデル業）をあきらめて、広島にもどり、呉のタウン誌ではたらく。呉港で、旧海軍の埠頭にうかぶ自衛艦を目にした時の第一声が、「ぶちかっこえぇ」だった。生まれ育った広島の街には、「平和記念公園」からはじまり、「平和」がつく場所であふれていた。「平和××は、戦争に関係している」、そのような固定観念をもっていた。

それから、北海道にまつわる記憶がよみがえってきた。

長沼ナイキ訴訟という言葉を聞いた頃、ベトナムでは戦火がつづいていた。北海道は、日本の防衛と深く関係している、ニュースや大人たちの会話から感ずるようになった。ソ連のベレンコ中尉がミグ25を操縦し函館に降り立ったのは、高校生の頃のことだ。米ソのつばぜりあいの舞台は北海道、そのような印象をもった。日本史で、屯田兵の由来について知り、そのことも、北海道と軍事、というつながりを意識するようになった。

防衛とならぶ、北海道イメージのもう一つが、監獄だった。それは高倉健とともにあった。こちらに来てからのことだが、『赤い人』(吉村昭)を読み、「月形樺戸博物館」を訪ねた。同館は、かつての樺戸集治監の庁舎をつかい、集治監の歴史が展示されている。

なによりも、近代北海道への興味をかきたてられたのは、炭鉱だった。休みの日に空知の旧産炭地にでかけた。

「夕張市石炭博物館」の元館長・青木隆夫さんが、夕張で、炭鉱と街の歴史についての勉強会を開催されており、幾度か参加した。なにかの折に、占領軍は北海道進駐後ただちに夕張にはいった、と話されていた。明治の富国強兵、殖産興業にも、戦後の経済復興にも、炭鉱が深く関係している。石炭という近代日本の動力を、米軍は知悉していたのである。

北海道にまつわる切れ切れの知識が、頭の中で乱反射しはじめた。屯田兵、監獄、炭鉱、第七師団、そして、戦後の北方防衛、それらの事象はどのようにつながっているのか。近代日本の北方政策と、どのように関連しているのか。

忠魂納骨塔の慰霊活動をおこなっている「月寒忠霊塔奉賛会」に連絡し、関係者から話を聞いた。図書館で資料にあたった。

慰霊祭で、納骨塔の扉があき、中で手をあわせた時は、四千の将兵が、何かを語りたげにしている、そんな気持ちがした。『北海タイムス』（一九四頁）が述べる通り、中は三室にわかれ、四千の遺骨と位牌がおさめられている。

副題に「帝国」という言葉を使った意図も書いておく。帝国日本の誕生の背景には、外圧への抵抗、つまり、軍事という問題があった。そこにおいて、「北」、という要素が大きな比重を占めていたことは、これまで見てきた通りだ。その帝国が崩壊する際も、「北」要因が作用し、「戦後」が形づくられることとなる。「近代日本」という中性的な言葉ではなく、「帝国日本」という色のついた語を使用したのは、そのような理由による。付け加えると、私がつとめる北海道大学の図書館は、「北鎮」の資料の宝庫だった。北海道帝国大学であれば、当然のことなのだろう。

奉賛会の髙橋憲一さんからは、聯隊に関わる貴重な話をご教示いただいた。髙橋さんは『札幌歩兵第二十五聯隊誌』をまとめられている。

お一人お一人の名前はあげないが、つきさっぷ郷土資料館、月寒忠霊塔奉賛会をはじめ多くの方々から示唆を得た。お礼を申し上げたい。

本書におさめた文章の前半は、当初「「北鎮」の墓碑銘」というタイトルで、白水社の「ｗｅｂふらんす」に連載したものだ。しかし、コロナ禍に起因する諸事情により、連載を止めざるをえなくなった。並行してすすめていた後半の原稿とあわせて、一書にしたものがこの本である。

連載当時、朝日新聞社の田村宏嗣さんからは、毎回、史実や表現について多くの指摘や助言をいただいた、記してお礼を述べる。

ウェブのご担当の小池奈央美さんには連載当時お世話になった。編集は、前著の吉田満伝（『吉田満 戦艦大和学徒兵の五十六年』）と同じく、竹園公一朗さんである。企画の段階から、多くの助言を頂戴した。あわせて、お礼を申し上げる。

本書を書いた目的である、「北の記憶」、さらに、北海道をめぐるさまざまな事象がどうつながっているのか、という疑問への答えを、十二分に明らかにできたかどうか、それは、読者諸賢のご判断におまかせする。そのことを問う以前に、事実認識において、疑問をもたれる箇所もあるかもしれない。史実の誤認もあろうかと思う。言うまでもなく、それらの責任は書き手である私に帰するものである。

二〇二一年七月

渡辺浩平

参照文献

旭川市史編集会議編『新旭川市史』（第一巻～第八巻）、旭川市、一九九三年～二〇〇九年
朝日新聞社『新聞と戦争』朝日新聞社、二〇〇八年
麻田雅文『満蒙 日露中の「最前線」』講談社、二〇一四年
麻田雅文『シベリア出兵』中央公論新社（新書）、二〇一六年
麻田雅文『日露近代史』講談社（新書）、二〇一八年
浅見雅男『皇族と帝国陸海軍』文藝春秋、二〇一〇年
浅見雅男『歴史の余白』文藝春秋（新書）、二〇一八年
石井修他『アメリカ統合参謀本部資料一九四八～一九五三年』第五巻、柏書房、二〇〇〇年
荒木貞夫『非常時認識と青年の覚悟』文明社、一九三四年
有末精三『政治と軍事と人事――参謀本部第二部長の手記』芙蓉書房、一九八二年
有竹修二編『荒木貞夫風雲三十年』芙蓉書房、一九七五年
有馬尚経『屯田兵とは何か――その遺勲と変遷』幻冬社、二〇二〇年
有馬学『「国際化」の中の帝国日本』中央公論新社（文庫）、二〇一三年

アレクサンドロビチ『シベリア抑留秘史——KGBの魔手に捕らわれて』終戦史料館出版部、一九九二年
五十嵐武『対日講和と冷戦——戦後日本日米関係の形成』東京大学出版会、一九八七年
井黒弥太郎、片山敬次『北海道のいしづえ四人』みやま書房、一九六七年
石射猪太郎『外交官の一生』中央公論新社（文庫）、二〇〇七年
石塚経二『アムールのささやき』千軒社、一九七二年
伊藤桂一『静かなノモンハン』講談社（文庫）、二〇〇五年
伊藤之雄『明治天皇』ミネルヴァ書房、二〇〇六年
伊藤博文編『秘書類纂　兵政関係資料』原書房、一九七〇年
猪木正道『軍国日本の興亡』中央公論新社（新書）、一九九五年
今西一「美作「血税」一揆断章」馬原鉄男、岩井忠熊編『天皇制国家の統合と支配』文理閣、一九九二年
岩波書店編集部編『近代日本総合年表』第二版、岩波書店、一九八四年
上田恭輔『旅順戦記案内の記』私家版（大連）、一九二七年
江上剛『怪物商人』ＰＨＰ研究所、二〇一七年
ＮＨＫスペシャル取材班『樺太地上戦』角川書店、二〇一九年
榎本守恵『北海道の歴史』北海道新聞社、一九八一年
榎森進『アイヌ民族の歴史』草風館、二〇〇七年
大江志乃夫『「非常時」日本』（図説昭和の歴史）集英社、一九八〇年
大木毅『独ソ戦——絶滅戦争の惨禍』岩波書店（新書）、二〇一九年

大谷正『日清戦争』中央公論新社（新書）、二〇一四年
大濱徹也、小沢郁郎編『改訂版帝国陸海軍事典』同成社、一九九五年
大濱徹也『乃木希典』講談社（文庫）、二〇一〇年
岡田芳郎『明治改暦――時の文明開化』大修館書店、一九九四年
岡秀志、桑原真人、大庭幸生、高橋昭夫『新版北海道の歴史』下（近代現代編）北海道新聞社、二〇〇六年
岡義武『岡義武著作集』五巻、岩波書店、一九九三年
岡義武『明治政治史』上下、岩波書店（文庫）、二〇一九年
岡義武『転換期の大正』岩波書店（文庫）、二〇一九年
奥田二郎『北海道米軍太平記』私家版、一九六一年
桶谷秀昭『昭和精神史』文藝春秋（文庫）、一九九六年
柿沼伊助編『第七師団西伯利出動中対外事項記事』偕行社、一九二〇年
カタソナワ『関東軍兵士はなぜシベリアに抑留されたのか』社会評論社、二〇〇四年
加藤陽子『徴兵制と近代日本一八六八―一九四五』吉川弘文館、一九九六年
加藤陽子『戦争の論理――日露戦争から太平洋戦争まで』勁草書房、二〇〇五年
加藤陽子『満州事変から日中戦争へ』岩波書店（新書）、二〇〇七年
加藤陽子『それでも日本人は「戦争」を選んだ』新潮社（文庫）、二〇一六年
加藤陽子『天皇と軍隊の近代史』勁草書房、二〇一九年
金倉義慧『旭川・アイヌ民族の近現代史』、高文研、二〇〇六年

金子敏男『樺太一九四五年夏』講談社、一九七二年
加茂儀一編『榎本武揚――資料』新人物往来社、一九六九年
樺太終戦史刊行会編『樺太終戦史』全国樺太連盟、一九七三年
川田稔『昭和陸軍全史』上中下、講談社、二〇一四年
川村湊「日清日露のダイショーリの蔭に」『日清日露の戦争』（コレクション戦争×文学）第六巻、集英社、二〇一一年
北岡伸一『官僚制としての日本陸軍』筑摩書房、二〇一二年
北岡伸一『政党から軍部へ』中央公論新社（文庫）、二〇一三年
北村恒信『戦時用語の基礎知識』潮書房光人社（文庫）、二〇〇二年
木之内誠、平石淑子、大久保明男、橋本雅一『大連・旅順歴史ガイドブック』大修館書店、二〇一九年
木村汎『新版日露国境交渉史』角川書店、二〇〇五年
共同通信社社会部編『沈黙のファイル』共同通信社、一九九六年
クックス『ノモンハン事件 草原の日ソ戦』上下、朝日新聞社、一九八九年
グートマン『ニコラエフスクの破壊』ユーラシア貨幣歴史研究所、二〇〇一年
葛原和三「朝鮮戦争と警察予備隊―米極東軍が日本の防衛力形成に及ぼした影響について―」『防衛研究所紀要』第八巻第三号、二〇〇六年三月
久世光彦「尼港の桃」『日清日露の戦争』（コレクション戦争×文学）第六巻、集英社、二〇一一年
工藤美代子『昭和維新の朝――二・二六事件と軍師・斎藤瀏』日本経済新聞社、二〇〇八年

宮内庁『明治天皇紀』第一巻、吉川弘文館、二〇〇〇年
宮内庁『昭和天皇実録』第七巻、東京書籍、二〇一六年
宮内庁『昭和天皇実録』第八巻、東京書籍、二〇一六年
宮内庁『昭和天皇実録』第十一巻、東京書籍、二〇一七年
熊谷直『帝国陸海軍の基礎知識』潮書房光人社（文庫）、二〇一四年
倉田保雄『ヤルタ会談――戦後米ソ関係の舞台裏』筑摩書房、一九八八年
小池喜孝『鎖塚』岩波書店（文庫）、二〇一八年
纐纈厚『田中義一――総力戦国家の先導者』芙蓉堂出版、二〇〇九年
小坂洋右『流亡――日露に追われた北千島のアイヌ』北海道新聞社、一九九二年
琴似屯田百年史編纂委員会編『琴似屯田百年史』琴似屯田百年記念事業期成会、一九七四年
小林昭菜『シベリア抑留』岩波書店、二〇一八年
小林多喜二『蟹工船・党生活者』新潮社（文庫）、一九六三年
小林多喜二「監獄部屋」『定本小林多喜二全集』第三巻、新日本出版社、一九六八年
小林道彦『児玉源太郎』ミネルヴァ書房、二〇一二年
ゴールドマン『ノモンハン一九三九――第二次世界大戦の知られざる始点』みすず書房、二〇一三年
コワルスキー『日本再軍備――私は日本を再武装した』サイマル出版会、一九八〇年
コント『ヤルタ会談＝世界の分割――戦後体制を決めた八日間の記録』サイマル出版会、一九八六年
西郷隆盛、乃木希典『西郷隆盛・乃木希典』（新学社近代浪漫派文庫）新学社、二〇〇六年

斎藤マサヨシ『サハリンに残された日本』北海道大学出版会、二〇一七年
斎藤元秀『ロシアの対日政策』上（帝政ロシアからソ連崩壊まで）慶応義塾大学出版会、二〇一八年
坂本多加雄『明治国家の建設』中央公論新社（文庫）、二〇一二年
作道好男、江藤武人編『北海道大学百年史』財界評論新社、一九七六年
櫻井忠温『哀しきものの記録』文藝春秋、一九五七年
櫻井忠温『肉弾――旅順実戦記』中央公論新社（文庫）、二〇一六年
佐藤幸夫『北風磯吉資料集』名寄市教育委員会、一九八五年
佐藤守男『警察予備隊と再軍備への道』芙蓉書房出版、二〇一五年
札幌市教育委員会編『新札幌市史』（第一巻～第八巻）、札幌市、一九八六年～二〇〇八年
札幌市教育委員会文化資料室『札幌地名考』（さっぽろ文庫）、北海道新聞社、一九七七年
札幌市教育委員会文化資料室『札幌の寺社』（さっぽろ文庫）、北海道新聞社、一九八六年
札幌郷土を掘る会小冊子編集委員会編『〝体験者が語る〟戦後も続いたタコ部屋労働―真駒内米軍基地建設工事―』（札幌民衆史シリーズ一）、札幌郷土を掘る会、一九八七年
志賀重昂『志賀重昂全集』第五巻（復刻版）、一九九五年、日本図書センター
司馬遼太郎、瀬島龍三「昭和国家と太平洋戦争」『文藝春秋』一九七四年一月号
司馬遼太郎『ロシアについて』文藝春秋（文庫）、一九八九年
司馬遼太郎『この国のかたち』一、文藝春秋（文庫）、一九九三年
司馬遼太郎『「明治」という国家』上下、日本放送出版協会、一九九四年

司馬遼太郎『「昭和」という国家』日本放送出版協会、一九九九年
司馬遼太郎「あとがき集」『坂の上の雲』八、文藝春秋（文庫）、一九九九年
司馬遼太郎、クックス「ノモンハン、天皇、そして日本人」『司馬遼太郎対話選集六』文藝春秋（文庫）、二〇〇六年
司馬遼太郎、田中直毅「日本人への遺言」『司馬遼太郎対話集六』文藝春秋（文庫）、二〇〇六年
「島義勇」制作委員会『島義勇伝』エアーダイブ、二〇一四年
下斗米伸夫『ロシアの歴史を知るための50章』明石書店、二〇一六年
示村貞夫『旭川第七師団』総北海出版部、一九八四年
ジューコフ『ジューコフ元帥回想録 革命・大戦・平和』朝日新聞社、一九七〇年
菅原佐賀衛『西伯利出兵史要』偕行社、一九二五年
鈴木康生『樺太防衛の思い出――最終総合報告増補版』私家版、一九八九年
ステファン『サハリン――日・中・ソ抗争の歴史』原書房、一九七三年
砂川幸雄『大倉喜八郎の豪快なる人生』草思社、二〇一二年
砂沢クラ『ク スクップ オルシペ 私の一代の話』北海道新聞社、一九八三年
須見新一郎『実戦寸描』須見部隊記念会、一九四四年
須見新一郎『須見新一郎遺稿抄』須見部隊会、一九七八年
ズメナンスキー『ロシア人の日本発見』北海道大学出版会、一九七九年
スラヴィンスキー『千島占領一九四五年夏』共同通信社、一九九三年

スラヴィンスキー『日ソ戦争への道一九三七–一九四五』共同通信社、一九九九年
諏訪部揚子、中村喜和編『榎本武揚シベリア日記』平凡社（文庫）、二〇一〇年
瀬川拓郎『アイヌの歴史――海と宝のノマド』、講談社、二〇〇七年
瀬川拓郎『アイヌ学入門』講談社（新書）、二〇一五年
関口明、田端宏、桑原真人、瀧澤正『アイヌ民族の歴史』山川出版社、二〇一五年
関口高史『誰が一木支隊を全滅させたのか』芙蓉書房出版、二〇一八年
関秀志、桑原真人、大庭幸生、高橋昭夫『新版北海道の歴史』下（近代・現代篇）北海道新聞社、二〇〇六年
創価学会青年部反戦出版委員会編『北の海に渡って――千島樺太引揚げ者の記録』第三文明社、一九七六年
創価学会青年部反戦出版委員会編『望郷の島々――千島・樺太引揚げ者の記録』第三文明社、一九七六年、
ソ連共産党中央委員会附属マルクス・レーニン主義研究所編『第二次世界大戦史』第十巻（関東軍の壊滅と大戦の終結）、弘文堂新社、一九六六年
高倉新一郎『歴史的重要性から見た北海道』陸上自衛隊北部方面総監部、一九五九年
髙橋憲一『札幌歩兵第二十五聯隊誌』大昭和興産出版部、一九九三年
高橋是清『絵で見る樺太史』太陽出版、二〇〇八年
竹内正浩『鉄道と日本軍』筑摩書房（新書）、二〇一〇年
高安正明『よみがえった「永山邸」――屯田兵の父、永山武四郎の実像』共同文化社、一九九〇年
多田好聞編『岩倉公實記』中巻、原書房、一九六八年

田中克彦『ノモンハン戦争』岩波書店（新書）、二〇〇九年
田中雄一『ノモンハン　責任なき戦い』講談社（新書）、二〇一九年
田中陽児、倉持俊一、和田春樹編『ロシア史』一、二、三、山川出版社、一九九四年〜一九九七年
谷代久恵『真駒内物語』北海道新聞社、二〇〇一年
ダニロフ、コスリナ、ブラント『ロシアの歴史』下巻、明石書店、二〇一一年
田山花袋『第二軍従征日記』雄山閣、二〇一一年
ダワー『増補版敗北を抱きしめて』上下、岩波書店、二〇〇四年
チェーホフ『サハリン島』上下、岩波書店、一九五三年
つきさっぷ郷土資料館『つきさっぷの歴史（略年表）』つきさっぷ郷土資料館、二〇一九年
寺崎英成、テラサキ・ミラー『昭和天皇独白録――寺崎英成・御用掛日記』文藝春秋、一九九一年
東京経済大学史料委員会編『大倉喜八郎かく語りき』東京経済大学史料委員会、二〇一八年
同台経済懇話会『日清・日露戦争』紀伊国屋書店、一九九五年
同台経済懇話会『大正時代』紀伊国屋書店、一九九五年
同台経済懇話会『満州事変・支那事変』紀伊国屋書店、一九九五年
同台経済懇話会『大東亜戦争』紀伊国屋書店、一九九五年
栃内元吉『男爵永山将軍略伝』出版元不明（北海道大学図書館蔵）、一九四〇年
戸部良一『逆説の軍隊』中央公論社、一九九八年
ドブズ『ヤルタからヒロシマへ』白水社、二〇一三年

富田武『シベリア抑留』中央公論新社（新書）、二〇一六年
富田武『日ソ戦争一九四五年八月――棄てられた兵士と居留民』みすず書房、二〇二〇年
豊平町史編さん委員会編『豊平町史』豊平町役場、一九五九年
トルーマン『トルーマン回想録』一、恒文社、一九六六年
中村隆英『昭和史』上下、東洋経済新報社（文庫）、二〇一二年
第七師団司令部『北海道及樺太兵事沿革』第七師団司令部、一九一一年
新潟県偕行会編『北海に捧げて　陸軍中将峯木十一郎追悼録』新潟県偕行会、一九八一年
日本聖書協会『聖書 新共同訳――新約聖書』日本聖書協会、一九八七年
ネルー『父が子に語る世界歴史』Ⅲ、みすず書房、一九五九年
パイル『アメリカの世紀と日本』みすず書房、二〇二〇年
長谷川毅『暗闘　スターリンとトルーマンと日本降伏』中央公論新社、二〇〇六年
秦郁彦編『日本陸海軍総合事典』第二版、東京大学出版会、二〇〇五年
バトラー『ローズヴェルトとスターリン』上下、白水社、二〇一七年
早川昇『アイヌの民俗』岩崎美術社、一九七〇年
早坂隆『指揮官の決断　満州とアッツの将軍樋口季一郎』文藝春秋（新書）、二〇一〇年
原暉之『シベリア出兵――革命と干渉一九一七～一九二二』筑摩書房、一九八九年
原暉之、天野尚樹『樺太四〇年の歴史』全国樺太連盟、二〇一七年
原田敬一『日清・日露戦争』岩波書店（新書）、二〇〇七年

半藤一利『ソ連が満洲に侵攻した夏』文藝春秋（文庫）、二〇〇二年
半藤一利『ノモンハンの夏』文藝春秋（文庫）
ビーヴァー『第二次世界大戦』上中下、白水社、二〇一五年
引揚体験集編集委員会編『悲憤の樺太』国書刊行会、一九八一年
樋口隆一『陸軍中将樋口季一郎の遺訓　ユダヤ難民と北海道を救った将軍』勉誠出版、二〇二〇年
左剣生「功七級のアイヌ人北風磯吉」『明治戦争文学集』（明治文学全集九七）筑摩書房、一九六九年
平野友彦「第七師団と旭川」『地域のなかの軍隊』一、吉川弘文館、二〇一五年
ひろたまさき「美作血税一揆に関する若干の考察」落合延孝編『維新変革と民衆』吉川弘文館、二〇〇〇年
玄武岩、パイチャゼ『サハリン残留』高文研、二〇一六年
藤村建雄『知られざる本土決戦――南樺太終戦史』潮書房光人社、二〇一七年
藤村建雄『証言・南樺太最後の十七日間』潮書房光人社（文庫）、二〇一八年
藤原彰『日本軍事史』上下、日本評論社、一九八七年
ベールヒン、フェドーソフ『ソヴィエト連邦　その人々の歴史』Ⅲ、帝国書院、一九八一年
ブレブ編『ハルハ河会戦――参戦兵士たちの回想』恒文社、一九八四年
別所二郎蔵『わが北千島』講談社、一九七七年
防衛庁防衛研修所戦史室『戦史叢書　北東方面陸軍作戦〈一〉アッツの玉砕』朝雲新聞社、一九六八年
防衛庁防衛研修所戦史室『戦史叢書　関東軍〈一〉対ソ戦備・ノモンハン事件』朝雲新聞社、一九六九年
防衛庁防衛研修所戦史室『戦史叢書　北東方面陸軍作戦〈二〉千島・樺太・北海道の防衛』朝雲新聞社、一九

七一年
防衛庁防衛研修室戦史室『戦史叢書　関東軍〈二〉関特演・終戦時の対ソ戦』朝雲新聞社、一九七四年
防衛庁防衛研修所戦史部『戦史叢書　陸海軍年表』朝雲新聞社、一九八〇年
北海道開拓記念館編『不況から戦争へ』（常設展示解説書）、北海道開拓記念館、平成一二年
北海道開拓記念館編『集治監――開拓と囚人労働』北海道開拓記念館、一九八九年
北海道護国神社『北海道護国神社史』北海道護国神社、一九八一年
北海道新聞社編『北海道百年』上中、北海道新聞社、一九七二年
北海道総務部行政資料室編「屯田兵村の建設／栃内元吉」『開拓の群像』中、北海道、一九六九年
北海道庁編纂『新撰北海道史』（第一巻〜第七巻）、北海道庁、一九三六〜一九三七年
北海道庁編『昭和一一年陸軍特別大演習並地方行幸北海道庁記録』北海道庁、昭和一三年
北海道博物館編『ビジュアル北海道博物館』北海道博物館、二〇一六年
保阪正康『瀬島龍三　参謀の昭和史』文藝春秋（文庫）、一九九一年
保阪正康『最強師団の宿命』毎日新聞社（文庫）、二〇〇八年
保阪正康『ナショナリズムの昭和』幻戯書房、二〇一六年
保阪正康『昭和陸軍の研究』上下、朝日新聞出版、二〇一八年
細谷千博『シベリア出兵の史的研究』有斐閣、一九五五年
歩兵第二十五聯隊『歩兵第二十五聯隊史』歩兵第二十五聯隊、一九三六年
ホブズボーム『二〇世紀の歴史――両極端の時代』上下、筑摩書房（文庫）、二〇一八年

松井甚右衛門『富源西伯利』日露倶楽部、一九一九年
松下芳男『近代日本軍事史』紀元社、一九四一年
松下芳男「北邊防備と屯田兵」尾佐竹猛編『明治文化の新研究』亜細亜書房、一九四四年
松下芳男『明治軍制史論』上下、有斐閣、一九五六年
松下芳男『明治の軍隊』至文堂、一九六三年
松下芳男『屯田兵制史』五月書房、一九八一年
丸井今井『丸井今井百年のあゆみ』株式会社丸井今井、一九七三年
丸山眞男『戦中と戦後の間』みすず書房、一九七六年
丸山眞男『超国家主義の論理と心理』岩波書店（文庫）、二〇一五年
御厨貴『明治国家の完成』中央公論新社（文庫）、二〇一二年
三田真弘『七師団戦記ノモンハンの死闘』（復刻版）、日本興業株式会社、一九九五年
村上久吉『あいぬ人物傳』平凡社、一九四二年
明治神宮編『聖徳記念絵画館オフィシャルガイド』東京書籍、二〇一六年
明治神宮外苑編『聖徳記念絵画館壁画解説』明治神宮外苑、一九九三年
森川正七『北海の男――島田元太郎の生涯』私家版、一九七九年
森林太郎『うた日記』（復刻版）日本近代文学館、一九七一年
モンテフィオーリ『スターリン――青春と革命の時代』白水社、二〇一〇年
モンテフィオーリ『スターリン――赤い皇帝と廷臣たち』上下、白水社、二〇一〇年

靖国神社遊就館編『靖国神社遊就館図録』靖国神社、二〇〇八年
保田與重郎『蒙疆』(保田與重郎文庫一〇)、新学社、二〇〇〇年
山縣有朋、松下芳男改題『陸軍省沿革史』日本評論社、一九四二年
山田朗『世界史の中の日露戦争』吉川弘文館、二〇〇九年
横手慎二『日露戦争史──20世紀最初の大国間戦争』中央公論新社(新書)、二〇〇五年
吉田勝次郎『戦争の危機と皇道日本の建設』大日本聾唖実業者(札幌)、一九三四年
吉野源三郎編著「回顧五十年─日露戦争前後─」『日本の運命』評論社、一九六九年
読売新聞社編『昭和史の天皇二五 第一次ノモンハン事件』読売新聞社、一九八一年
読売新聞社編『昭和史の天皇二六 第二次ノモンハン事件』読売新聞社、一九八一年
読売新聞社編『昭和史の天皇二七 ハルハ河の死闘』読売新聞社、一九八一年
読売新聞社編『昭和史の天皇二八 大重砲兵戦』読売新聞社、一九八一年
読売新聞社編『昭和史の天皇二九 大命は下る』読売新聞社、一九八一年
李恢成『私のサハリン』講談社、一九七五年
李恢成『サハリンへの旅』講談社、一九八三年
リッジウェイ『朝鮮戦争』恒文社、一九七六年
旅順戦史研究会編『国民必読旅順戦蹟読本』満蒙社、一九三四年
ロストーノフ『ソ連から見た日露戦争』原書房、二〇〇九年
レーニン『レーニン全集』第八巻、大月書店、一九五五年

ロバーツ『スターリンの将軍 ジューコフ伝』白水社、二〇一三年
渡辺京二『黒船前夜』洋泉社、二〇一〇年
渡辺京二『幻影の明治』平凡社（文庫）、二〇一八年

雑誌／ウェブサイト／新聞

『歴史街道』二〇一一年十一月号（二〇三高地の真実）ＰＨＰ研究所
『歴史街道』二〇一三年一月号（乃木希典と日露戦争の真実）ＰＨＰ研究所
日本外務省、ロシア連邦政府外務省「日露領土問題の歴史に関する共同作成資料集」外務省
『朝日新聞』デジタルアーカイブ
『読売新聞』デジタルアーカイブ
『北海道新聞』デジタルアーカイブ
『北海タイムス』マイクロフィルム
『函館新聞』マイクロフィルム

ら行

わ行

た行

な行

は行

ま行

や行

人名索引

あ行

か行

さ行

著者略歴
渡辺浩平（わたなべ・こうへい）
一九五八年生まれ。立命館大学文学部卒業、東京都立大学大学院人文科学研究科修士課程修了後、博報堂入社。北京と上海に駐在。愛知大学現代中国学部講師を経て、現在、北海道大学大学院メディア・コミュニケーション研究院教授。専門はメディア論。主な著書に『中国ビジネスと情報のわな』（文春新書）、『変わる中国　変わるメディア』（講談社現代新書）、『吉田満　戦艦大和学徒兵の五十六年』（白水社）がある。

第七師団と戦争の時代
帝国日本の北の記憶

二〇二二年　八　月二五日　第一刷発行
二〇二四年　四　月三〇日　第五刷発行

著　者　©　渡　辺　浩　平
発行者　岩　堀　雅　己
印刷所　株　式　会　社　三　陽　社
発行所　株　式　会　社　白　水　社

東京都千代田区神田小川町三の二四
電話　営業部〇三（三二九一）七八一一
　　　編集部〇三（三二九一）七八二一
振替　〇〇一九〇-五-三三二二八
郵便番号　一〇一-〇〇五二
www.hakusuisha.co.jp
乱丁・落丁本は、送料小社負担にてお取り替えいたします。

誠製本株式会社

ISBN978-4-560-09862-2
Printed in Japan

渡辺浩平

吉田満　戦艦大和学徒兵の五十六年

戦艦大和の特攻作戦から奇跡の生還を果たし、死者の身代わりの世代として戦後を生きた吉田はなぜ自分は理解されていないと嘆いたのか。